Lynne Ann DeSpelder / Albert Lee Strickland—著

黃雅文 詹淑媚 賴貞嬌 鐘美慧 —譯
許薰文 林泰石 洪申發 林郁珍

死亡教育

The Last Dance:

countering Death and Dying Ⅰ

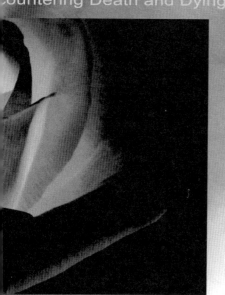

美商麥格羅‧希爾國際股份有限公司

心理學 系列叢書

五南圖書出版公司 發行

譯　序

　　由 Lynne A. DeSpelder 教授及 Albert L. Strickland 教授合著的 "*The Last Dance: Encountering Death and Dying*" 一書，為死亡學領域重要教科書之一，亦為美國死亡教育與輔導學會（Association for Death Education and Counseling, ADEC）證照考試指定用書之一，本所於 2004 年 8 月 1 日成立後，第一屆研究生即以該書（第六版）為教科書。有鑑於本書內容豐富，討論議題範圍相當廣泛，國內尚無中譯本，本所乃著手翻譯工作。2005 年該書第七版發行，因第七版增修內容不少，章節架構亦有變動，故以該書第七版重新翻譯。

　　該書共計十五章，內容份量甚為充實，中譯本依章節內容性質分為《死亡教育》與《生命教育——生死學取向》兩本書。其中關於探討死亡態度改變之趨勢、跨文化和歷史的死亡觀點、臨終儀式、人生不同階段死亡事件及來世等章節，編為《死亡教育》一書，另有關探討健康照護體系、與致命性疾病共存、失落經驗、自殺、現代世界中生命的風險等章節，編為《生命教育——生死學取向》一書。讀者可參酌研究領域與個人興趣，選擇優先閱讀之中譯本，若能閱讀兩本中譯本，對原書所介紹之死亡研究全貌將有更完整的認識。

　　本書翻譯得以順利完成，首先要感謝五南圖書出版公司在翻譯出版過程中全力支援。洪申發先生在全程的翻譯過程中，投注相當多的心力在聯繫協調與進度品質監控，特別致謝。本所第一屆研究生陳侃倫、李湘屏兩位同學在翻譯過程中協助翻譯，對翻譯品質與流程管控，投注寶貴時間提供意見，特別感謝。感謝所有的譯者：詹淑媚、賴貞嬌、鍾美慧、許薰文、林泰石、洪申發、林郁珍、張乃心、蕭美慧、林珊吟、范玉玟、賴彥君，在翻譯過程的全力投入。此外，感謝輔仁大學翻譯學研究所江怡君同學於最後校稿階段，在英譯及譯詞統一的部分貢獻良多，特此感謝。

　　國內生命教育、死亡教育專家日益增加，本書翻譯疏漏之處，請不吝提出指正，若對於本書翻譯內容有任何建議，歡迎與我們聯絡。

　　今日得有能力翻譯出版此書，要感謝養育、培育我們的父母，並將此書獻給我們所愛的家人，因為有愛，生命更加美好。

國立臺北教育大學

生命教育與健康促進研究所教授

黃雅文 謹誌

2006 年 2 月

原　序

　　死亡研究或死亡學（thanatology，來自希臘字 thanatos，意即死亡），是關乎若干扎根於人類經驗中心的問題。因此，為增長其對死亡或瀕死（dying）之知識而努力的人，其實是在從事一種探索，這種探索也是個人自我發現旅程的一部分。在寫作本書"The Last Dance: Encountering Death and Dying"之時，我們的目標就是要為死亡以及瀕死的研究提供全面且可為人所理解的介紹，且在其中強調主要的議題及問題。此書所體現的是一種結合了理智、情感、社會、個人、經驗、學術的死亡以及瀕死的研究方法。

　　本書提供理論及研究的穩固基礎，以及如何將之應用於讀者自身或職業狀況的方法，並鼓勵讀者從事積極的自我發現過程。內文不是單一觀點的填鴨教導，而是多元觀點的了解，此書著重的是同情、傾聽、寬容等觀點的正面價值。讀者可以產生他們自己的想法，但我們希望在他們產生自我想法之前，已秉持開放心態考量過其他可能性，不帶偏見的研討可以引申出許多選擇，不然這些選擇可能因無知或偏見而遭忽略。

　　除了保留前幾個版本受歡迎的特色之外，本書第七版也反映了目前持續進行的死亡研究之進化。每一章節都經過謹慎的修改，以加強呈現其清晰度，並整合入最新的研究、實務及觀念。此版本中，一項新的做法就是有另外一本伴讀書"A Journey Through The Last Dance: Activities and Resources"，此書提供了豐富的學習活動及資源，包括各章摘要，以提升讀者對文本本身的掌握。

　　死亡研究難以避免的須跨學科。因此，來自醫學、人類學、社會科學的資訊都可以在其相關的篇章中發現其脈絡。此書從一開始到結尾，都利用廣泛多元的例子和軼事使原則和觀念變得更容易理解、更有意義。方塊框裡的資料、照片和其他說明性資料，為文本提供更詳細的說明，又或是提供相異但可供相佐的觀點。我們積極鼓勵讀者多加利用這些資料，且專業用語有詳盡的定義解釋。

　　對那些希望針對特定議題更深入研究的讀者，在每一章節末，有「延伸閱讀」單元推薦讀物，另外參考資料也包括本書的伴讀書"The Path Ahead: Readings in Death and Dying"其中的相關篇章。因此，雖然此書介紹了死亡研究中範圍廣大的若干論題，我們也鼓勵讀者深入研究他們特別有興趣的論題。

　　在《死亡教育》前三章，我們檢視了社會文化力量在我們對死亡理解上之影

響，我們關注了目前大眾對於死亡的態度、如何透過社會化的過程學習關於死亡的一切，還有歷史及文化因素如何塑造關於死亡以及瀕死的態度及實務作法。此三章提供了一個基礎，使讀者得以更深入地理解不同人、家庭及社會團體，是如何處理關於死亡、瀕死及喪慟（bereavement）的特殊議題。在《死亡教育》第三章中，我們增加了一部分凱爾特族（Celtic）死亡傳統的記述，為我們針對美國原住民、非洲、墨西哥、亞洲傳統的介紹作補充。在全文中，我們特別注意到在多元文化的社會體中，族裔傳統在塑造我們跟死亡之間關係裡的重要性。

健康照護（health care）多變的本質，特別是對瀕死病人的照顧，在《生命教育》第一章有詳細討論。安寧療護（hospice）、緩和照護（palliative medicine）、居家照護（home care）的持續發展也都在討論範圍之中，包括管理式照護（managed care）對瀕死病人的影響，和瀕死病人在社會救助上可有的選擇。對專業人員、家庭和朋友來說，「照顧照護我們的人」"care for the care giver"一般認為是能否為病人提供具同理心照護的關鍵。

這次的新版本還增了一個章節，針對「死亡體系」（death system）和影響我們處理瀕死和死亡的公共政策事務。《生命教育》第二章討論社會選擇如何影響死亡於法律上的定義，和決定死亡的步驟、掌管器官捐贈及移植的條例、將不同死亡模式分類成為對社會有用的種類之方法、驗屍官和醫療檢驗員執行檢驗職務的方式，還有執行解剖的標準。這一章包含了一個具有啟發性的跨文化範例，描述日本在有關腦死和器官移植處理上，所遭遇的倫理、道德和法律問題。

《生命教育》第三章提供一個全方位的探討，探究人如何與致命性疾病共同生存，特別注意到與這些疾病相關的個人及社會意義，以及有關個人及家庭，從初期診斷到瀕死軌跡（dying trajectory）的最後階段，是如何處理「生存／瀕死」（living/dying）此一觀念的最新觀點。這一章也包括了治療法選擇和議題的總覽，以及最新搭配療法（complementary therapies）和疼痛管理（pain management）。

有關生命盡頭的議題和決定則為《生命教育》第四章的重心。其中有些包括個人在面對致命性疾病危機之前就可處理的事務，舉例來說，像是訂立遺囑、取得壽險，和預先指定當個人失去行為能力時所希望之治療法。其他的議題和決定在與診斷和治療法一起看時顯得特別重要，這些包括有關取得同意，和達到病人與照護者之間清楚溝通的議題。其他生命盡頭議題和決定，通常是在個人面臨短期內可能死亡時才會浮上檯面，這些包括繼續或取消維持生命的醫療措施、醫師協助的自殺行為，和安樂死等抉擇。最後，一些議題與決定可能在生命早期就會

出現，但一直到個人死亡之後才完成，這些則包括透過遺囑認證來確定房產和保險收益的支付款，以及其他給生還者（survivors）的死亡福利。

《生命教育》第五章則將注意力轉向我們對喪慟、悲傷（grief）、哀悼（mourning）了解的最新發展。此章提供有關人類如何處理悲傷，以及種種心理和情境因素是如何影響悲傷的表現之深入討論。隨著傳統「一種尺寸，全體適用」"one size fits all"的悲傷模型，因為我們對人們經驗和表現悲傷的多元方式更加了解，而被擴大，使我們明白為喪慟者（the bereaved）提供支持的有效方式有很多種；而除了失去的痛苦之外，喪慟也可以是個人成長的機會。

死亡之後，個人和社會團體執行的典禮和儀式，為雙方提供支持和處理失落（losses）的動力。《死亡教育》第四章「臨終儀式」的本質和功能，特別注意到美國喪葬服務的歷史，本章的中心是有關如何在現有的喪禮服務和遺體處理服務中作出選擇的實用資訊。

《死亡教育》第五、六章則從整個生命過程的觀點來看生命，處理了有關在生命不同階段的死亡相關議題，從童年一直到老年。《死亡教育》第五章討論了患有致命性疾病的孩童的處境，以及小孩身為死亡者家屬的處境，像是父母或手足之死，本章提供了幫助孩童處理變遷和失落的指南。《死亡教育》第六章探討在成年時期發生的失落，像是子女、父母、配偶或好友之死，還有種種分娩時的失落和與老化有關的失落。

《生命教育》第六章，加深我們對生命循環標準型態的了解，將自殺看作發生在各種風險因素中的一種死亡模式，這些因素當中，有許多在不同的生命階段有不同重要性。此章額外討論的論題包括自殺理論和自殺行為、自殺種類、自殺遺言（suicide notes）、當做了解自殺行為前因的心理剖析（psychological autopsy），和自殺預防、介入、後期介入。此章最後以如何幫助身處自殺危機的人做結束。

《生命教育》第七章拓展了與死亡相關的風險之範圍，提到了幾個對我們獲得對死亡和瀕死全方面了解來說很重要的論題。這些論題包括意外、災害、暴力、殺害、死刑、戰爭和新興疾病，包含依然持續威脅全球許多人口健康的AIDS。這一版本還加入了當代恐怖攻擊的威脅，包括2001年的911事件及其餘波。

有關人類必死性（mortality）之意義的問題在《死亡教育》第七、八章提到。《死亡教育》第七章引用了多種宗教、俗世傳統和瀕死經驗的敘述，以呈現多元的不死及來生觀念和信仰。我們如何看待死亡，是將之視為一道牆或是一扇門，對我們的生活態度有很大影響。《死亡教育》第八章著重在可透過死亡教育加強

的個人和社會價值觀,文內帶入大量論題,以鼓勵讀者思考「善終」(good death)可以如何定義。

本書已由許多學門的教授檢閱過,他們的建議使這本書成為傑出的教學工具書。另外,許多同仁和學生也曾以非正式的方式提出可以改善此書的想法,我們也感謝這些提供有益建議的人,也感謝在本書製作過程中我們傑出的同仁,最後向所有幫助過我們將這本書帶給讀者的人致上深深感謝。

Lynne Ann DeSpelder

Albert Lee Strickland

目 次

表 目 錄

圖 目 錄

啓　幕

　　我不知道我還剩下多少時間。這一生我不斷為人配藥，發出藥膏和藥劑、草藥和魔法，這些都是自然的奇蹟（但我承認其中有些只是純粹的江湖賣藥表演）。其實，有一半時間我給的只是單純的常識。這些年來，各種受苦的人皆來到這裡，有些傷了四肢、身體……又或是心。常常他們的悲傷來自於子女的病痛，失去子女的痛苦總是難以承受，我從來無法習慣看到這種場面。還有年輕戀人，對他們來說，得到心儀的人、事、物總是這麼重要，我只能一笑置之，我總是讓他們去發誓或乞求一些嚴厲的話語和那些有心的折磨，這些痛苦如果加在我身上，恐怕我還寧願選擇到地獄去。我感歎！我有這些感覺究竟已經多久了？那種狂熱、那種在喉嚨裡的哽、那種渴望，我記不得了。也許好久了，也許又從來沒有過。嗯，我還有其他喜愛的東西。我那布滿塵埃的藥罐大軍，每個都有自己的小祕密。樹皮、樹根、土壤、樹葉、花朵、菇菌、蟲子，其中每一分每一毫都是神奇的粉末。還有我的書，或說是我的「方向舵」，一艘船的船長可能就會這麼稱呼它吧，對它來說確實是個好名字。每種藥膏、每種藥劑都在其中（每樣東西都在，但可不包括我這斑駁的鬍鬚、散亂的頭髮和隨風飄動的長袍，這些得請他們自己來瞧瞧）。還有我那忠誠的枴杖，我那芭蕾舞孃。還有那一萬個早晨、下午、夜晚，以及那星星，喔……得此萬千愛物，此生夫復何求？

　　離開令人傷感，我的架子和藥罐彷彿如此遙遠，雖然我知道，只要我嘗試，他們便隨手可得，但是別了，已經夠了，時間也到了……幾乎要到了。我希望他能及時回來，兩天前他奪門而去，一個年輕人，當時他的臉龐還有眼淚滑過。他看起來如此滄桑潦倒，我根本沒辦法拒絕他。他告訴我他的妻子一個月前過世了，在那之後他就一直無法平復心情。

　　「請幫助我！」他懇求，「不然就殺了我。」他將臉埋在手裡，「也許生跟死根本是同一回事，我再也分不清了。」

　　我讓他這樣哭一會兒，好觀察他。最後他終於抬起頭了，我用手勢指引他坐

下，接著，在一聲聲咳嗽中，我開始工作。「你看到那邊的玩具了嗎？」，我說，「那個芭蕾舞孃……對，就是它，把它拿起來」。

「把它拿起來？」

「它不會咬人，把它拿起來。」（他可能以為這是個惡作劇──他們都是這麼猜測的）他小心地拿起它，用單手，接著用另一隻手擦擦他的眼睛。「好多了，」我繼續說，「對你來說這只是個玩具，你還不知道它有什麼意義，所以我要你看看這個芭蕾舞孃。」

他開始猶豫，但我固執地等，直到他向下看，將注意力放在那小小的玩具舞者上。我繼續說，「我曾經認識一個年輕人，長得很英俊，一直都是，他不只吸引每個人的目光，也很強壯、精明，他的家庭還很富裕。他每天唯一的問題只有當天晚上該約哪個女孩出來。他計畫在情場裡遊戲人間一陣子之後，他會娶個漂亮的女孩，生下漂亮的小孩，安頓下來好好享受他父親答應給他的錢。他也把這些錢規劃好了，他買了一塊他想住的地，建了棟在那地區最大的房子，我想，他是打算在那裡養馬、賽馬。有天早上，他爬上了他最喜歡的馬兒，打算騎一段路途；他鞭了馬兒使牠跳躍，馬兒卻踩進了坑洞，把他給摔了出去，這個年輕人傷了脖子，就這麼死了。」我看著我的客人，靜靜等著。

「這是個悲劇。」他終於用沙啞的聲音說。

「對誰來說？對那些他留下的人來說也許是，但對他來說是嗎？當天早上當他睜開雙眼，並不知道當天他會死，他可沒打算慢慢等死，一等就是六年，還得要六年之後才能死成。我們之中沒人有這種打算。」那年輕人看來很困惑，「他的錯誤就是他忘了他當天『可能』會死。」

「這真是個病態的想法。」他回答道，且他的表情像是剛聞到了什麼發出惡臭的東西似的。

「是嗎？不久之前，你叫我結束你的生命好結束你的哀傷，如果我真答應的話……」我用我最常使用的能看透人心的眼神看著他好一會兒。「假設我真的答應了你，你要如何度過你最後的幾分鐘？」

他對我還是有點防備，但因為我談的看起來只是假設的情境而非真實的行動，他放心許多。他考慮了種種可能性一陣子，跟著從他的椅子上站起身來，「嗯，我猜我應該會到外頭，最後一次看看天空、雲朵、樹木，好好的看一看。」

「假設你一直這樣生活如何？」他望了我一眼，低頭看看自己的手，好像在尋找它們一樣。「我跟你說的那個年輕人……也許對他來說最大的悲劇並非他死了，而是他沒有好好利用明確知道自己將死這一點，而將生命活得更精采！他有沒有把每位女孩都當作是最後一位那樣追求呢？他建這棟房子時有沒有把他當作這一生最後的創作那樣建築呢？他騎馬的時候有沒有把這一段路當作是人生最後一次呢？我不知道；我希望如此。」我年輕的客人點了點頭，但他依然哀傷。我指向他握著的芭蕾舞孃，「這是一個了解這些事情的女士給我的」。

他近看了這個玩偶。

「是的，而且她已經過世了。」那年輕人往上一看，又再次失去平衡。「她已經過世好久了。」經過了這麼多年之後，一滴眼淚滑過我的臉頰，我任隨它流下。「她有很多身分，小孩、女人、廚師、園藝家、朋友、戀人、女兒……，但她真正的身分，是一名舞者。在她將去世之前，她把這個娃娃給我，笑著輕輕說：『當我死後，我會把我所有的舞蹈帶走，放進這裡，這樣我的舞蹈就能繼續下去。』」

淚水在我客人的眼裡泉湧而出。

「我可以幫助你，」我說，「但你自己得先做一件事。」他變得很專注，「到城裡去，敲你看見的第一間房子的門，問裡面的人他們家庭有沒有接觸過死亡，如果有，就到下一家，如果沒有，帶他們來找我，你明白嗎？」他點頭了，而我則歎道，「我累了」。

他起身，把芭蕾舞孃放回桌上，朝門口走去。我叫住他，「年輕人，」他在門廊上正對著我，「盡快回來。」

David Gordon

W. Eugene Smith. Center for Creative Photography, University of Arizona, © Heirs of W. Eugene Smith

圖 1-1　在西班牙的一個村落裡，鄰居和親屬們從門外探視一位鎮民的臨終場景。

第一章
面對死亡的態度：改變的趨勢

　　在人類的所有經驗中，沒有任何東西的涵義比死亡更具有震撼力。對我們之中的大多數人而言，死亡的形象一直很朦朧，我們對它的認知也僅僅只是模糊而已。我們傾向把死亡歸類在我們的生命外圍，好像它可以不進入我們的視野，離開我們的心。即使我們為死亡掌控我們的力量所困擾，我們仍希望與死亡保持距離，企圖藉由醫學技術呈現的無限可能性，來達到控制它的願望。

　　社會學家 Talcott Parsons 指出，現代社會對死亡的態度較少是否認死亡，比較常是死亡使人們願意去追尋每個可能延長自己健康和具有行動力的生命的資源，只有當他感覺到死亡是不可避免的時候，才會接受死亡。有人提出這種說法，認為事實上，個人和社會必須同時接受和否認死亡。如果我們不希望脫離現實，就必須接受死亡。如果我們希望帶有未來展望的過每一天，就必須否認死亡，畢竟我們的未來無可迴避地（inevitable）受到人類必死性的限制。

　　細想這近一百多年來，人們對瀕死和死亡的經驗有了怎樣的改變。在 19 世紀期間，大部分的美國人居住在鄉村地區。人們通常在家裡死去，而且身邊環繞著許多延伸枝系（extended family）裡跨越多個世代的家庭成員。當死亡接近的時候，他的親屬（relatives）和朋友就會聚集起來在床邊守夜。之後，他們洗滌身體，讓屍體做好準備好埋葬（burial）。一個自家製作的棺材（casket）被放置在房子的客廳，如此，親屬和朋友能夠共同來哀悼（mourning）這個死者（the deceased）。在緊密連結的社區，死亡的鈴聲說明死者的年齡，並同時告知（notification）了死亡，好讓社區的其他人能夠來參與這個喪禮儀式，以及回顧這個死者的經歷。小孩也在這個死者的周圍活動，除了和大人們一起守夜，有時候也和死者睡在相同的房間。之後，可能安置在家庭土地裡的某塊區域，或者是安置死者在教堂附近（churchyard）的公墓（cemetery）。公墓的棺材被放入墓穴（grave）裡，與死者最親近的人則鏟土將墓穴填滿。整個過程中，從照顧瀕死者到埋葬（burial），死亡都維持在家庭場域中。

　　假如你是 19 世紀的人，突然被運送到現今。你將會從現代葬禮中發現許多當

今社會對於死亡的態度資訊。當你走進去一個典型的太平間（mortuary）般的睡房（slumber room），你將很可能會經歷文化的衝擊。那裡，取代了簡單的木製棺材，你將看到一個更精細（elaborate）的棺材、屍體展示殯葬業者（mortician）的化妝技術。在喪禮上你將看到親屬和朋友讚頌（eulogize）這個死者。——唉！那麼相似，但是你說：「這個親愛的死者，你現在在哪裡呢？」棺材保持著關閉，死亡被高雅地隱藏著（concealed）。在這個委任的（committal）喪禮中，當服務結束時，你將吃驚地（amazed）看到——哀悼者離開時，棺材仍然被放置著並沒有被埋葬。而且將由殯葬業者代替來完成這個實際的葬禮。身為一個處在現代喪禮中的19世紀觀察員，你也許印象最深刻的是：死者的家屬和朋友事實上是觀察者而非參與者。準備死者的喪禮和決定管理儀式的任務，是由專業的喪葬人員完成。

圖 1-2　Gordon Parks，農家社會保險局會議圖書館（Gordon Parks, FSA Collection ,Library of Congress）Mochado 家族，有五代之多，形成了在今日很少會看到的延伸家庭網絡。第一手的死亡經驗來自與多代同堂的親近（closeness）。

　　不久以前，適當的照料瀕死者（dying）與死者（the dead）的技巧是普通的家庭生活的一部分。相反的，現在幾乎沒有人知道如何去處理像諸如此類的照料。藉由學習早期的人們是如何去相信、表現和感覺死亡，我們可以欣賞我們個人面對死

亡和瀕死的態度，以及人際關係是如何受到社會力量所影響。

影響我們對死亡熟悉度（familiarity）的因素

　　經歷了過去的一百年，在死亡這一方面有了一個戲劇性的轉變，這是受到美國人口統計資料（demographics）中人口分布形狀的影響。這些轉變中最值得注意的有「平均餘命（life expectancy）的增加，以及死亡率（mortality）的下降，影響了我們對於死亡的期待」。另外，19世紀的典型家庭成員包括了父母親、叔叔、姨嬸，以及有年紀的祖父母和各種不同年齡層的小孩。像這樣的大家庭，有好幾個世代生活在同一屋簷底下；然而，現今這種情形是稀有的。我們大部分是住在小家庭，而且較少有機會直接地經驗我們親屬的死亡。在地理上有了較大的遷徙率（mobility），也可能減少我們出席親屬的喪禮。當然，醫療科技對於「人如何死、以及選擇在哪裡死」產生了強大的影響力。在我們遭遇死亡時，我們聯絡了相關的專業人員——從心臟病科醫師、驗屍官（coroner）到火葬者（cremator），他們是我們處理一些事務的中間人（go-betweens）。最後的結果是，對大多數人而言，死亡是陌生的。

平均餘命（Life expectancy）和死亡率（Mortality Rates）

　　自從19世紀開始，美國的平均餘命（average life expectancy）已經在增加，以1957到1976年增加最多（見圖1-3）。現今，我們傾向認為新生兒（newborn child）們將可以活到70歲或80歲，也許會更久。然而，在19世紀情況便不是如此。在19世紀裡，有超過半數的死亡是發生在14歲到青少年這個階段；現今，少於2%的死亡數發生在這階段的年齡層。這個事實影響了我們對於死亡的思考。

　　另一個評估死亡影響力的方法就是檢驗死亡率。通常死亡率的描述方法是，過去一年來每1000人有多少的個體數死亡。在19世紀，美國的死亡率大約是17‰；現今，大約是8.6‰（見圖1-4）。

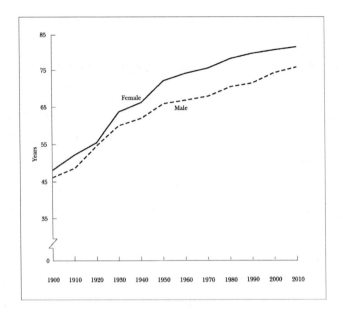

資料來源：U.S. Census Bureau, *Historical Statistics of the United States, Colonial Time to 1970.* (Washington, D.C.: Government Printing Office, 1975), p.55 and *Statistical Abstract of the United States: 2002,* p.71.

圖 1-3　西元 1900～2000 的平均餘命（Expectancy of Life at Birth）和 2010 年的預測。

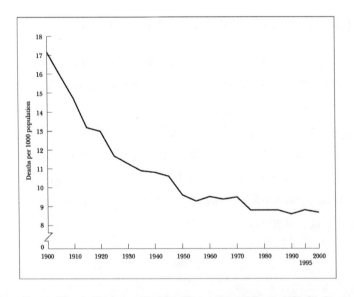

資料來源：U.S. Census Bureau, *Historical Statistics of the United States, Colonial Time to 1970. (Washington, D.C.: Government Printing Office, 1975)* p.59 and *Statistical Abstract of the United States: 2002,* p.74.

圖 1-4　西元 1900～2000 的死亡率（Death Rates）。

　　想想如果你是處在一個死亡大多數發生在較早的年齡層的環境中。想想看我們的祖先（ancestors）在經歷瀕死和死亡的經驗是怎樣不同，當時高百分比的嬰幼兒死亡數通常被認為是天命的問題，是不能夠避免的。青年人和老年人對死亡很熟悉，死亡被當作是人類情形中很自然的一部分。母親在分娩的時候死亡；小孩子死產；小孩子轉變為青少年時期之前，也許他們的父母親就都已經死了，或者是已經失去父母其中一人。存活下來的兄弟姊妹常常會將死去的兄弟姊妹的照片陳列在臥房的牆上，這可以視為是一種對死者的紀念活動（memorial），或者是對一個完整性家庭的聲明。察覺到生活有這樣的一個死亡率，我們的祖先也都幾乎不去否認死亡的事實。

死亡的原因

　　由於平均餘命的改變，以及死亡率的大幅下降，死亡有了不同的趨勢。在 20 世紀的早期，死亡通常是由急性傳染病所造成，像是結核病、傷寒熱、白喉、鏈球菌性敗血症、梅毒和肺炎等。這些疾病大都來得很突然，而且也很快就引起死亡。然而，現今的死亡通常是由一個慢性疾病所引起，像是心臟病、癌症，它通常是伴隨著一個慢性病（chronic disease），死亡也許是在下週、下個月，甚至是好幾年以後。（見表 1-1）

表 1-1　西元 2000 年美國的十大死因

死亡的原因	死亡數	占全部死亡數百分比
全部的原因（All causes）	2,403,351	100.0
心臟病（Heart disease）	710,760	29.6
癌症（Cancer）	553,091	23.0
中風（Stroke）	167,661	7.0
肺疾病（Lung disease）	122,009	5.1
意外事件（Accidents）	97,900	4.1
糖尿病（Diabetes）	69,301	2.9
流行性感冒和肺炎（Influenza and pneumonia）	65,313	2.7
阿茲海默症（Alzheimer's disease）	49,558	2.1
腎疾病（Kidney disease）	37,251	1.5
肝疾病（Liver disease）	31,224	1.3

資料來源：R. N. Anderson, "Leading Causes for 2000," *National Vital Statistics Reports 50*, no.16 (Hyattsville, Md.: National Center for Health Statistics, 2002), p.8.

> 我常常想知道：人們是否喜歡出生、受扶養，以及生活在同樣郵遞區號（zip code）的地方。我想知道如果我們可以撥電話給所有的家人朋友，而不需要按一個區域代碼（area code），那會怎麼樣。我想知道人們如果可以不總是想念著一個人或其他人，或者不總是想念著一個地方或其他地方，又會是如何。我想知道如果能夠回到和家人一起成長的家，而原有的東西還好好收藏在家中的閣樓裡，那又會是如何。
>
> 我家的是區域代碼（area code）405，我最好的朋友的區域代碼是 415，而我現在住的區域代碼是 212。我的遠親的區域代碼是 203。另外，我其他朋友的有些是在 213、202、412、214。
>
> Beverly Stephen, "A Mobile Generation in Search of Roots"

像這種疾病模式的歷史性轉變被稱為流行病學的過渡時期（an epidemiologic transition），而它的主要特徵是指人口死亡率有了一個重新分配，從年輕人轉到老年人（流行病學是指一門研究健康和疾病模式的學問）。年輕人死於傳染性疾病的危險性降低了，人們變得可以活到更老。而當他們老的時候，他們通常死於一個退化性的疾病（degenerative）。這樣的轉變造成了老人人口的增加。在 1900 年代，美國 65 歲以上的老年人口只占了 4%；然而，現今 65 歲以上的老年人口卻占了 13%。在 1900 年代，65 歲以上的老年人占死亡人口 17%；然而，現今美國每年大約有 2.4 億的死亡人口中，有 75% 是這個年齡層的人。因為上一世紀人們最普遍的死亡原因中有了這樣的一個轉變，以至於我們傾向認為死亡通常只發生在老年人身上。

地理上的遷移率（Geographical Mobility）

每年美國有超過六分之一的人口在遷徙。人們和朋友、鄰居、親戚說再見，便搬到其他地方。在過去，我們和地方及親屬的關係相當密切。現今他們較依賴個人的角色或功能，而不是過去共同分享的一生經驗。小孩子一旦長大，幾乎很少和父母親住在相同的房子裡，而且更少和兄弟姊妹一起住在同一個擴展性的家庭裡。另外，在經歷過了結婚、生小孩後，很少有大學的友誼能夠持續到退休年齡。由於社會和地理上的遷移率，使得現今死者的親屬和朋友較少有機會一起經歷喪禮儀式（rituals），進而分享彼此間的失落。

當然，仍然會有一些家人繼續保持著親密關係，即使他們不再住在同一個屋簷底下、或者不再居住在同一個城鎮。居住的流動性使得個人和團體之間產生了變

化。例如，有一些種族或文化上的成員，不受一般社會潮流的影響，仍然非常看重緊密的家人關係的維持。然而，有一些人卻減少了和親屬（kin）之間的接觸，而增加了和朋友、鄰居互動的頻率。即使如此，地理上的遷徙趨勢使得大部分人們對死亡經歷較不熟悉。

死亡離開家中

在一個不是太久遠的過去，大部分的人們死在他們自己家中的床上，而且身邊環繞著摯愛的親屬。在 1900 年，大約有 80% 的死者在家中死亡。現在，我們發現了一個相反的現象，大約有 80% 的死者在制度化的組織裡死亡，而且主要是在醫院和護理之家（nursing home）。死者之所以遷移離開家，有著各式各樣的理由，首先從醫療科技（medical technology）的擴張和地理學上的改變開始。也因此，增加另一個解釋我們為何對死亡和瀕死不是那麼熟悉的理由。

基於種種理由，世代之間的交流變少，這在早期是日常生活中很正常的一部分。想想兩個小孩在萬聖節前夕挨家挨戶的旅行經歷。在敲了好幾家年老者活動房屋的明亮房門後，如果沒有得到回應，小孩子就叫喊著：「不請吃就搗蛋（Trick or treat）。」然後一個女人回答說：「在這個地方你們得不到任何萬聖節前夕的請客，這裡只有上了年紀的人，因為安全和平安的因素，讓他們家中的燈光繼續照亮著，不是要在萬聖節前夕歡迎小孩子的到來。」

大部分的人說：「在他們還活著的最後幾天裡，比較想待在他們熟悉的家中。」然而，因為身體不適或缺乏社會支持，使他們原本的選擇變得困難或不可能去完成。這種情況正在改變，在改善臨終照護倡導者的幫忙下，居家照護（home care）再一次成為一個實際可行的選擇。對許多人來說，仍然是一通長途電話宣布了祖母的死亡，而非親密地去經驗、去熟悉我們愛的人的死亡。

延長生命的科技（Life-Extending Technologies）

在制度化的健康照護體系（health care settings）裡，一個瀕死的人四周可能環繞著許多令人驚訝的儀器設備，那些設備是計畫用來監控生命徵象的，直到他生理上的神經衝動逐漸消失為止。機器老練地監控起腦波活動、心跳速率、體溫、呼吸、血壓、脈搏，和血中的化學物質。當身體的功能有了變化時，機器會藉由光線、聲音以及電腦輸出的印刷品，來發出警告的訊號，像這樣的裝置能夠在生命（life）或者死（death）的情況中區分出一個至關緊要的差別。

先進的醫療科技似乎是上帝對於人們在延長生命上的恩賜，然而人們似乎也發出了像這樣的咒罵聲，對於它只是將人們的死亡延期的咒罵。在專業的生物科技中尊嚴也許是被貶值的。當醫療科技被應用在人生的最後階段時，相對的，我們的什麼東西也正在和「生命的延長」作交換呢？傳統上對死亡的定義是「生命終止，所有生命功能的永恆終止」。不過，現在對於死亡的定義就伴隨著一個法醫的定義，那就是「承認生命可以被人工所維持」。現代，我們對於死的定義，不再像小孩子所陳述的那麼簡單——「當你死了，你就是死了」。

醫療科技是造成我們對於瀕死和死亡不再那麼熟悉的另一個因素。當成功的治癒是不可能的時候，當你有這樣的態度時——「還有什麼是可以做的和應該做的」，將會增加執行技術介入的可能性。當病人正一步步邁向死亡時，醫療科技將使病人與親人和朋友疏離。當死亡真的來臨時，它就好像是突如其來的。對於看待死亡有一個趨勢，那就是死亡被當成一個可以被無限延期的事件，而不是把死亡當作生命的一部分。

現代瀕死故事的最後一個階段稱為「管理化」（Managed）的死亡階段。當某個人的死亡可以被接受，而且已把未來計畫裡的進一步治療放在一邊時，人們仍然可能有堅定的渴望希望管理情境，讓結果一切順利。這種渴望表達著這樣的一個意涵：治療剛好結束在最恰當的時刻，而且允許了人們有一個安靜的死亡空間。另外一個意涵是牽涉到對死亡企圖控制，甚至是完全地藉由醫師的協助來自殺（physician-assisted suicide）或安樂死（euthanasia）。像這樣努力地經營死亡，是否有某些事情會被錯過，而這是一個非常值得思索的議題。在這些議題裡，有些人相信醫療科技是過度被應用的；其他人也許把死亡當作是「另一個選擇和效率」的議題。就好像是喜歡家庭生活的人就必須面對著某些議題，諸如擁擠的交通，以及其他附加的現代生活等議題。

「我們如何死亡」已經主要受到醫療科技的影響了。都市化和其他社會的變遷已經影響了我們對於死者的照護方式。這些影響是如此的快速和徹底，以至於我們個人和社會的改變總是不能迎頭趕上這些新方法。科技的發展和快速的社會變遷導致新的社會問題，而社會科學家使用文化遲滯（Cultural lag）這個措詞（falling behind），來描述社會在處理這方面問題時社會落後（falling behind）的現象。有關如何處理瀕死和死亡，現在也許我們是處在一個文化遲滯（Cultural lag）的時期。

祖母，當您的小孩死了

祖母，當您的小孩突然在您身旁死了，就在您那張狹窄的床上。他吃力的呼吸使您感到焦躁不安，當他發出歎息聲或者突然停止了歎息聲，都會使您驚醒。您守著他在這個寒風刺骨的清晨。您幫他穿衣服，幫他梳理頭髮，您的眼淚理所當然地流下來，您無法停止哭泣，直到他終於被埋葬。就在那戶外的草地顯現一道彩虹時，他的靈魂突然去見了上帝。阿門。祖母，當您的小孩是如此難受地死去。當親愛的上帝來到他那毫無生氣床邊時，他正在喊痛，伴隨著嘶嘶的、呼呼的呻吟聲，重複著高音的、低音的單調音節，直到麻醉藥被使用才降低了他的呻吟。您的眼淚是無法止住的，它就像葡萄糖液或血液從瓶子裡緩緩的流下。當他和穿著白色衣裳的上帝一起離開時，您的眼淚已經流乾了。

Joan Neet George

面對死亡的態度表現

藉由評估我們過去的經驗，和投射我們的想像力到未來中，我們發展了對這些事物的看法。我們對這些事物的看法透過語言（language）、幽默（humor）、媒體（media）、音樂（music）、文學（literature）和視覺藝術（visual arts），展現在我們的社會相互作用。在現代社會裡的大多數人很少有直接面對死亡的經驗，可是死仍然有重要的地位，儘管我們的文化環境並不承認它。

語言（Language）

當人們談論死亡或瀕死時，使用的語言經常是間接的。人們傾向避免去使用死亡、瀕死這樣的字眼。取而代之的，比較愛用「去世」、（passing）死者是「長眠」（Eternal rest）等字眼。精心地傾聽，你將很可能注意到婉轉說法（euphemisms）、隱喻（metaphors）、俚語（slang）等都包含一大部分對於死亡的談論（見表1-2）。

婉轉說法是以間接或者含糊的（vague）詞、片語（phrases）來代替鋒利或是直率的語言，並透過它掩飾死的真實，使我們不必直接面對死亡。然而在其他時候，隱喻習慣被用來降低死亡的含意，以及使死亡除去人格化。

然而，使用婉轉說法（euphemisms）和隱喻（metaphors）不總是意味著一個否

表 1-2　死亡的對談：婉轉說法、隱喻、俚語

去世（Passed on）	有了這個改變（Made the change）
翹辮子（Kicked the bucket）	發出低沉沙啞的聲音（Croaked）
到另外一個世界（On the other side）	去了天國（Gone to heaven）
上帝接受了他／她（God took him/her）	回家（Gone home）
在基督的懷抱裡長眠（Asleep in Christ）	斷氣（Expired）
過去的、往昔的（Departed）	呼出最後一口氣（Breathed the last）
去種田了（從事農業）（Bought the farm）	離開了我們（Left us）
和天使在一起（With the angels）	去面對他／她永恆的報酬（Went to his/her eternal reward）
感覺沒有疼痛（Feeling no pain）	迷失（丟失、喪失）（Lost）
離開他／她自己（Offed himself/herself）	遇見他／她的上帝（Met his/her Maker）
他／她的時間到了（His/Her time was up）	枯槁的（Wasted）
兌現了（Cashed in）	結帳離開（Checked out）
屈服（Succumbed）	枯萎（Perished）
永久的長眠（Eternal rest）	處於長眠（Laid to rest）
把雛菊向上推（Pushing up daisies）	榮耀上帝（Translated into glory）
召喚回家（Called home）	逝者已去（Was a goner）
回歸塵土（Returned to dust）	結尾（Came to an end）
天父在身旁（In the arms of the father）	交付命運（Subject just fataled）
消滅（毀滅）（Annihilated）	回歸塵土（Bit the dust）
放棄生命（Gave it up）	清償債務（Liquidated）
落幕了（It was curtains）	終止（結束）（Terminated）
一陣長眠（A long sleep）	死（Gave up the ghost）
在天邊（On the heavenly shores）	離開了這個世界（Left this world）
離開他／她的苦難（Out of his/her misery）	結束了所有（Ended it all）
斷氣（Snuffed out）	天使帶走了他／她（Angels carried him/her away）
六呎之下（Six feet under）	安祥地睡（Resting in peace）
去世（Passing）	改變外形（Changed form）
身體倒下了（Dropped the body）	發現不朽的和平（Found everlasting peace）
展開新的生活（Went to a new life）	回去來的地方（Returned to the source）
美好的來世（In the great beyond）	那是她全部的生命故事（That was all she wrote）
去世了（Passed away）	不再和我們長久在一起（No long with us）

認死亡或者避免談論它的衝動。有時這些術語透露出更精細微妙的深層涵義。在一些宗教和具有種族傳統色彩的成員之間，例如，術語「去世」（passing）透過它作為精神上過渡以表達對死的一個理解。

另外，在社會互動的舞臺上，死亡典型地藉由一張同情（sympathy）和弔唁的卡片（condolence cards）的使用被間接提到。通常，這樣的卡片允許我們表達我們對死者的慰問，而不必直接地提到死亡。死亡也許被這樣的隱喻句子所提到，比如：用「長眠」（a long sleep）代替了「死」（death）的表達。或者，明顯的用各種形式來否認它，像是：「他不是死亡了，他只是離開而已。」印象中這些句子和詞藻傳達了一個安詳、平靜的印象，像是：「回歸大地」（Returned to nature）。當卡片的內文提到死者時，讓我們回想起對某個人的記憶，這對我們而言也是一種治癒傷痛的過程。同情的卡片設計成一個敏感、溫和的樣式來安慰人們的損失，也讓我們透過這種方式來了解到「失去」（loss）的真實性。

在西南奈及利亞的優魯巴人（Yorubas）有一套問候公式，那是指透過同情卡片提供一些相近的弔唁表現的方法，允許「遭遇到喪失」的朋友、親戚去識別他們所身處的不同環境的失落。例如，孩子、配偶、父母親或者姊妹的死，被要求有一個特定類型的喪親之痛問候。死者的年齡、死亡的原因和死者所身處的環境，這些都是在選擇正確問候時需要被考慮的。優魯巴人適當地表達對喪親之痛的問候，那是哀悼儀式中重要的一部分，它幫助了喪失親人的人感覺到被支持和安慰。也許特定主題卡片的寄發，有類似這樣明顯的意圖，那就是安慰那些喪失所愛的人們。

另外，也能夠透過所使用的語言來表達人們曾經面臨死亡遭遇的強度和直接程度。「死亡敘事」，即關於倖免於死亡的故事，當敘事者來到他生命中決定性的一刻，就在這一刻死亡好像迫切和不可避免，但是典型地一個緊張的轉變發生了。在這個例子中，有一個男人在前幾年的時候，他在一場暴風雪中開車，並且經歷了一個可怕的事件，當他描述這件事的時候，他又開始經歷了他過去緊張的感覺。當他談論到故事中的關鍵時刻，當時他的車在一條結冰的彎路上失去控制，並且滑行到對街，他將這一刻緊張的氣氛攝入他的腦海中。有一次有一輛車朝他迎面而來，而他再度經歷了過去的感覺——就在那短暫的一刻，他相信他要死了。

同時，用詞遣字也能夠透露不同時刻死亡經驗的精細微妙變化。例如，在西元 2001 年 9 月 11 日恐怖攻擊發生後，援救努力的焦點發生了改變，以至於後來這詞習慣被用來描述緊急救難人員（emergency personnel）和搜救團隊（search-and-rescue）的工作項目。這樣的事件隨著幾個小時進展到數天後，救援（rescue）工作轉

變成了復元（recovery）工作。

　　努力地尋找適當的詞，以充分地描述發生在 9 月 11 號那段歲月的經過，人們藉由種種的片語，像是「恐怖攻擊」（the terrorist attacks）、「911 事件」（the events of September 11）、「悲劇」（the tragedy），或者只是簡單的以它（it）作為那段日子所有發生事情的代表。每一個字的用法有它獨特的關聯（associations）和內涵（connotations）。對有些人而言，用攻擊（attacks）這個詞來描述這件事情的經過是太含糊不清了；對有些人而言，用事件（event）這個詞來描述所發生的事情又太過於平凡（trivialize）。許多警察（police officers）、消防隊員（firefighters）、軍官（military personnel），以及其他相關人員，把這次的經驗視為一個直接的襲擊（a direct assault），他們認為使用攻擊這個詞能夠適切地形容這次事件的經過，並且有助於達成「動員」（mobilize）的效果。而有些人比較喜歡用悲劇（tragedy）這個詞，因為它暗示了人們將工作重點放在情感的復元上，就如同災難（disasters）發生後人們所從事的重點工作一樣。在遣詞用字爭議上的另一個解決方法，是語言學家（linguists）所謂的換喻詞（metonym）用法，那是對某一事件的一種簡稱。就像是「珍珠港」（Pearl Harbor）成為第二次世界大戰日本攻擊美國夏威夷（Hawaii）的換喻詞；而「9 月 11 日」或「911」代表了美國賓夕法尼亞州（Pennsylvania）五角大廈（the Pentagon）世界貿易中心（the World Trade Center）所發生的一連串事件的描述。某位男士經歷了「攻擊」、「悲劇」、「轟炸」（a bombing）這些詞語的用法後，他說「9 月 11 日」這個名稱，最能獲得大多數人的共鳴（resonance），因為它是這些事情的全部，甚至包含了更多的事情。

　　同樣地，經歷相同死亡相關經歷事件的人，可能選擇從不同的觀點談論它。Nirvana 搖滾樂團中的成員 Kurt Cobain 自殺了，這樣的事件通常藉由歌迷和大眾媒體表達出不同的對比語言。而 Cobain 的歌迷用以下的說法表達了他們的震驚：「你能夠相信嗎？他殺了他自己。實際上，他帶走了他自己。」然而記者用正式的語言來描述柯曼的死亡，如「槍擊性的自殺事件」。

　　再次看那些習慣用在死亡談話上的詞和片語的用法（見表 1-2）。注意到語言提供了關於死亡風俗的線索，並讓我們了解到說話者面對死亡的態度。精細微妙地區別能夠反映出很多態度上的不同。有時這些區別涉及精神上或者文化的框架，例如，仔細想想「去世了」（passed away）和「去世」（passed on）的精細微妙差別。注意這些隱喻、婉轉說法、俚語和其他語言用法，注意人們習慣使用何種說法去談論死亡，可以增進我們了解各種面對瀕死和死亡態度的種類和範疇。

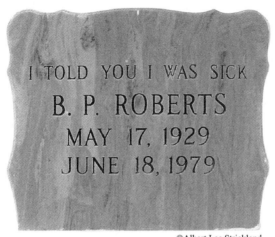

圖 1-5　B. P. Roberts 在佛羅里達的墓碑上有一個與眾不同的裝飾，它展現了不同於傳統上墓碑雕刻的傷感觀點，而帶有一點異想天開的味道。

殯葬業者（The Undertakers）

　　這個死者已經死了兩天，冰冷的屍體像石頭一般。他是僵硬的、陰森的，而且臉色已經稍微發青，現在他躺在殯葬業者所提供的厚板上，即將由兩個老的、可愛的殯葬業者幫他塗上防腐劑。其中有一個人說：「至少他活到一個成熟的年齡。」另外一個人說：「是的，希望我們有機會活到像他那樣子的年紀。」突然，這個屍體快速地豎立起來，他沒有睜開他的眼睛，而且開始講述這個故事：

　　在 1743 年，船長 Rice 和他那一群叛逆、不可信任的船員從英格蘭展開了他們的航程。三天之後在大海中，主帆的桅杆裂成碎片，然後徹底地斷裂成兩半。這艘船在海面上顛簸了兩天，船員們叛亂了起來，而這艘船又在海面上顛簸了另外的兩天。到了第三天結束這樣的場面，有一艘船出現在地平面上，而且營救了他們。這位誠實的船長挫敗地向海上將官們提起叛亂事件。之後，他的船員變得忠貞，並且努力地工作，向他們的船長貢獻了他們自己。

　　這個屍體又躺回去大理石上。「嗯，」另外一個殯葬業者說：「有句俗話說——死人是不講述故事的！」。

Steve Martin, Cruel Shoes

幽默感（Humor）

　　有幽默感的緩解時，嚴重和陰沉的事情可能會變得更容易處理。笑聲使關於死亡的一些焦慮受到緩和。看待死亡的這個觀點要是離開幽默感，會是件可怕的事。和死亡有關的幽默感來自於各種不同的形式，從滑稽可笑的墓誌銘到所謂的黑色幽默，或者是化解僵局的幽默。

　　用幽默感面對死亡，有好幾個功能：第一，它讓我們意識到一些禁忌的主題，而且讓我們有機會去談論它。第二，它提供了一個克服哀傷的機會，並且提供了一個釋放傷痛的方式，即使我們不能改變現況，但是它讓我們對這個創傷情境增添了一份控制感。第三，幽默感是一個偉大的平等家，它用相同的方式對待每一個人，並且告訴了我們人類沒有免除不了的困境。因此，幽默感讓我們凝聚在一起，並且鼓勵我們必須親密地一起去面對陌生的、令人煩惱的事物。在他們所愛的人發生死亡以後，當他們記起這個既滑稽可笑又痛苦的事件時，幽默能夠安慰生存者。幽默感能夠適度地緩和負面生活事件的強度。

　　患有嚴重疾病的人們，要面對「令人震驚的診斷」所帶來的影響時，幽默感是克服它的一種方法。它能夠在痛苦的情境上提供另一個觀點，就好像這樣的一句俏皮話：「口臭總比沒有呼吸好。」當事情是不好的時，幽默感並不需要使這個情況更好，但是，它能夠提供一個心理上保護的功能，以及幫助人們保持他們心理上的平衡。

　　那些從事和死亡工作有關的人們，像急診室工作人員，他們利用幽默感使他們自己免於震驚，在創傷事件發生後他們能夠馬上回復情緒。有一首歌，它開始的歌詞是：「你的責任是每一個人，而不是自己。」對急診醫療工作人員而言，這樣的歌詞為他們提供了一個穩固的機制根基。另外一個例子是：在醫療中心的一群醫生們避免使用「死亡」這個字。因為當一個病人死了，其他的病人也許會變得驚慌。有一天，當醫療團隊正在查房時，一個實習醫生來到了門前，並且帶來了關於一位病人死亡的訊息。知道「死亡」這個詞是禁忌，而且沒有準備好要用哪個字代替，於是她宣布：「猜猜看誰再也不會到華爾多超級市場買東西？」這句話語迅速地成為醫療人員用來傳達病人死亡消息的標準方法。

　　我們發現一件有趣的事，那就是我們的態度會影響到我們對於死亡的傳達。一個笑話被某些人愉悅地分享，但是對某些人而言，他們也許對這樣的笑話感到震驚。總之，開玩笑似乎是容易的，但是要考慮到某個特定的人或團體對各種不同幽

默感的接受程度。然而，幽默感可能是幫助我們適應痛苦情況的有用工具，它可以幫助我們勇敢地去面對我們的恐懼感，並讓我們在不為人知的事情上獲得一種支配的感覺。以幽默的方式來看待死亡，讓你的觀點異於傳統，當我們在體驗我們所面對的死亡時，幽默感可以幫助我們減輕一些對於死亡的焦慮。

大眾傳播媒體（Mass Media）

現代的通訊科技讓我們有可能在瞬間成為所有災難的生存者，包括災害、恐怖行動、戰爭、政治上的暗殺，因為這些災難消息很快地就傳遍全世界。當可怕的事件被公開時，震驚的民眾不可置信地觀看著。大眾傳播媒體促使了一群民眾產生了危機意識，當人們感覺到某些情況是受到威脅的，他們會藉由媒體來獲得資訊。大眾媒體所傳播的各種訊息深深的影響著我們的態度行為，我們必須自問：這些二手的資訊來源告訴了我們死亡和瀕死的哪些事？

新聞（In the News）

當你讀每天的報紙時，哪一種種類的死亡遭遇能夠引起你的注意？掃描今天的報紙，你可以發現到事故、謀殺、自殺的分類，以及由暴力所引起的死亡災難。噴射機撞擊事件的新聞以一個橫貫全頁的大標題所報導。在這裡你看到一個故事：有一家人被困在火災的家中，他們的家庭是如何被毀滅的過程。另外一個故事是：有一家人因為在州際公路上發生了一樁致命性的車禍撞擊事件，而提早結束了他們的假期。

然後，還有名人的死。一般的死者像喬（Joe）、吉兒（Jill）這些普通人，經由制式、簡短的死亡名單公告，讓他們的死訊被大眾知道。像這樣的死亡通告通常被印在一個小的專欄裡，在這種死亡統計名單中，死者的名字被依照字母順序陳列，就如同一排相同樣式的小墓穴。然而，當死者是有名的人物時，他的死訊是藉由一段冗長的訃聞所宣布。對於這樣的專欄故事，它擁有獨特的標題當作故事的序言，而且它被規劃成一個大規模的版面來做報導。訃聞指出了死者的價值程度，而編輯者根據這個價值程度把死者歸類為有名望的人。的確，大多數的新聞組織為那些有新聞報導價值的人們保留他們的訃聞，並且這些訃聞是被周期性地更新，所以當場合需要時，媒體已經準備好出版或廣播它。

死者的鄰居或者工作中的同事，不可能以如此強調的方式被媒體報導。相對的，當普通人士試著去獲得一個訃告，而不是對所愛的人給予一個死亡通知時，他

們的努力可能遇到阻力。有一個女人得了何杰金氏症死了，她的家人傳送了一份關於「她的一生」的簡短報導以及死者的照片給他們當地的報社，並要求報社用這些資料來報導關於她死亡的訊息。儘管他的家人和社區其他知道這個女人成就的人士，是如此努力地去要求報社做這樣的一份報導，但是報紙發言人對於這樣的個案，仍然堅持地反對以撰寫訃聞方式來取代一份死亡通知的報導。我們大部分都是屬於平凡的死者，我們的死訊都將被忽略，或者我們的死訊只是在例行的樣式中被提及。當媒體報導死者時，大規模的報導可能會掩蓋死的平凡性。

不管是平凡的或者是特別的，大眾媒體影響著我們對於新聞報導中死者的想法和反應。新聞報導比較少處理這樣的事件，而著重在如何使這個事件被察覺。Jack Lule 在描述「黑人激進份子 Huey Newton 的死亡如何被全國的報紙所報導」時闡明這個特徵。Newton 是黑豹黨的創立者，這個眾所皆知的生涯持續了 20 年；然而，基本上關於他的死亡在這些方面是這樣被報導的——否認和貶低他的成就，就如同他的身分是政黨人物一樣。大部分關於牛頓死亡的報導專注在牛頓的兇暴本質，以致忽略了關於他的人生的其他觀點，甚至忽略了他的死亡本質是一個悲劇。這個毫無保留的訊息所透露的似乎是他依靠著兵權日復一日的生活。

關於報導的一個非常不同的觀點是傳遞訊息，像是美國太空梭挑戰失敗的例子，報導指出太空梭爆炸以致於它在升空不久之後馬上重返大氣層。這些事件被描寫得如同悲劇一樣，而令全體國民傷心，它營造了一個分享悲傷的氣氛。在 2001年 9 月 11 日恐怖份子襲擊後的那一段時間裡，電視圍繞著全國人民的心，透過全美國人民的震驚和悲傷，電視象徵性地將他們聚集在一起分享他們的震驚與悲傷。

無論電視最好的象徵是作為全國人民的心臟，或者只是單純地作為一般的家庭設備，人們觀看大眾媒體不僅僅只是為了獲得事件的資訊而已，而是為了它背後所代表的涵義。因此產生了這樣的問題，在陳述真相時怎樣才算是適當的隱藏死者和生存者的悲傷。要在公眾事件和個人的失落之間作區別，有時候事情是處於模糊地帶。

一份加拿大的報紙刊載了一位母親獲悉她的女兒在一場意外事故身亡時一張心煩意亂、極度煩惱的照片，許多讀者陳述出這是一個嚴重不道德的行為，這張照片是一個病態、荒唐可笑的刺眼例子，也表現出不體貼和不感性。這位母親十分有趣的，她並沒有分享這些感覺。看著這張刊載的照片，她說：這張照片幫助她理解曾經發生過什麼事！這位母親的反應不是不尋常的。當人們突然喪失某件事時，像是遭遇典型的非預期死亡事件時，人們想要獲得更多的細節以幫助他們重建死者曾

經發生過的事，就如同幫助他們去適應他們已經失去的真實性。像這樣侵入喪失親屬的個人悲傷的新聞報導是非法的嗎？或者它是合法的呢？報社刊載這張照片是對的嗎？似乎這位承受著悲傷的母親是被侵犯性的報紙所欺騙，這樣的報導是不法的行為，讀者應該確實地保護這位母親的權利？或者，像這樣激動的情緒是起因於讀者承認死亡的感覺是令人不舒服的？這個例子使人想到，人們有時候會假設受悲傷所挫的人會有什麼情緒，但當事者很可能並沒有這些情緒。

即使如此，新聞裡可怕的（horrific）死亡報導有時候會導致「再次犧牲」（re-victimization），或是繼事件本身的初次創傷後再度引發的「二度創傷」（second trauma）。媒體報導者可能以他們的觀眾或讀者作為犧牲品（victims），來獲取媒體報導所需的悲劇經驗。新聞工作者的優先立場也許是站在「假如事件悲傷，那麼它將領先」（if it bleeds, it leads）的角度。〔平心而論，這個句子是新聞工作者對人類偷窺慾望的劣根性（voyeurism）所作出的反應，那就是我們渴望能夠近距離檢視其他人的生活發生了什麼事，顯然地這樣一個特點是和我們的靈長類親戚（primate cousins）一起共有（shared）的。以悲劇事件的特性來詮釋「關鍵性時刻」（defining monents），這種戲劇性的傳達方式，透露出人們渴望逃離單調乏味的生活，去追求一個不平凡的人生經歷。〕

一個重要的問題是大眾媒體所做的是否足夠幫助我們探索死亡的意義、或者大眾媒體僅僅只是藉由聳動性（sensationalistic）的新聞快報來提高收視率呢？當進一步使人失去人性（depersonalizing）的情況發生時，透過現場實況轉播來報導生命的失落，它被報導的時段往往夾雜於商業性廣告和其他世俗新聞之間，在這同時，大眾媒體常常忽略了死亡對於人類的意義。類似公車衝撞的災難事件報導，它是被插播在股票行情或者是工廠裁員的新聞報導間。崩潰的生還者面對接踵而來的災難，他們的生活普遍是缺乏社會上的照顧。想想你自己在大眾媒體所看到的關於死亡的報導，並想像其資訊是如何呈現出來的。大眾媒體所報導的死亡和瀕死，和我們自己生命當中所經歷的失落並不類似。

有娛樂效果的死亡（Entertaining Death）

在美國，平均一戶家庭就有2.4臺電視機，電視機影響著我們的生活是毋庸置疑的。死亡是許多電視節目的核心話題，它是完全不被忽略的。在一個典型的假期節目清單裡，就有1～3個描寫瀕死或死亡的電視節目。它除了在星期電影裡和在描寫犯罪、冒險系列的節目中出現外，也是新聞廣播的主題（典型地，在每一個廣

播節目裡涉及到死亡的幾則報導是被拿來作為號召的），另外死亡也是自然界節目（動物界裡的死亡）、卡通電影（誇張地模仿死亡）、肥皂劇（肥皂劇似乎總是會描述一些垂死情形）、運動節目（像是描述「死球」、「其他隊伍扼殺了他們」）和宗教節目（提及死亡的神學和軼事）裡的主題。然而這些多樣化的比喻卻很少增加我們對死亡的了解。幾乎很少有電視節目播出像這樣真實的話題，諸如：人們是如何應付它所愛的人死亡，或者人們是如何面對他們自己的死亡。

就某些角度而言，《六呎風雲》（Six Feet Under）這齣連續劇是特殊的，它描寫著一家擁有家庭式葬儀社的家庭生活插曲。這齣獲獎的連續劇提供人們瞥見現代化喪葬行業的細節，雖然它最初的目標是提供人們大眾化的娛樂，而不是提供資訊。儘管如此，這齣連續劇大膽地操弄心理學上的幽默感來引發人們省思和死亡有關的態度和習慣。當葬儀社的經理被詢問：「為什麼人會死呢？」他回答說：「為了凸顯出生命的重要。」儘管《六呎風雲》這齣連續劇事實上是無關於死亡的，但是它至少讓觀眾短暫地去思索──我們的社會是如何去處理死亡事件。

轉到針對小朋友的節目，回想星期六早上卡通電影裡對死亡的描述。唐老鴨是被蒸氣壓路機熨平成一張薄的床單，一會兒之後牠突然再次站了起來；醉醺醺的伊門（Elmer Fudd）將他的獵槍瞄準小兔子邦尼（Bugs Bunny），之後伊門扣下了板機，砰一聲！邦尼那時並沒有注意到，結果牠被來福槍擊中了，之後邦尼被抓著喉嚨來回旋轉了幾次，邦尼嘀咕著說：「莫非現在是世界末日！伊門……我將要報仇……。」此時邦尼的雙腿停留在半空中，隨後牠跌入了地面，當時邦尼緊閉著眼睛，直到最後牠的雙腳踢到了爛泥巴。咦，等等！現在邦尼試著站起來，牠瞧見自己依然是完好如初。這場戲碼中的死亡是可逆性的（Reversible）。

或者，細想西方的私家偵探故事，常常藉由描述壞人「翹辮子」（kicking the bucket）了，來讓讀者解讀現實世界裡的死亡場景。「翹辮子」的說法在現實裡是意味著死者被埋在城鎮邊緣堆滿菊花的山丘裡。電視攝影機大概會拍攝死者的臉部、軀幹到手部抽動的特寫鏡頭，然後搭配理想的配樂節奏，讓瀕死者的呼吸、所有的動作慢慢消失在配樂聲中。或者電視攝影機更有可能拍攝，正午的時候死者在俄克拉荷馬州畜欄旁的牛仔槍戰裡慘遭橫禍，鏡頭拍攝這個男子被槍擊中，然後他的身軀開始搖晃，接著他應聲跌倒在地，而他抖動的身軀慢慢變得冰冷無息（你也許會回想起相似的鏡頭出現在臨終影片的場景裡）。

人們會幫死去的人畫一張非常不一樣的畫像，然後將死去的人留在記憶裡。人面臨瀕死時許多回憶會源源不斷地湧出，瀕死者的喘息聲聽起來就像殘餘的呼吸

經過喉嚨所發出的咯咯聲；身體的膚色起了變化，就像是肉體的色調逐漸發青；曾經是溫暖、柔韌的軀體漸漸變得冰冷和僵硬。人們常常說死亡一點也不像我所認為的，我在電視或電影裡所看到的死者是不能看、不能聽，以及不能感受任何事。

　　告訴一位 7 歲的小朋友說他的祖父死了，這位活在現代的小朋友接著問說：「誰對他做了這件事？」通常在電視或是電影上所描寫的死亡是起因於強烈的外在事件。這樣子的想法使我們深信死亡會發生在我們身上，並非是我們可以決定的。死亡被看待成一個意外，而不是自然的過程。

　　媒體不切實際地上演暴力事件，可能造成觀眾對現實生活中暴力事件及其遇難者缺少敏銳性的察覺，而且徒增觀眾莫名的恐懼感，因而使觀眾變成受害者，另一方面也會促成社會大眾去仿效這個不適當的攻擊行為。

　　像這樣對於暴力的描述，常常不能顯現出受害者所承受的真實傷害和痛苦，也常常不能適當地懲罰加害者。媒體評論家 George Gerbner 說，大眾媒體在描寫死亡時常常將暴力的情節嵌入其中，這種傳達死亡的方式常常使得危險、不安全、不相信的感覺更加濃厚。這些描寫反映出人世生活的種種，其中以象徵性的方式來描寫死亡，促成了人們對於死亡有著一份不合理性的畏懼，因此減少了人們對於生命的自我掌握（self-direction）與活力。根據一些觀察者指出，近年來大眾媒體播出越來越多畏懼死亡的情節。例如，許多專家認為人們對於小孩綁架事件的害怕是受到廣泛的媒體效應的影響，媒體效應導致了人們錯誤地去推定周遭的人都是危險人物。事實上，小孩被人口販子綁架或是被殺死的事件，還沒有每年美國人被閃電擊斃的事件多。

　　描寫人世生活的種種不只被發現在虛構的故事裡，也出現在新聞報導和其他以真實事件為基礎的節目當中。例如，真實案件的演出節目強化了觀眾有一個危險的人世生活的觀念。電視上的犯罪報導就如同「惡魔被守護者，也就是警察和法官，象徵性地將他從社會裡逐出」一樣的一場現代化演出。像是謀殺罪和搶劫案是所謂的藍領階級罪行，而盜用公款和行賄罪是所謂的白領階級罪行，但是藍領階級罪行是較白領階級罪行更令人們激動的，然而這兩種以職業為區別的罪行和犯罪人口是容易引人誤解的，因為觀眾可能會相信真實世界和電視裡的世界是很相似的。就像現實生活中人們切身所經歷到的死亡和暴力事件是減少的，但是，大眾傳播媒體卻不斷地上映那些聳動的暴力和死亡情節，這些都將導致人們對於真實世界裡的生活情境產生錯誤的認知和解讀。

　　電影製作人以能夠引起人們激動的激烈暴力行為為演出題材，這種方式已經

成為電影製作人營利的一種手段。像是 *Friday the 13th* 和 *Nightmare on Elm Steed* 是成功的血淋淋恐怖片（slasher），劇情裡密布著血腥（blood and gore），以致成為受歡迎的影片。評論家指出在傳統的恐怖片裡，觀眾通常透過注視受難者來觀看這樣的情節，並因此來參與劇情人物的命運。然而，近期的影片要求觀眾和這個攻擊者角色感同身受。相似的身分認同現象出現在暴力的電視節目競賽中。電影裡和其他媒體的暴力行為描寫展現了普遍性的吸引力，顯示我們古老的進化背景所留存至今的傾向，可能誘使人類展現暴虐行為（brutality）和恐怖行動（terror）。

相對的，幾乎沒有故事題材是涉及了關於再生（rebirth）也就是再度展開的生命（continuation），以及其他關於死亡及瀕死和喪親的真實樣貌。由義大利導演 Nanni Moretti 所編寫、指導的影片 *The Son's room* 是近期影片裡的一個例外，它描寫著一個十幾歲的孩子在一場車禍中死亡後，他的家人的悲傷情節。這部影片描寫著種種的情感，而它將被留在記憶裡以處理這一場令人難過到失去知覺（senseless）的災難事件（tragedy），然而在家庭成員達成「生活必須繼續下去」的共識之前，人們退縮到自己私人的角落裡悲傷。莫提告訴採訪者說：這些劇情人物無法忘記發生過什麼，他們也不想去忘記所發生過的事，然而，最後這些事開始有了轉變，他們的生命將不再一樣。也許是他們已經找到自己可以應付的方式，因而把悲傷變成其他的某些事情。

電視和其他大眾媒體時常把注意帶到涉及瀕死、死亡和喪親之痛的重要主題。一場由 Bill Moyers 所主持的四集電視特輯「我們自己的生命期限」（On Our Own Terms）裡，盤問了人們生命終期所擔心的事。它的特色是訪問緩和醫療和安寧療護裡的專家，這個系列提供了一個窗口讓人們去體驗疾病末期的病人。在這 6 小時的系列裡強調關於死亡和瀕死等議題的重要性。Moyers 說：「我了解拍攝這部影片時，每過一天，我就更接近我自己的死亡一天。」他也說：「觀看瀕死的過程使我領悟到生命的意義。」

音樂

失落和死亡的主題（themes）可以在所有的音樂風格聽到。在搖滾和其他受歡迎的音樂類型裡，死亡的主題是動人的流行歌曲（見表 1-3）。事實上，就公然地提及死亡這點，搖滾樂裡的死亡意像幫助打破死亡這個禁忌。在一個從 1950 年代中期至今的 40 首勁歌排行榜調查裡，可以找到支持這個論點的證據。近期，在饒舌音樂（rap music）和嬉哈音樂（hip-hop music）裡，涉及死亡和瀕死的主題已經

成為司空見慣的事。這些例子包括 Coolio 所創作的〈Gangsta's Paradise〉和 Puff Daddy 所創作的一首〈I'll be Missing You〉，Puff Daddy 以這首歌來表達對他親近朋友之死的悲傷。所謂的重金屬搖滾樂（heavy metal），它的歌詞常常傳達著殺人者和自殺者令人印象深刻的意念（striking images）。

表 1-3　在當代受歡迎的音樂裡有關於死亡的主旋律

演奏者（Performer）	歌曲（Song）	主題（Theme）
Toru Amos	Little Earthquakes	多重失落（Multiple losses）
Beatles	Eleanor Rigby	老化與失落（Aging and loss）
Boyz II Men	Say Goodbye to Yesterday	失落與悲傷（Loss and grief）
Garth Brooks	One Night a Day	處理悲傷（Coping with grief）
Jackson Browne	For a Dancer	頌詞（Eulogy）
Johnny Cash	The Man Comes Around	最後審判日（Death and Judgment Day）
Eric Clapton	Tears in Heaven	年輕的兒子之死（Death of young son）
Elvis Costello	Waiting for the End of the World	死亡的威脅（Threat of death）
Joe Diffie	Almost Home	預料中父親的死亡（Anticipating father's death）
Dion	Abraham, Martin, and John	政治上的暗殺（Political assassination）
Doors	The End	謀殺（Murder）
Bob Dylan	Knockin' on Heaven's Door	臨終的最後一句話（Last words/Death scene）
Grateful Dead	Black Peter	垂死時的社會支援（Social support in dying）
Jimi Hendrix	Mother Earth	不可避免的死亡（Inevitability of death）
Indigo Girls	Pushing the Needle Too Far	和藥物有關的死亡（Drug-related death）
Elton John	Candle in the world	瑪麗蓮夢露之死（Death of Marilyn Monroe）
The Judds	Guardian Angels	祖先（Ancestors）
Patty Loveless	How Can I Help You to Say Goodbye?	一位垂死的母親（A mother's dying）
Madonna	Promise to Try	母親之死（Mother's death）
Metallica	Fight Fire with Fire	原子彈造成的大災難（Nuclear catastrophe）

演奏者（Performer）	歌曲（Song）	主題（Theme）
Mike and the Mechanics	The Living Years	父親之死（Father's death）
Morrissey	Angel, Angel, Down We Go	干預自殺（Suicide intervention）
Holly Near	The Letter	朋友死於愛滋病（Friend dying of AIDS）
Sinead O'Connor	I Am Stretched on Your Grave	悲傷的反應（Mourning behavior）
Oingo Boingo	No One Lives Forever	堅忍地面對死亡（Facing death stoically）
Pink Floyd	Dogs of War	和戰爭有關的死亡（War-related death）
The Police	Murder by Numbers	政治上的謀殺（Political killings）
Elvis Presley	In the Ghetto	慘遭橫禍與悲傷（Violent death and grief）
Queen	Another One Bites the Dust	慘遭橫禍（Violent death）
Lou Reed	Sword of Damocles	處理末期疾病（Coping with terminal illness）
Henry Rollins	Drive-by Shooting	藉由不可預知的暴力來為諷刺死亡（Satire on death by random violence）
Carly Simon	Life Is Eternal	不死的慾望（Desire for immortality）
Snoop Doggy Dogg	Murder Was the Case	城市的殺人犯和司法系統（Urban homicide and justice system）
Bruce Springsteen	Streets of Philadelphia	死於愛滋病（Dying of AIDS）
James Taylor	Fire and Rain	一位朋友之死（Death of a friend）
Stevie wonder	My Love Is with You	一位小孩慘遭橫禍（Violent death of a child）
Warren Zevon	My Ride's Here	靈車和死亡的到達（Arrival of hearse and death）

　　西元 2001 年 9 月 11 日的那場恐怖攻擊災難，致使許多音樂家創作歌曲對此事件做出回應，像是 Alan Jackson 創作了一首〈where were you〉；以及 Neil Young 所創作的一首〈Let's Roll〉，這首歌的靈感是來自於墜毀在美國賓夕法尼亞州農村的那一架 93 號飛機上乘客的一句話。Bruce Springsteen 所創作的〈My City of Ruins〉，這首歌創作得更早，它是關於這個藝術家的家鄉，然而令人辛酸（poignantly）的是他的家鄉就在那座燒毀的紐約世貿中心雙星大廈（Twin Towers of the World Trade Center in New York City）城裡。在 911 之後，廢墟、碎石、惡夢般的形象在宗教聖歌裡常常被寫到，這些聖歌當中有許多是依據 911 那一瞬間的主題，而開始採用

「當時」（when）這個字。

　　2002 年 911 的周年紀念日上縈繞著管絃樂和聖歌，全世界的人都參與這場知名的盛會，就如同一場「迴響性的追思彌撒」（Rolling Requiem）。就在國際標準時間上午 8 點 45 分那一瞬間，這一架飛機首先襲擊了世界貿易中心的北方高塔。「Mozart's Requiem」是為了當地觀眾所舉辦的，它是為了共同紀念前一年死於 911 災難的那些人。

　　謀殺、有意破壞和苦難長時間緊扣著美國音樂。像是在傳統民俗音樂裡的歌謠就訴說著「死亡的徵兆、臨終場景、遺言、哀悼者的遺憾（sorrow）和悲傷、對於死後人生（afterlife）的期望」。自殺和謀殺的主題也是常見的，特別是當他們結合愛與死亡的故事時。細想以此為主題的歌曲像是：〈Where Have All the Flowers Gone？〉是有關於戰爭、〈Long Black Veil〉是有關於悲傷、「Casey Jones」是有關於意外的死亡、「The TB Is whipping Me」是有關於威脅生活的疾病（life-threatening illness）、〈John Henry〉是有關於職業傷害（occupational hazards）等。一些歌曲美化了反叛者和壞人（Bad guys），像〈The Ballad of Jesse James〉就是如此。墨西哥的民間樂壇上也興起了一股以 narco-corridos 為形式的音樂潮流，而敘事式（narrative）的歌曲或者 corridos，都以生命、走私者（smugglers）的生涯、服用藥物的貴族（drug lords）作為歌曲的背景。

　　美國藍調（blues music）所流行的主題包括失落和渴望、考驗和磨難、分離和死亡。盲人 Lemon Jefferson 在〈See That My Grave Is kept Clean〉這首歌裡，表達出凡人渴望在自己死後還能被記得的願望。Son House 在他的愛人意外死亡後，寫了一首〈Death Letter〉藉此說出自己的懊悔。著名的歌手 Robert Johnson 藉由〈Crossroad Blues〉表達出眾多歌手心靈上不安的心聲。Muddy Waters 在〈I Feel Like Going Home〉這首歌裡告訴我們死亡有時候可以減輕痛苦不堪（overwhelming）的痛。其他的例子像是 Bessie Smith 的〈Nobody Knows You When You're Down and Out〉；T-Bone walker 的〈Call It Stormy Monday〉是描寫失去的愛（lost love）；John Mayall 的〈The Death of J. B. Lenoir〉是描寫死於一場車禍的朋友。傳統的福音音樂，有時被稱為藍調音樂的另一面，也表達了許多失落與悲傷的圖像。這裡只有一些這類歌曲的例子，例如：〈Will the Circle Be Unbroken?〉是有關於家庭成員的死亡、〈Oh, Mary Don't You Weep〉是有關於悲傷（Mourning）、〈This May Be the Last Time〉是有關於短暫的生命（impermanence of life）、〈Know Only to Him〉是有關於面臨死亡（facing death）、〈When the Saints Go Marching In〉是有關於死後人生（afterlife）、〈If I Could Hear My Mother Pray Again〉是有關於母親的死亡、〈Precious Memories〉是有關於失落的調適和永恆的死者等歌曲。

談到古典音樂類型，在宗教和世俗（Secular）這兩者的樂曲間都可以聽到死亡的主題。Leonard Bernstein的〈Symphony No. 3〉（Kaddish）是猶太人為死者所舉行的猶太祈禱（Jewish prayer）。〈追思彌撒〉（The Requiem Mass）是為死者所唱的彌撒曲，這類型的音樂已經引起作曲家（composers）的注意，像是莫札特（Mozart）、法國作曲家白遼士（Berlioz）、義大利歌劇作曲家威爾第（Verdi）等人就在其中。〈the Dies Irae〉是關於神遣的那一天（Day of Wrath），它是追思彌撒（the Requiem Mass）當中的一節，也是許多作曲家為死亡所創作的音樂符號。在西元1830年白遼士所創作的「交響樂的想像」（Symphonie Fantastique）裡就可以聽到這種主題，首先聽到不祥的（ominous）鐘聲（tolling of bell），然後這首樂曲到達了高潮，它以對位旋律在安息日（Sabbat）上瘋狂地跳著舞曲。白遼士的交響樂訴說著一位年輕的音樂家被他心愛的人輕蔑地拒絕，然後他企圖服用過量的鴉片自殺的故事。因為服用過量的鴉片而使他進入昏睡狀態，昏睡中他做了一場荒誕的惡夢，夢到可怕的（nightmarish）行軍（march）帶他去絞刑臺。在西元1874年Saint-Saens所創作的〈死之舞〉（*Danse Macabre*）和在西元1849年匈牙利作曲家李斯特（Liszt）所創作的的 Totentanz，兩者都是著名的〈死亡舞曲〉（the Dance of Death），這兩首最著名的音樂演奏（musical renditions）裡都可以聽到〈*the Dies Iras*〉（註：將在第三章介紹死之舞的歷史背景）。結合戲劇和樂曲的歌劇一般都會有謀殺和自殺的主題。像是近期 John Corigliano 所組成的一個交響樂團，他希望以音樂的形式對愛滋病這個流行病做出回應。交響樂譜有著史詩作品般的結構限制，所以交響樂通常沒有一個迎合現實的終曲。John Corigliano 試著用音樂去阻止愛滋病的蔓延，他以音樂陳述了愛滋病流行的事實，然而對於這個毀滅性的疾病迄今仍然無法真正地阻止它流行。一個合唱團作了一首曲子，他們將它命名為〈Of Rage and Remembrance〉，這首曲名的靈感部分是來自於「愛滋病被單紀念活動」（AIDS Memorial Quilt）的活動名稱。

這首輓歌是和出殯隊伍與墓地有關聯的音樂類型。貝多芬（Beethoven）、舒伯特（Schubert）、蘇門（Schumann）、史特拉斯（Strauss）、布拉姆斯（Brahms）、馬勒（Mahler）、史特拉汶斯基（Stravinsky）全都寫過輓歌。眾所皆知的「紐奧良爵士出殯行列」（The jazz funeral of New Orleans）是一個受歡迎的輓歌演出的例子。相關的音樂類型是輓歌（*elegies*）和輓詩（*laments*），他們以詩作為音

樂背景來紀念死者。輓詩是告別儀式（ritual）裡的一種音樂詞句，在許多文化背景裡都可以發現它，像是蘇格蘭氏族（Scottish clan）會在出殯行列裡演奏風笛。用語言表達是輓詩的特徵，而這種表達方式我們稱為慟哭（keening），它是對失落和渴望的一種情感上動人的表達方式。除此之外，它是對死者的一種哀悼（mourn）方式。輓詩也許透露出喪親者未來的情況，同時也用輓詩來證明喪親者社會狀況的改變，並以此方式來尋求社會的同情（sympathetic）。有一個有名的希臘輓詩是這樣子的，有一位母親將她的痛帶到金匠那裡製成一個護身符，這樣她就可以永遠佩戴它了。

在夏威夷的文化裡（Hawaiian culture），〈mele kanikau〉是知名傳統輓詩的曲子，人們唱這首曲子來紀念死者。一些「kanikau」謹慎地被譜成曲子，其他的則在出殯隊伍裡自然而然地譜出曲子，像是利用自然界裡的圖像來描寫人們的失落經驗，這些曲子在自然的情境下分享了記憶中的事，像是〈My companion in the chill of Manoa〉、〈My companion in the forest of Makiki〉。像這些曲子使人回想起和死者同在的那些記憶。夏威夷的輓詩段落裡沒有「我失去了你這個親人」（I am bereft without you）的字句，而是呈現「這些事是我懷念你的地方」（These are the things I cherish about you）等字句。

想想，音樂提供了怎樣的功能來慰藉（solace）這些失落的經驗，一篇近期的專欄陳述如下：

> 音樂是一份禮物，即使是在最悲傷的時候，它仍然為人們帶來情感和想法上的希望與安慰。當我們面對困擾（beset）我們生命中的失落時，某些歌曲和音樂作品使我們想起深刻的回憶，因而使我們從悲傷中重新振作（refresh）。無論是莫札特的追思彌撒（*Requiem*），或是勁歌排行榜裡的前 40 首歌曲，音樂有能力喚起我們與死去深愛的人共同走過的快樂時光的回憶。無論處在什麼年代，抒情詞句或歌曲都會使我們聯想到我們自己的死亡經驗。

當你傾聽各種類型的音樂風格時，你將會注意到瀕死和死亡這兩者與你自身有什麼關聯，因為當你傾聽音樂時，會去思索它正在傳達哪些信息和態度。不管你的音樂愛好是什麼，你將會獲得關於個人和文化在面對死亡態度上的豐富資訊。

文學作品（Literature）

從古希臘詩人荷馬所創作的一首充滿英雄氣概的詩歌〈伊里亞特〉（Iliad）和

古希臘悲劇詩人蘇菲李斯（Sophocles）所創作的〈伊底帕斯國王〉（Oedipus the King），以及英國詩人莎士比亞所創作的〈李爾王〉，到現代小說家像托爾斯泰所創作的《伊凡・伊里奇之死》（*The Death of Ivan Ilych*）、James Agee 所創作的 *Death in the Family*、Ernest J. Gaines 所創作的《瀕死前的一門課》（*A Lesson Before Dying*），死亡都被視為人生經歷中的重大事件。想一下最喜歡的小說或短篇小說，死亡是構成情節的元素嗎？而作者是怎樣來描寫故事裡死亡的情節呢？

　　在文學裡，死亡的意義常常被探究，就像是探究死亡對於社會和個人的意義一樣。像是和戰爭有關的小說，描寫了個人和社會如何從重創和失落中重新找回存在的意義。在《西線無戰事》（*All Quiet on the Western Front*）這部小說以第一次世界大戰為背景，Erich Maria Remarque 在這部小說裡描寫戰爭促使一位朝氣蓬勃的戰士快速地從無知中省悟出「現代戰爭的無意義性」。在二次大戰時納粹對猶太人的大屠殺裡，恐怖的毀滅性經歷和大批的死者在犧牲者的日誌裡被討論，同樣的情形也出現在小說中和心理學的研究裡。這樣的例子還有 Chaim Kaplan 所描寫的《華沙日誌》（*Warsaw Diary*）、Charlotte Delbo 描寫的《全部滅亡》（*None of Us Will Return*）、Elie Wiesel 描寫的《夜晚》（*Night*）、Anne Frank 描寫的《一位年輕女孩的日誌》（*Diary of a Young Girl*）。這些文學作品使讀者仔細去思考人性和精神的重要觀點。

　　現代文學常常企圖去探究這種情境下死亡的意義，而它似乎是令人難以理解的。Jeanpual Saryre 的 *Nausea, No Exit* 和 Albert Camus 的 *The Plague, The Stranger* 都是存在主義作家所創作出來的例子。像是現代的偵探小說（vigilante）中治安維持會成員的故事，這個英雄將罪惡驅趕了出去，然而只憑自由心證來維持秩序常常是不夠的，那樣子只有使暴力永久存在。現代文學似乎常常描繪暴力情境，而虛構中的英雄常常突然慘遭橫禍，使得故事中還活著的人沒有時間去表達他們的悲傷或者去哀悼這些死者。當暴力促使人們來到死亡的情境時，很難在死者身上找到死亡的意義。

　　死亡的不確定性也被發現在輓歌（elegy）裡。Jahan Ramazani 說現代哀悼死者的詩歌特別地多樣化（diversity）和寬廣，比起以前的詩歌充滿較多的憤怒和懷疑、矛盾和焦慮，近期的輓歌包括 Wilfred Owen 所寫的反對工業革命帶來傷痛的詩；Langston Hughes 所寫的〈憂鬱詩〉（blues poems），表達出意志消沉的美國黑人所遭遇到種族不公平；Allen Ginsberg 在他媽媽死後所寫的〈頌禱詞〉（Kaddish）；Seamus Heaney's memorials 是為了紀念愛爾蘭的一場政治暴力所造成的傷痛；在

Sylvia Plath, Anne Sexton, and Adrienne Rich 的詩歌裡所呈現的〈雙親的輓歌〉（parental elegies）。Ramazani 觀察到：詩歌是一個重要的哀悼死者的文化，撰寫者在這個過程裡找到了可信賴的發洩失落的方式。

　　討論瀕死和死亡的文學作品有逐年增加的趨勢，在醫師、護士、諮商師、其他健康專業者的訓練課程裡，都有討論死亡和瀕死的課程。透過文學作品的形式提高人們對喪親與悲傷的表達能力，透過文學作品可以幫助人們說出他們自己的失落故事。在文學作品裡我們可以從中洞悉人性，而醫療專業人員可以在其中獲得處理瀕死和死亡的技巧性知識。透過故事和詩來探究使人不安的情況，或者是探究令人感到可怕的疾病所帶來的衝擊，像是令人費解的醫療臨床實境就透過文學作品來展現它的人性化和個別化。William Lamers 指出悲傷是詩中常見的題材，確實透過詩可以讓我們洞悉到失落的普遍性，而人們的失落可以在詩裡被諮商與治療。在 Emily Dickinson 的作品當中我們可以洞悉到這些事，美國的一位偉大詩人承認了這件事「生命是不可能沒有死亡的考驗」。

視覺藝術（Visual Arts）

　　在視覺藝術裡以象徵（symbol）、符號（signs）和影像（images）來揭露死亡的主題。在西方歐洲的藝術中，這些主題常常是以古代的神話、猶太教與基督教的共同傳統開始，刻劃出古代埃及食肉的景色，也證實了該文化對於來生的信念。在死後，人們將會根據死者在世時的生活來審判他，然後在他的棺柩上生動地畫出屬於死者的故事。藝術的主題常常取自生命的自然歷程，像是成長、腐朽，在藝術裡死亡是超越文化界線的，而我們可以普遍地在藝術中找到死亡的主題。

　　中古世紀期間，在西方歐洲關於瀕死和死亡的視覺表達出現了史上最引人注目的表達方式，其中〈死亡的舞曲〉（the Dance of death）就曾經出現在平面藝術裡。在當時淋巴腺鼠疫疫情急速地散播，人們對於這場黑死病（Black Death）的擔憂景象就顯現在〈死亡的舞曲〉裡，它描述出這場疫情所帶來的顯著死亡率，也敘述了人們害怕會突然死於這場災難。這個主題引起了當代藝術家的注意，例如在德國人 Eichenberg 的木刻畫（woodcuts）裡就可以看到該紀元人們所害怕的事，他在他的畫裡刻畫出大戰所引起的環境災難及其所帶來的滅亡，以及愛滋病這個傳染病。

　　以 Francisco José de Goya 所創作的〈亞里特博士的自畫像〉（Self-Portrait with Dr. Arrieta）為例，他畫出一幅藝術風俗畫，描畫出瀕死之際臥病在床的場景。這幅畫畫出：一位醫師協助臥病在床的 Goya 服藥，並使 Goya 從致命的疾病中康復，

而畫中緊鄰著 Goya 床邊的兩個人物，是被人們猜想為 Goya 的管家和神父。自殺是被任何年代中各種文化背景的藝術家所討論的題材。另外，荷蘭畫家林布蘭特（Rembrandt）也創作了一幅此種場景的畫，它被命名為〈路芮塔的自殺〉（The Suicide of Lucretia），這幅畫刻畫著眼角泛著淚光的路芮塔用匕首刺殺了她自己。

我們可以透過藝術作品看到其他年代、其他地方的習俗和信仰。例如，透過 Willson Peale 所畫的〈Rachel Weeping (1772 and 1776)〉裡，我們可以看到美國殖民地時期的習俗和信仰。這一幅畫呈現的是一個瀕死床邊的場景——「有一位母親面露哀傷，因為她的孩子死了，這個孩子的下巴被織物帶綑綁起來以使他的嘴巴閉合，他的雙臂分別被細繩束縛在身體的兩側，床旁桌上擺設著束手無策的藥物。這位母親朝著天空凝視，手上抓著手帕擦拭著從她臉龐流下的淚水，她面露出來的哀傷神情和這位死者臉上的安詳形成強烈的對比」。

藝術作品可以是個人表達重大失落的一個媒介工具。像是印刷作品（lithographs）當中 Kathe Kollwitz 的平面畫（lithographs）、蝕刻畫（etchings）、木刻畫（woodcuts）都描畫出死了孩子父母的悲傷。其他的藝術家藉由藝術作品來記載著該世紀的重大事件，像是藉由描畫德國納粹黨所策動的大屠殺（the Nazi Holocaust）事件，使人們將永遠記住這場災難所犧牲的無數無辜大眾。Edvard Munch 所描畫的〈生命的舞曲〉（The Dance of Life），描繪出藝術家對人類生命的總結，同樣的在這幅畫的名稱裡也傳達著一樣的涵義。在這幅畫裡，它把生命中的「愛與死亡」（love and death）、「開始與結束」（beginning and endings）編織成一首圓舞曲，而生活中的隱私、人性中無窮的慾望也都將加入這支舞蹈裡不斷地循環繞圈，就像是無法阻擋（inexorable）般地繼續往下一個世代前進（ongoing）。而有的藝術作品則以一些古怪的方式來傳達人們面對死亡的態度。像是墨西哥藝術家 Jose Guadalupe Posad 的雕刻作品則以肢體的姿態（skeletal figures）來傳達，而他所刻畫的姿態是取自於各行各業在從事日常工作時的姿態；或者是美國雕刻家 Richard Shaw 的雕刻作品〈Walking Skeleton〉，他的作品是由細枝、瓶子、紙牌等物體雕構成。

19 世紀裡關於悲傷的習俗，一般美國人的習俗是將傳統和基督教裡關於死亡的象徵物融合，以公開的形式來紀念他們的家人。將死者的紀念物當作裝飾品，懸掛在屋子裡最重要的房間內，比如客廳（parlor），同時他們也別出心裁地（elaborate）縫合一條「頌揚」死者生命的棉被（quilts）。關於悲傷的藝術作品所提供的功能，不只是能夠將所愛的人永久地留存在記憶裡，它也提供了一個積極的哀悼（actively grieve）機會，像是藉由從事某種行動（doing something）使在世者的悲傷

情緒得以宣洩。

　　相似的動機出現在「愛滋病被單紀念活動」的背後涵義裡，它並不只是為了紀念死於愛滋病的人而單純裁製的一條令人印象深刻的被單而已。在美國的民間藝術裡，棉被意味著家庭和團體。當這個美國史上最大型的團體藝術活動展開後，愛滋病被單（AIDS Quilt）已經成為一個「集體的」（Collective）象徵，它意味著國人的團結。這個愛滋病被單的藝術迴響重申（reaffirm）了創造一個表達機會的價值，因為它將使在世者找到一個處理失落的方法。Maxine Junge 指出：

> 創造力可能提供給還活著的人一個終身難忘的經驗（life-enhancing）來懷念死者。創造力所提供的潛在價值是避免讓生命的結局有一個沒有意義的結尾（meaningless conclusion），創造力對活著的人帶來意義和希望，它也使死者透過人們腦海中的記憶而永遠存在。

　　愛滋病所引發的集體創作，使人們透過公開（political）進行的藝術作品來表達他們的憤怒和悲傷，就如同透過描繪悲傷的藝術作品來傳達人生中的重大失落。

　　在美國華盛頓有一座紀念牆（The Vietnam Veterans Mermorial Wall），它是用來紀念越戰中死去的美國軍人，這座紀念牆是由建築師 Maya Lin 所設計的，而這座紀念牆是另一個代表當代悲傷的藝術作品，就像是愛滋病被單所傳達的「生命中的失落」一樣。有一位作家認為這座紀念牆巨大優美的外觀使得這座墓碑變得舉世聞名，也因此逆轉了它原本沒沒無聞的情勢。美國政府做了美國士兵參與這場不得人心的（unpopular）戰爭的決定，以至於對在這場越戰中失去所愛的人而言，他們覺得死者應該受到尊重，因而創作這座紀念物。紀念牆上烈士的名字是依照他們死亡日期的先後順序來排列，而不是依照死者名字的字母順序來呈現這場戰爭記事，同時藉由這座紀念牆使它逼真地（vividly）描述出這場戰爭所引發的失落規模。Sandra Bertman 指出：藝術的主要功能之一，是讓我們去察覺（awareness）言語無法言喻的事物，並讓我們得以更接近這些無法言喻的事物。「愛滋病被單」和「紀念越戰的紀念牆」這兩者的的主要功能是提供一個悲傷的機會，就像是喚起人們記憶中悲傷的角落一樣，讓人們得以認清所發生的事實。「愛滋病被單」和「紀念越戰的紀念牆」都是公然挑戰社會禁忌的例子，這樣的例子皆訴說著「當時的人們拒絕隱忍他們悲傷的情緒，企圖以公開的行動來表達他們的悲傷」。

現今的社會文化環境對死亡的態度和察覺

歷史學家 David 指出：「社會裡的每一個個體都是獨一無二的（unique），每一個個體都是無法被取代的（irreplaceable）。死亡是無法被忽略的，當死亡發生時，社會大眾會為實際的社會失落流露出悲傷。」相反的，若人們認為個體的失落僅僅只是構成社會結構裡一個必要的小損失，在這樣的社會裡人們會覺得死亡僅僅只是某人離開了這個圈圈，死亡很少被承認，甚至沒有被承認。

面對死亡的態度有了一個新的選擇，那就是去承認死亡，那是指避免去認為死亡不會出現在我們的人生裡。死亡學（thanatology），是源於希臘之thanatos。死亡學通常被界定為「死亡的學問」。然而，Robert Katenbaum 建議讓死亡學離開上述的界定，他認為將死亡學界定為「生命的學問」會更為貼切。死亡學的鼻祖（pioneering）是義大利的死亡學家（thanatologist）Francesco Campione，他指出死亡不單單只是涉及想法、學問、研究的主題，也是一個存在性的問題，因為它涉及每一個領域的知識和人生觀。墨西哥詩人兼社會哲學家Octavio Paz曾經清楚地陳述，「否認死亡的文化會因為否認生命而結束」。

死亡學的先驅者（Pioneers in Death Studues）

Herman Feifel 所著的《死亡的意義》（*The Meaning of Death*）出版於 1959 年，作為區別近代死亡和瀕死學問的分水嶺。關於死亡的專題討論於 1956 年舉行，Feifel 的這本書結合了各式各樣的學門論說，這本書的內容是圍繞著死亡的理論假設（theoretical approaches）、文化上的觀點（cultural studies）、死亡的真實情境（clinical insight）所架構而成的一本關於死亡經驗的著作。由於民眾和學者對於死亡的關心，以致死亡成為一個重要的題材。在那個時空背景裡討論死亡不是一件容易的事，當人們討論死亡課題的同時，也同樣面臨著社會上重重的阻礙。Feifel 提到：

> 我所面臨的這件事並不是單一的個人事件，它是常見的世事變遷，我對於這樣的事實很快地被人們掩埋感到憤怒，我認為死亡這個題材，不應該被人們認為——它是一個不適當的研究計畫。確實，以當前的社會文化背景而言，死亡是一件不能夠被提及的隱私，人們認為死亡是「晦氣」的象徵，因而不去提及它，甚至把它當成是一件可怕的事而不去碰觸它。就像我就曾經被堅定地告知——「別和病患討論死亡，因為這是一件你絕對不能去做的事」。

Smithsonian Institution ©Albert Lee Strickland

圖 1-6　紀念被單的製作是 19 世紀個人和社會機構處理哀傷的方式，這個做法流傳極廣，像上圖的例子
　　　是為了紀念一位死於幼年的孫女。為了紀念和想起死於愛滋病的人們，這種傳統的哀悼習俗，近
　　　期又重新流行了起來。圖片中的文字和標誌表達出對親愛的喬（Joe）的重視。對在世的人而言，
　　　像這樣的紀念物不只提供一個機會讓在世的人透過勞動來宣洩悲傷，同時也表達著一個涵義——
　　　將我們所愛的那個人永久地刻畫在記憶裡。

　　1969 年，《死亡和瀕死》（On Death and Dying）這本書的作者 Elisabeth Kubler-
Ross 也傳達著和上述相同的訊息。這是一本討論死亡的暢銷書，它為瀕死者的照
護方式找到一個新的趨勢；早十年前（1959 年），Cicely Saunders 在她所寫的《照
護瀕死者》（Care of the Dying）中，也同樣發表相似的議題，這本書引起了安寧療
護的注意；同年代的作品，C. S. Lewis 在 1961 年所寫的《A Grief Observed》這本
書，則把注意力帶到涉及喪親之痛的議題。

　　同時期的其他作品對研究死亡和瀕死的學者而言是相當有價值的，當然這也
包含 Geoffrey Gorer 所寫的《死亡真相》（The Pornography of Death）在內，這本書
初版於 1955 年，再版於 1963 年。Gorer 成功地喚起社會大眾注意到一個議題——現
代社會應該怎樣健康地（healthily）來面對死亡；社會學家 Talcott Parsons 在 1963 年
出版的《美國社會中的死亡》（Death in American Society）書中，指出進步的健康
醫療科技也為人們的死亡帶來衝擊。

　　在 1963 年出版的《死亡與西方思想》（Death and Western Thought）和 1964 年
出版的《死亡與現代人》（Death and Modern Man）這兩本書中，哲學家 Jacques
Choron 描寫了人們對於死亡的害怕，以及對於不死態度的轉變。

　　也是在 1960 年代期間，Robert Fulton 蒐集了一群學者和醫師對於死亡的理論與

實務的看法後，寫了《死亡與認同》（*Death and Identity,* 1965）；當時 John Hinton 也寫了《瀕死》（*Dying,* 1967），介紹了當代面對死亡的態度；Barney G. Glaser 和 Anselm L. Strauss 應用社會學的方法來研究──「瀕死的察覺」（awareness of dying）是如何影響著病人、醫院工作人員、家庭成員。這份研究指出：照顧者（caregivers）是不願和病患討論死亡的，他們也避免去告訴病患──你就要死了。Glaser 和 Strauss 也陸續出版了《瀕死的察覺》（*awareness of dying,* 1965）、《瀕死之際》（*Time for Dying,* 1968）這兩本書，都被視為早期的死亡學經典作品；Jeanne Quint Benoliel 所寫的《護士與瀕死的病人》（*The Nurse and the Dying,* 1967），也被認為是一本死亡學的經典作品，作者在這本書中提到護士需要有完整的死亡教育。

在 1970 年代期間，Avery D. Weisman 寫的《*On Dying and Denying: A Psychiatric Study of Terminality,* 1972》結合研究技巧和與瀕死病人相處的臨床經驗，讓我們更了解瀕死過程；Ernest Becker 寫的 *The Denial of Death*（1973），引用了心理學和神學的眼光來分析死亡，他指出人們英雄化（heroic）了死亡在人類生命中所帶來的恐怖（terror）程度。

近幾十年來死亡方面的書籍和專欄有逐年增加的趨勢。有幾個雜誌定期地出版死亡方面的專題，這類的雜誌有：《*Journal of Death and Dying*》、《*Death Studies*》、《*Journal of Personal and Interpersonal Loss*》、《*Mortality、Illness*》、《*Loss*》等。有一些死亡方面的書是專門為一般民眾所寫的，像是《最後十四堂星期二的課》（*Tuesdays with Morrie*）就是這類的暢銷書。另外，關於死亡和瀕死的重要報導是容易透過網際網路獲取的。這些年來由於前人在死亡學上的耕耘，使得關於死亡、瀕死和喪親之痛方面的課題受到人們的關注終而開花結果。

死亡教育的起源

上一門死亡和瀕死的課程或是閱讀一本關於死亡的書，也許會有人問：為什麼你想要上一門關於死亡的課程？為什麼你想要閱讀關於死亡的書籍？儘管死亡的相關議題引起了大眾的興趣，然而當死亡真正來臨的那一天，仍然會有一些人對死亡採取躲避的態度。現今我們所處的文化和死亡的關係似乎處在一個過渡時期。

有一派人認為贊成開設死亡的課程，因為這代表「過去的古老禁忌將要開始消逝」；而另一派人則認為對於課程而言，死亡並不是一個適當的主題。死亡所引起的矛盾態度是明顯的。大學的教務長 Patrick Dean 說了這樣的一段話：如果有人把死亡教育看成是假冒的課程產物，或者認為死亡教育不應該浮出檯面的話，那麼

重視死亡教育的這些人應該感謝他們的批評，因為這些批評者製造了一個機會，讓人們去強調死亡教育的重要性，就像是強調死亡教育其實是為了生活在做準備。Dean又說：死亡教育適合被重新命名為「生命與失落的教育」（1ife and loss education），因為唯有透過察覺到「生命中的遺憾」（lifelong losses）和領悟到「人的必死性」（mortality），我們才可能自在地活在當下。

正規死亡教育的進行方式，是採取非正式的方式來討論瀕死、悲傷和死亡的相關主題；而非正規的死亡教育則在「適合教學的關鍵時刻」（teachable moments）裡實行，當「生活中非預期的事件」發生時，就是適合非正規的死亡教育進行的時機。像是小學教室裡所發生的沙鼠死亡事件，或者是更多的人共同經驗的事件，比如2001年美國紐約市所發生的911恐怖攻擊事件，抑或是一位有名氣的人驟逝，像是死於車禍的英國黛安娜王妃、被暗殺的美國第35任總統甘迺迪（John F. Kennedy, Jr.）。

Robert Fulton於1963年春天在美國明尼蘇達州的大學裡首先開創了美國大學課程裡的第一門正規死亡教育。第一場死亡教育的研討會於1970年明尼蘇達州的哈姆萊恩大學（Hamline University）裡舉行。萌芽階段中，死亡教育所探討的議題和主題，可能取材自和死亡有關的具體細節，或者是以哲學的角度來確認人生，像是去思索死後的世界會是怎樣的世界等。

由於死亡教育包括了客觀的事實和主觀的關切（subjective concerns），所以它受到廣泛學界的支持，因而得以開設種種關於死亡的課程。在大部分的課程裡，透過個人對死亡的敘述，提升了人們對死亡事實的掌握，人們從課程中獲悉人類的各種遭遇和處理死亡的方式。藝術學科和人文學科構成了心靈上的語言（language of the soul），它們的圖像、標誌、聲音被人們利用來表達生命、死亡，甚至是被利用來表達其他超越我們所知所學的事物。

更寬廣的死亡教育藍圖包括了對於醫師、護士、殯儀館館長和其他有關健康專業人員的訓練，也包括了其他會接觸死和接觸喪親個體的專業人員，像是警察、消防隊員、緊急醫療人員等。當人們因為職務上的關係必須接觸到所謂的人生悲劇時，這些人不被允許表達他們自己的情緒，他們被要求全力以赴地去安慰遇難者和生還者。然而，人們反對這樣的一個職務要求。因為去確認像這樣子的一個悲劇事實，對執勤者本身而言，也許是一種身體上和心理上的傷害。

和死亡教育有關的組織，包括「Association for Death Education and Counseling」（ADEC）和「the International work Group on Death, Dying, and Bereavement」

（IWG），這些組織藉由學院間的互動和交流，提供了各種死亡教育途徑。

　　過去十年來死亡教育完成了許多階段性目標，至今它仍然是進展中的工作，我們竭誠地歡迎更多的人加入死亡教育以提供新的視野和意見。Hannelore Wass 說，死亡和瀕死的學科有助於個體和社會跳脫狹隘的觀點，迎向更整體的視野，它將使個人超越對自我的關心，轉而去關懷他人。Wass 並進一步指出：死亡研究（death studies）的最終目的「是為了能夠去愛、關懷、同情……，然後在當中得到幫助，並從悲痛中康復」。

死亡不再是避諱的事嗎？（Is Death Out of the Closet）

　　和死亡有關的諺語：「你不知道就不會傷害你」（What you don't know won't hurt you），其實是對死亡錯誤的見解。現今日本話將死亡用這一個字描述「hibakusha」，它的意思是「受到劇變的影響」（explosion-affected）。這個名稱起初是對「日本廣島和長崎原子彈爆炸（the atomic bombings）中的生還者」的描述，它暗示著對毀滅性威脅所存在的普遍性焦慮，舉例來說像是對戰爭、核子災難、暴力行為、恐怖行動等威脅性事件所存在的普遍性焦慮，當然，新興的疾病像是後天免疫缺乏症候群（AIDS）和急性呼吸窘迫症候群（SARS, Severe Acute Respiratory Syndrome）也包含在其中。

　　死亡是我們生命中不可避免的部分，即使不去想它，或者是避諱著不去談論，我們仍然會有面臨死亡的一天。像這樣子的鴕鳥行為只會讓我們選擇面對死亡和瀕死的方式受到限制。當我們不再避諱談論死亡時，我們也給了自己一個機會去遠離這個傳承下來的無聊想法，因而使我們自己的死亡變得更有價值。有一位死亡老師Robert Kavanaugh 說：「不去檢閱死亡，會讓死變得沒有價值（The unexamined death is not worth dying）。」

　　一些學者認為我們所處的後現代主義時代（a postmodern era）圍繞著跨時空和跨文化的圖像和藝術品。在某種程度上來說，現代人比起過往的世代擁有更多的機會去體驗人類史上的各方面經歷。這樣子的體認被婉轉地表現在當代的藝術、哲學、倫理學、社會和政治上的事件、生活方式裡。後現代主義（Postmodernism）就是檢驗我們習以為常的看法（taken- for- granted beliefs），和探索各個歷史時期和文化裡傳承的想法和習俗。後現代主義重視人際連接和社群概念，但後現代主義也讚揚社會的差異性和多樣性，它讓我們對這個世界獲得了一個多元的了解。我們得以融合過去與現在，開創另一個適合我們、對我們有意義的生活年代。

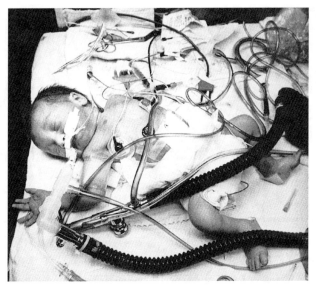

Clem Murray, AP/ Wide World Photos

圖1-7　在費城兒童醫院的加護病房內，這些監測心跳、呼吸、血壓的眾多導管和電線，增加了早產兒生存的機會。然而，許多難以決定的醫療倫理抉擇也常常在這裡不斷地上演。

檢驗這些假定（Examining Assumptions）

　　生活在21世紀的我們，必須要想想可能發生在我們身上的瀕死情境或死亡情景。再者，現代人追求個人化的生命意義感，使得每一個人都會面臨不同的死亡核心問題。例如，有一些人質疑傳統喪葬文化的價值，而改以較快速且花費不多的方式取代傳統的喪葬儀式；另外，則有一些人堅持傳統的喪葬文化滿足了還活著的人的社會和心理需求（見圖1-8）。了解了我們自己對以上不同觀點的看法後，我們必須反問自己：參加我們所愛的人的紀念儀式，對我們的重要性是什麼？假如這些還活著的人沒有機會去參與這樣子的一個儀式，對他們來說將失去哪些價值？

　　在孟諾教派的社會（Amish community）裡，堅持傳統的信念和習慣，他們相信死亡是生命中自然節奏的一部分。他們對喪失親人的家屬和社會成員提供社會支持。我們可以在孟諾教派的社會模式裡找到有助於面對死亡的方式，那就是對於瀕死過程的開放性溝通。在孟諾教派的社會裡，他們會盡可能地在瀕死者的臨終階段維持正常的生活方式，他們對瀕死者承諾他們會堅強獨立，而他們的社會也對喪親

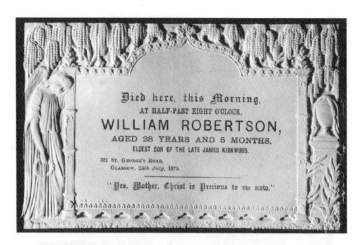

圖 1-8　印有浮雕圖案的死亡通知書，西元 1875 年。這張卡片示範 19 世紀的喪葬習俗禮節，就像是這個
　　　　時期的禮儀書，上面記載著重要的程序細節，例如記載著喪禮時所要穿著的服飾，以及喪禮上其
　　　　他適當的行為表現。這張卡片形同是發布一個葬禮的邀請。

的人提供社會支持。

　　類似上述的照護和社會特性，經由革新後，適用於各種不同的文化背景，像
是安寧療護（hospice）的發展就是這個例子，而安寧療護的目標是全方位地照護瀕
死者及其家屬。像是美國 George Soros 所創辦的「Project on Death in American」和
the Robert Wood Johnson Foundation 所推出的「Last Acts program」，都致力於改善瀕
死的照護。當我們為生命中的死亡預留一個空間時，也許會重新發現一些更適當的
習俗和態度，而這些也許是過去常見的或者是其他文化所採用的習俗和態度。檢視
我們自己對於死和死亡的假定，當我們試著去融合舊和新的潮流，去開創更適合我
們自己和我們所處社會的習俗與態度時，最好先想想我們個人的偏愛和觀點。Andrew
Ziner 說：

> 像我們生命中的每一個觀點，以及我們對於死亡的認識與看法，是來自於無數個
> 圍繞著我們的團體、組織、制度，這些團體、組織、制度結合起來，代表著我們
> 的社區，到最後構成了我們的社會。當這些宗教、經濟、法律、家庭結構改變
> 時，我們也會跟著改變。這是因為作為社會人，使我們生活中的一切都連接到個
> 人和社會的關係，這當然也包括冷酷的死亡與瀕死情境。例如：當你聽到死亡這
> 個字時，你有怎樣的感受？假如你早了一個世紀出生，你的感覺會一樣嗎？這個
> 差異是因為個人的還是社會呢？

　　在人生經歷當中死亡是本來就會存在。我們也許試著將死亡塞進去櫥櫃內，然後把門關上，讓它一直停留在那裡。直到有一天這條鉸鍊被闖開了，封閉在門內的檔案也隨之開啟，然後死亡強行進入我們的意識。對一些人而言，死亡也許像是一個穿上「人偶裝」的詭祕（mysterious）陌生人，這位陌生人的面具隱藏了它臉部的表情，也許是因為這個偽裝使得它比真實情形還恐怖，然而，我們如何知道是否如此呢？除非我們冒險揭開在面具後面隱藏的臉。學習瀕死和死亡幫助我們確立面對死亡和瀕死的態度及行為，讓我們不再為要不要揭開面具而掙扎，用這種方式來面對死亡，對我們的生命是比較有意義的。

延伸閱讀

Patricia Anderson. *All of Us: Americans Talk About the Meaning of Death*. New York: Delacorte, 1996.

Sandra L. Bertman, ed. *Grief and the Healing Arts: Creativity as Therapy*. Amityville, N.Y.: Baywood, 1999.

Donald Heinz. *The Last Passage: Recovering a Death of Our Own*. New York: Oxford University Press, 1999.

Glennys Howarth and Oliver Leaman, eds. *Encyclopedia of Death and Dying*. New York: Routledge, 2001.

Robert Kastenbaum, ed. *Macmillan Encyclopedia of Death and Dying*. New York: Gale, 2002.

Gary Laderman. *The Sacred Remains: American Attitudes Toward Death*, 1799－1883. New Haven, Conn.: Yale University Press, 1996.

Dan Nimmo and James E. Combs. *Nightly Horrors: Crisis Coverage by Television Network News*. Knoxville: University of Tennessee Press, 1985.

Paul D. Stolley and Tamar Lasky. *Investigating Disease Patterns: The Science of Epidemiology*. New York: W. H. Freeman, 1995.

Tony Walter, ed. *The Mourning for Diana*. New York: Berg, 1999.

Robert F. Weir, ed. *Death in Literature*. New York: Columbia University 1980.

Barbie Zelizer and Stuart Allan, eds. *Journalism After September 11*. New York: Routledge, 2002.

圖 2-1　1994 年舉行於巴里島 Peliatan 村落的火化儀式期間，一對父子帶著祭品到中國祖先墓前祭拜，透過此種方式，宗教及文化傳統傳遞給後代。對持續演進的社區生活而言，此社會化的過程是極重要的。

第二章

死亡課題：社會文化的影響力量

當我們孩提時，會聽到有人說「每個人都免不了一死，你我皆然」，或是有一天當你在玩，別人跟你說「別碰，牠死掉了」。身為小孩，我們觀察到，當一個人死時，其他人會哭而且悲傷。經年累月，你將這些死亡經驗累積起來，開始發展你個人對死亡的個人情感與思維。

對死亡的體悟也是這麼發展出來的。當一個小孩慢慢長大，結合了死亡的各種經驗，他對死亡的觀念和情緒的反應會和同一文化中的成人類似。正如一個孩子對金錢的概念會隨時間改變一樣：最先沒什麼感興趣；之後覺得有些神奇；最後吸引住他們的目光並學著使用它。兒童在發展對死亡的了解也是如此。如同人類其他方面的發展，死亡的了解是隨著經驗的增長促使早期經驗、信念、態度的重新評估，逐漸發展出來的。

成熟的死亡概念

心理學家觀察不同時期的兒童並與之互動，描繪出他們發展死亡概念的過程。回顧上百個研究，Mark Speece 和 Sandor Brent 作了一個結論：死亡不是單獨、單向度的概念，而是由許多清楚的潛在概念所組成。實證的敘述包括以下四個成分：

1. 普遍性（universality）：所有生物終究會死亡。它含括所有的生物，並且是不可也無法避免的（雖然無法預知死亡的正確時間）。
2. 不可逆性（Irreversibility）：死亡是最終的歷程，有機體一旦死亡便無法再使其活過來。
3. 非功能性的（nonfunctionality）：死亡包括生理機能或生活符號的終止。
4. 因果律（causality）：死亡有生物學上的原因。

第五個要素——身體的必死性（personal mortality），與宇宙的實證概念有關，但反應的不止是生命個體最終的結果，也反應「我將死」的一種體認。

此外，一個典型有成熟死亡體悟的人也會存有非實證性的想法（nonempirical

ideas about)。此種非實證性的想法並不是由科學證據得來,主要討論的是人類身體死亡之外另一種形式存在的想法:一個人死亡後的人格(personality)將如何?死後靈魂是否繼續存在?如果答案是肯定的,「來世」的本質又為何?要有滿意的答案,就如Speece和Brent所說的,「非肉體的延續」(noncorporeal continuity)是獲得成熟死亡體悟的過程之一。

　　兒童對死亡的了解大部分在5～9歲逐漸發展起來,簡單的說,許多研究指出兒童通常在3～4歲了解死亡是一種變化,5～6歲時對死亡有較多成熟的概念(雖然對個體死亡的認知要到8或9歲才出現),大約要到9或10歲的時候,才逐漸獲得對死亡所有要素的全盤了解。在青春期及成人期面臨親近的人的死亡,以及思考死亡意義的宗教價值和哲學答案後,會再修正他的看法。

© Stan Stearns, UPI/Corbis-Bettmann Newsphotos

圖 2-2　兒童經歷自己親人的死亡,會從成人身上找適當的行為模式。在約翰‧甘迺迪總統的喪禮中,站在高階將領與官員間的小約翰‧甘迺迪向覆蓋著國旗的父親棺木敬禮,棺木將從馬太教堂運到威靈頓國家墓園。

　　一個人對死亡的認知會隨時間而改變,雖然它主要發展於童年時期,但會因

不同認知方式而有所變動。特別是我們自己對死亡可能擁有衝突或矛盾的想法。面對悲痛的情況時，也會出現比較天真的法。一個被醫生告知只剩半年壽命的病人可能表現一些「神奇」的舉止，有些人和神以及宇宙討價還價，看是否能延後死期的來臨。因之，主要死亡的成熟了解發展於兒童期，也會因人生階段不同的認知而有所不同。

死亡了解的發展

死亡了解的發展是一個需要不斷調整與修正的過程；兒童的死亡了解卻在極短時間就產生急劇的改變。發展心理學家觀察兒童的行為並設計一些模式，描述不同年齡的兒童特別關心的事以及興趣。這些模式像地圖一樣，描繪不同時期兒童發展的主要特徵。例如描述一個典型 7 歲小孩的特徵，介紹每個發展階段普遍的圖像就顯得很有益處，但須留意不要誤用。

人類發展模式抽象地解釋現實中的經驗，有助於引導方向、設立目標以及知識的交流。但每個個體有其獨特性，無法在模式中完全呈現。每個兒童發展的速率不一，在生理情緒以及知識上皆如此。因此對兒童死亡了解應強調其發展順序，而不在他的年齡。

兒童的死亡了解有其發展階段，因而如果成人就自己的了解冗長且詳細地向幼兒解述死亡，他們只會攝取他們能懂部分。不只年齡，此種認知及情緒的準備程度也受經驗的影響。遭遇過死亡事件的兒童可能比一般同年齡的其他人來得成熟一些。

擁有一個架構以追溯死亡了解的發展是很有幫助的，此架構描述了各階段不同的態度和行為。兒童正式的死亡了解的研究可追溯到 Paul Schilder 和 David Wechsler（1934）。然而在 1940 年代早期，英國的 Sylvia Anthony 以及匈牙利的 Maria Nagy 的研究普遍獲得較大的注意。根據 Anthony 的說法，2 歲以下的幼兒並不了解什麼是「死亡」，到 5 歲有極少的概念，9 歲左右可以為死亡作簡單的解釋。此外年幼的兒童對死亡的理解會有魔術般的想法（也就是憤怒的思想或感覺能致人於死）。Nagy 發現 3～10 歲兒童的死亡了解有三個階段：第一階段（3～5 歲），了解死亡是某種較少活力的情況。死者繼續生活在不同以往的情境裡，並且會再回到正常生活中；第二階段（5～9 歲）了解死亡是最終的但是能避免的，而且缺少必然性（即全部的人都會死亡）以及個人涉入（我會死）的概念；第三階段（9 歲或更大），

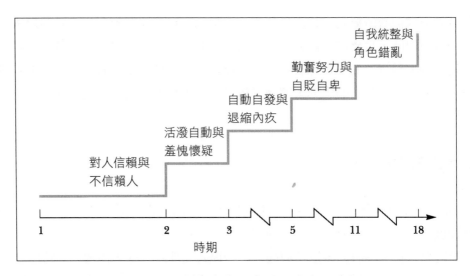

圖 2-3　艾力克森成人前期的五個心理社會發展階段

資料來源：艾力克森，《艾氏兒童期與社會》（*Childhood and Society*），第二版（紐約，牛頓出版社，1964）

認清死亡是生物最終、必然、普遍的結果。

　　接下來要討論的是兩大人類發展架構下的兒童死亡了解發展的發展理論及模式，亦即 Erik Erikson 和 Jean Piaget 的理論。

　　Erikson 的模式強調人生依次發生的心理社會發展階段。他認為心理社會的發展主要是環境的產物，並且和個體的人際關係息息相關。每個時期意味一個轉捩點或危機，需要個體作反應。

　　Piaget 則強調兒童時期認知的轉換（cognitive transformation），他認為個體自嬰兒期至成人期對世界認識的方式在循序的改變。根據個體獨特的組織經驗的方式，Piaget 提出四個認知發展階段：感覺動作期（sensorimotor）、前運思期（preoperatuonal）、具體運思期（concrete operatuonal）、形式運思期（formal operatuonal）。所有兒童都會經歷上述四個階段，但每個人的認知發展成長速率不一。因此，提及兒童發展的年齡時應該了解是近似值，而不是標準值。

表 2-1　皮亞傑的認知發展模式

年齡（約）	發展階段	特徵
出生到 2 歲	感覺動作期	靠身體的動作獲得感覺；即使不在視線內亦知道東西存在（物體恆常性），開始經驗的記憶與想像（心理活動）。

年齡（約）	發展階段	特徵
2～7 歲	前運思期	發展抽象思考與語言去了解世界。 （2～4 歲）概念前期： 全能神奇感；認為自己是世界中心；自我中心想法；所有大自然的物體都有感覺思想。 （4～6 歲）邏輯前期： 開始從事問題解決；眼見為信；嘗試錯誤；了解他人的想法；更多社會化語言；漸漸去自我中心，並發覺正確的人際關係。
7～12 歲	具體運思期	運用邏輯能力了解具體想法；能組織並將資訊作分類；能操作象徵的想法與經驗能思前顧後；具有可逆的想法；經驗過的事物具有邏輯性思考。
12 歲以上	形式運思期	能邏輯推論抽象的想法與經驗；對未曾經驗的事物具有假設思考的能力；有演繹與歸納的能力；了解知識的複雜性；想知道問題的解答；對倫理學、政治、社會科學感興趣。

嬰兒及學步期

　　根據Piaget的理論，嬰兒期的特徵在發展對環境的信任感，如果嬰兒的需求沒有被滿足，就會產生不信任感。環境中的他人（通常是父母）在此時扮演非常重要的角色，因為這是他或她自他人處產生自我與信任感的時候。在嬰兒時期，照護者的死亡將瓦解嬰兒對他人的信任感產生，同樣的，親近的人死亡會置家族成員於壓力中，不利嬰兒發展對世界的預測感。

　　在Erikson的第二認知發展階段學步期（大約1～3歲）中的幼兒所處的危機關鍵是自主行動和羞愧懷疑的問題。在探索周遭環境以發展更大的獨立性時，自己的慾望與他人的期望中間便產生衝突；實踐獨立時也會經驗某種程度上的羞愧與懷疑。在身體與心理社會發展上是「放手」與「堅持」的一個時期，重要他人的死亡，特別是父母，會影響幼兒追求獨立的能力，並可能引起如依附、哭泣、多欲等早期行為的退化。

　　對照Piaget的理論，前兩年為感覺動作期，嬰兒發展並強化他的感覺與動作。尚未有足夠能力為物體命名，因此未能有概念發展的能力。父母離開房間只是消失了，不會有出現在別的房間的想法。當嬰兒累積足夠的經驗，便開始了Piaget所歸納的知覺型態「基模」（schemes）──出現在不同時期一群相似的行為特徵，Piaget稱此時期為「發生哥白尼式革命」。到了感覺動作期的末期，嬰兒對物體具有恆存

性的概念，且能擁有包含自身的宇宙觀念。

早期童年

　　大約3～5、6歲學齡前及幼稚園階段的兒童，Erikson認為他們正面臨自動自發與退縮愧疚的問題。一方面逐漸尋找他或她的目的與方向，另一方面也擔心父母（或其他重要他人）對自己嘗試努力表現自動自發和個性的想法。此時，嬰兒期的自我中心被社會的整體我所取代，認為自己是眾多中的一個。在這個過渡時期，許多發生的情況將導致退縮羞愧。例如，兒童幻想殺掉父母，受挫地大叫：「我希望你死掉。」就會為自己有這種想法感到罪惡。這時期也是兒童道德感發展的開始，也就是在社會許可範圍下行動的行為能力。開始反省漸漸成型的溝通技巧，兒童的死亡概念在此時擴展得相當快速。

　　當他們在騎三輪車、學習精確的把紙剪碎和獲得更多身體的控制，身體感對兒童自我形象變得重要起來。此時身體的損毀很明顯將導致相關的死亡恐懼。可舉下面的例子加以說明：5歲的小孩親眼目睹弟弟被卡車輾死，雙親考慮在家中設置靈堂，並詢問兒子把弟弟放在家中的守靈感受。他回答：他看起來受傷了嗎？擔心身體的毀損是此心理社會發展時期的特徵。

　　Piaget認為兒童前期是屬於前運思期。此時兒童的認知發展主要學習使用語言和符號以代表物體。語彙快速發展，其主要任務是去探索及評價環境中的自己。

　　Piaget的理論如何應用到兒童的死亡概念中？Gerald Koocher的研究可提供部分答案。研究者詢問兒童有關死亡的事務（也許你也想回答這些問題，請參閱「死亡成熟概念的發展」部分）。第一個問題為：什麼引起死亡？前運思期的兒童用幻想的理由、神奇的想法以及寫實的原因描述死亡（有時用很自我中心的語詞）。以下是他們的回答：

- 南茜：當你吃了不好的東西，像是如果你跟陌生人走，他給你有毒的糖果。（研究者問：還有嗎？）有，吃了毒蟲也會死掉。
- 卡蘿：吃毒藥、毒品和藥丸，藥最好是媽媽拿給你才吃。（還有嗎？）一個人跑去游泳也會死掉。
- 大衛：如果你抓了一隻鳥兒，牠可能生病死掉。（還有嗎？）吃了像銅油類的食物。我只能想到這麼多。

　　Helen Swain也對此時期的兒童做過研究，表達了死亡是可逆的想法，認為起死回生是由於救護車、醫院和醫生的幫助，且認為這些援助常常可以用魔法召喚而

來，就好像一個死者打電話給醫院要求派救護車來，便可以把他「修好」。約有三分之二的兒童指出死亡是不可能發生的，或是能避免的，或是只會因為不尋常事件如意外或災難所引起；約三分之一不相信死亡會降臨在他們或家人的身上；近半數不確定他們是否會死或認為這會是很久以後事。

中期童年

Erikson的理論認為6～11歲是處於勤奮努力對抗自貶自抑的衝突階段，此時兒童忙於課業和同儕互動中，努力想獲得認同及滿足感的同時，也可能感到焦慮，深怕有不恰當的地方或無法符合標準。此時他人的鼓勵對兒童的幸福感相當重要。這時期父母的死亡很可能剝奪他的認同感，也會和同儕互相比較。當一位9歲遭逢母喪的兒童轉學後，他不想讓同學知道母親已不在人世。他回答：「沒有母親，讓我在同學當中顯得與眾不同。」

Piaget則認為此時期是屬於具體運思期，已能使用邏輯去解決問題，且不必具體呈現物體的關係便能做到。例如計算能力需有量的數字及符號的認識、能以邏輯形式操作概念，但還不能做抽象思考。換句話說，已能將邏輯思考運用到事物上，但還無法做假設。此時期的思考模式著重事物的具體性及邏輯，兒童能慢慢的反覆思考並顯露對逝去時間的珍惜，但尚未能操作這些複雜和抽象的概念，那需要具備形式運思的能力。

此時期兒童能指出人自然和意外死亡的方式，大部分原因都很類似。以下是Koocker的研究中部分兒童對死因的回答：

- Todd：刀、劍、槍等很多東西，你希望我盡可能地回答你？（盡你所能）斧頭、猛獸、火和爆炸。
- Kenny：癌症、心臟病、毒藥、槍、子彈，或拿石頭丟。
- Deborah：意外、車、槍或刀、年老、病、施打毒品、溺斃。

青少年時期

Erikson 理論中青少年期是建立個人統合的重要階段，是連接過去——兒童期的依賴，以及未來——成年期與獨立的橋梁。青少年期也是統整與分離的一個時期，中心問題是：這個具有情感的、思考的、肉體的、性別的人是誰？

什麼是青少年的特質？變得比較自我？努力表達想法和信仰？處理身上難以置信的混亂？決定想要過的生活？青少年期面臨前所未有的迷惑和挑戰，透過不斷

詢問自己「我是誰」以獲得更大的自我感，但卻可能產生焦慮。目標與夢想的達成掌握在自己手裡，但卻受到死亡的威脅。當青少年努力想變得獨立，此時親人的死亡會讓他瞬間「長大」。青春期易有內在及外在的衝突，遭遇親人的死亡可能導致產生許多無法解決的事件。

　　Piaget 認為青春期屬於具體運思期，也是他學說的最後一個階段。此時期大約開始於 11、12 歲至成人為止，而個人看待世界的方式在 15 歲就可以建構得很好。這種具體運思的能力能讓個體「想其所想」，亦即可形成抽象和象徵的概念。可以理解複雜的句子、辨別類推關係，並能做假設推論，不必試就能預知結果。例如下棋的時候，棋手不必動棋子就能在腦中思考各種複雜的策略，並能預知結果。

　　Koocher 的研究則指出，具體運思的能力發生於 12 歲或更大，少部分發生比較早，約在 9 或 10 歲。最近的研究發現，大部分兒童在 9 歲或 10 歲就擁有成熟的死亡概念了。以下是研究中兒童們對「什麼導致死亡」問題的回答：

> 我很訝異聽聞一位非常聰明的 10 歲男孩在他父親意外死亡後說的話：我知道他去世了，但我不了解的是為何他不回來和我們一起吃晚餐。
>
> 　　　　　　　　弗洛依德，《夢的解析》（*The Interpretation of Dreams*）

- Ed：身體的死亡？（是的）體內重要器官及生命力的毀壞。
- George：老了身體損壞，器官不能再運作。
- Paula：心臟、血流及呼吸停止，就是死亡。（還有嗎？）還有很多其他的方式，死亡就是那樣。

　　雖然青少年表現出成熟的死亡了解，這並不表示他們和成人處理死亡的方式就一樣。例如青少年了解死亡的普遍性可能是受刀槍不入想法的影響。他們喜愛冒險、挑戰體能極限，不太會想到自己會死亡。建立自我統合時，也面臨化解分裂與死亡的任務。

　　一些發展心理學家將 18～25 歲訂為新的人類發展階段，因為現代社會延後個體獨立角色的探求，許多人的工作、愛情、世界觀發生於此時。這個年紀的人不把自己看成是青少年或成人。Jeffrey Arnett 指出：「漸漸邁向成人階段的青少年比青少年更能自由的追求新奇強烈的經驗，因為他們較少受父母監督，比起真正的成人也能更自由地追求，這是因為其較不受角色拘束的緣故。」普遍的危險行為包括未預防的性行為、藥物濫用、冒險的駕駛行為和酗酒，在這幾年到達高峰狀態。這可能與青少年認為自己不會死有關。

成熟死亡概念的演變

　　透過數個連續的發展階段，就進到成熟死亡了解階段，並展現特有的失落反應。前面已看了小孩子關於「什麼會讓人死亡」的答案，Koocher 發現各發展階段的人的回答也頗一致。當被問到「怎麼讓人活過來？」之類的問題時，認為死亡有可逆性的人會回答：「可以給一些熱食，使他們健康。」另一人回答：「沒人教我，但應該可以給一些藥並帶他去醫院就會痊癒了。」下一個發展期的兒童認為死亡是永恆的：「如果是樹就澆點水；是人就趕緊送到醫院，但如果已經死了就沒有效。」另一位回答：「也許將來可以救活他，現在沒辦法。科學家正在研究這個問題。」被問到什麼時候會死，小孩子提供的答案從「7歲」到「300歲」（6歲小孩的回答）都有；相較之下，較大的兒童期待活的壽命在統計學上比較正確一些，通常在80歲。

　　被詢問：「死後會發生什麼？」，9歲半的小孩說：「他們會把我救活。」研究者再問：「誰？」「我父母親和祖父。」小孩回答：「他們會把我放在床上，餵我吃藥，不讓毒藥靠近我。」根據早期的兒童死亡發展模式，一位9歲的兒童知道上述的方法是無效的，因此，這個例子說明一點就是，年齡的界定充其量只提供關於兒童發展的參考而已。

　　對於同樣的問題，8歲小孩會回答：「會到天堂去留下一副骷髏，我朋友有人類骷髏的化石。」注意這個小孩如何運用比較以解釋死亡的發生。11歲的兒童則說：「我會感覺昏昏欲睡、疲倦，然後昏過去，被埋起來慢慢腐爛，最後成了一堆骨頭。」

　　12歲的兒童回答：「我會有個很棒的喪禮然後被埋葬，並且把錢留給我的兒子。」10歲的小孩則說：「說了你會笑我。」研究者保證不會，並表達想知道他的想法。被鼓勵後他說：「我將化身成動物或植物。」充分展露兒童對未來的想像能力。

死亡了解的社會文化影響

　　死亡了解的獲得是社會化發展過程之一，為社會（society）規範（norms）規則以及價值（values）學習和內化的過程。經由社會化，年輕一代自老一輩中獲得知識行為與典範。社會化並不止於兒童期，人終其一生會不斷在發展新的角色及價

值。也不是個體單向的過程，社會的規範及價值會隨著社會成員角色及責任的改變而有所調整。

　　社會可定義成：一個有共同文化、生活在一起、擁有普遍認同的一群人，建構有別於其他社會架構關係的實體。每個社會的體制並不相同，這種獨特性就稱之為文化，是一群人生活方式的總稱。通常說的社會，強調其文化的特殊性，例如日本文化、西歐文化等。

　　文化也可指「所有人類社會方面的遺產」，包含物質（人造的物體像是建築物、消費物資）與非物質（如典範、信仰、價值與習俗等。見表2-2）。文化是動態的，社會中成員會不斷隨著環境和經驗改變既有的信仰、價值以及習俗等。因此，文化是不斷改造的機制，而不僅僅決定態度行為而已。

表 2-2　文化非物質層面

知識：根據實證驗證的結論。
信仰：不足以證驗，但是為絕對真實的結論。
價值：對於善的、令人嚮往的抽象信念。
規範：特定情況下合宜的社會行為規則或準則。
符號和象徵：事物的某種代表，包括語言、姿態等。

資料來源：摘自諾曼‧谷德曼《社會學導論》（*Introduction to Society*）（紐約：哈波‧柯林斯，1992），頁31-34

社會化單位

　　從家庭到大眾媒體處處可見社會化的跡象，其影響層面非常廣泛。現代的兒童受到的影響也比其他任何時候都來得大。Hannelore Wass 說：「兒童自重要他人處採行許多價值和信念，這些人包括了雙親、教師、公眾人物、運動偶像、名演藝人員。」

　　雖然社會化主要階段在孩童時期，日後也還會繼續進行。再社會化（Resocialization）一詞指「基本態度價值、價值、認同的重整」，須於扮演新的角色時重新調整既有的價值行為。舉例來說改信宗教、換新工作、新婚、第一次當爸媽或喪偶。如寡婦就因為新角色的變換，生活產生很大的改變。快速的社會變遷也將導致社會化。像這樣兒時習得的規範與價值在日後需要修正的情形，就稱之為社會化。

　　一般人傾向於自非正式以及臨時的形式下學習有關死亡事務。正式教育像課程、討論等，反而不是大多數人學習的管道。例如策略性社會化（tactical socialization）是指，舉例來說，收容所看護人員所使用的非正式的教授人們有關於死亡及瀕死知識的策略。這些策略指的是以積極的努力改變人們對某個社會層面的理解及行為。

　　儘管我們比較少從系統教學而是從偶然事件中學得死亡事務，但文化態度也常經由正式設計的課程所提供的討論機會中傳達開來。波士頓博物館一項命名為「死亡與失落的展覽」，就是利用歌曲、故事、遊戲及影帶等資源，讓家長與孩子分享死亡的想法或感覺。

　　我們不太可能指出個體死亡的想法在何時發生的。要求一對 8 歲與 10 歲的兄弟畫出喪禮的例子中（見圖 2-4），10 歲的 Heather 向弟弟說道：「喂！你怎麼在這些人臉上畫笑容？這是喪禮，臉上有笑容怎麼行？」在他的想法裡，喪禮中的人都不笑的。但是對弟弟來說，微笑是完全可以被接受的。有人可能猜想什麼是喪禮應該表現的恰當行為，其實就是這樣相互的影響之下，死亡態度融入死亡了解中。

家庭

　　家庭是社會中最基礎的單位，儘管它因時因地有所差異。雙親在日常生活中直接傳遞價值與信念給子女。回想一下你現在有關死亡的訊息有哪些是從童年時期來的？也許有些是直接傳遞的，如：「死亡就是這樣」「我們是這樣表現的」；也許有些是間接的傳遞：「不要談論……」，這句話可能意謂：不要談論……因為它不是人該談論的？一位母親高速公路上驚見一具動物死屍，告誡她的小孩：「不要看，把頭低下去，小孩不可以看。」這是父母認為是面對死亡適當的方式。

　　另一種死亡的訊息來自雙親無意識的傳達。小孩的寵物死了，父母親會說：沒關係，再養一隻。孩子對家裡養的寵物死掉的反應不盡相同，有的會強烈感到悲傷。孩子的悲傷很快用另一隻寵物取代，孩子無法有足夠時間理解失落。父母很快用新寵物取代的做法會有什麼結果？想像一位母親悲痛丈夫的死，兒子卻說：媽，別擔心，我們幫你再找一個。

　　家庭死亡教育也透過行動傳達，一位 30 歲的女士說：「我記得有一次母親輾過一隻貓，當時我並不在車上。只見她回到家後的狀況很糟，跑到廁所去哭了好久。從此以後，我很謹慎不要殺死任何東西。如果家裡跑進昆蟲，我就把牠抓起來放到外面去。」雙親和家中其他親屬的態度；會影響孩子當時以及日後的行為與價

圖 2-4　兒童的喪禮畫
　　這兩張圖分別為一對姊弟的作品，左邊是 10 歲姊姊所畫，強調生者的情感反應。前面兩者淚如
　　雨下，其中一位婦人哭喊：「不！」10 歲年齡的她所呈現的是死亡的悲傷與不受歡迎。被問及空
　　的位置代表什麼時，她說那是給遲到的人坐的。右邊為 8 歲的男孩所畫，視覺範圍小多了。我們
　　可以看到生者圍繞在覆蓋著旗幟與佈滿鮮花的棺木旁，臉上掛著微笑。這幅畫的焦點在死亡的象
　　徵（如棺木）、儀式，而不在感情。畫畫的時候，姊姊還說弟弟把喪禮的景象畫得「太快樂」了。

值，長大以後，也用這種態度影響他的下一代。

學校和同儕

　　學校不只是教讀、寫、算的場所而已。兒童的社會世界在就學時期急劇擴展，
部分原因可能在於有很多機會與同儕互動。甚至更早在學齡前與同伴玩耍，就進入
到這樣的社會關係。從事相同的運動與嗜好亦然，會使其與社區與社會規範連結在
一起，關於死亡的社會化就因而發生。例如團體中的成員或領導者死亡。隨著社會
網絡的擴展，遇到死亡事件的機會也隨之增加。

© Carol A. Foote

圖 2-5　扮演「死亡」的遊戲可以說是兒童藉由不同年齡的角色，以經歷不同概念、獲致對現實了解與處理的一種方法。

大眾媒體與兒童文學

　　電視、電影、廣播、報紙、雜誌、書刊以及錄音錄影帶、光碟片等媒體，有很大的社會影響力。媒體傳達兒童文化態度的訊息，雖然不是有意針對他們，譬如在報導災情時。兒童對這類的反應與其發展程度及人生經驗有關。當美國甘迺迪總統被暗殺後，兒童傾向選擇媒體報導的細節部分，這正與其發展有密切關係。年幼的小孩擔心總統的遺體會出現，以及總統的死對家庭的影響；年長小孩表達總統的死亡對政治的影響。

　　另一死亡訊息的來源是文學作品，有許多的經典童話描寫死亡、瀕死以及死亡的威脅。如在森林中被遺棄的小孩、母親欲毒死女兒、背叛兄弟、被狼群攻擊的男女，或被囚禁在幽暗的燈塔等。死亡在童話中占有一席之地，特別是在早期家族流傳的故事中。Elizabeth Lamers 說美國小孩被教導閱讀像 McGuffey's Electic Reader 的教科書，書中用一種悲劇的不可避免的手法呈現死亡。和其他許多書一樣，它們傳達一種所謂道德的教誨。19 世紀的童話裡的暴力既生動又令人毛骨悚然、目的

是要讓人留下深刻的印象，以傳遞某種文化的價值。比較西方和中國的小紅帽就能了解。

西方的小紅帽獨自一人欲拜訪她的祖母，途中遇到野狼並被騙，相信牠就是祖母。傳統的版本是小紅帽被吃掉，一位樵夫殺死野狼並剖開牠的肚子，小紅帽毫髮無傷的復活；後來的版本寫的是小紅帽的尖叫聲引起樵夫注意，樵夫追捕野狼並宣告小紅帽將不會再被打擾（刺殺野狼的動作發生在台下並且未被提及）。

中國的狼婆婆童話口耳相傳有一千多年，在這個故事中，母親留三個孩子看家，自己前往拜訪他們的奶奶。野狼扮成奶奶說服孩子們開門，當門一開，野狼趕緊吹熄蠟燭以免身分被識破。但在一連串的詢問後，聰明的大哥發現真相，和弟弟們趕緊逃到屋旁的銀杏樹上，機智的把野狼騙到竹簍中，拉高竹簍猛然一放，竹簍便應聲掉到地上。故事結尾寫著：野狼不只摔破頭，心臟也摔碎了。三兄弟下來察看，發現野狼「真的」死了。不像歐洲的版本中小紅帽隻身面對野狼，最後被不相識的樵夫給救了，中國的這個故事強調對付野狼的團結價值。

小紅帽

……「我的天！奶奶，您的手臂怎麼那麼粗啊！」

野狼回答：

「這樣比較容易擁抱你啊！我的孩子。」

「奶奶，為什麼您的腿這樣粗啊？」

「這樣跑得比較快啊！我的孩子。」

「但是您的耳朵怎麼這麼大啊！」

「這樣比較聽得清楚啊！我的孩子。」

「可是，您的眼睛好大呢！」

「這樣才可以把妳看清楚啊！我的孩子。」

這時小女孩非常驚恐，問道：

「噢！奶奶您的牙齒好大啊！」

「這樣才方便把妳吃掉呀！」

說完，邪惡的野狼就攻擊小紅帽，馬上把她給吃了。

《書的旅行》（*Journey Through Bookland*）第一冊

有些故事則是特別寫來回答孩子有關死亡的問題，許多書是為年幼的兒童寫的，將死亡寫成像是季節的變換大自然循環的現象，這些故事表達了生命結束將再恢復的想法。（有關死亡精選之童書目錄請參閱第五章）

每一個人類文化歷史裡頭大人都會唱歌給小孩聽，這類的搖籃曲也含有死亡暴力的主題。當母親對孩子哼哼唱唱時，就展開死亡教育的歷程。有的歌曲裡面蘊含豐富的情感，當中不少包含了死亡的訊息。請看下面的有名的曲子：

樹上的寶貝快快睡

風一吹

吹動搖籃

樹枝斷

搖籃掉

寶貝也跌落下來

壽衣

有一個七歲的小男孩，他擁有非常甜美的臉龐，看過的人沒有不喜歡他的，而他的母親更是愛他勝過世間的一切。突然有一天，男孩病了，並且上帝帶走了他。他的母親傷心欲絕，終日以淚洗面。就在他埋葬過後不久，他開始出現在生前玩耍的地方。母親哭，他也跟著哭。白天一到，他便消失不見。因為母親一直不能停止哭泣，一天晚上他便包裹著埋葬時的壽衣、頭上帶著花圈出現在母親面前。他坐在母親腿上並且說道：「噢！母親，如果你不能停止哭泣，我就無法在棺材中好好安息。因為我的壽衣不斷被滑落的淚珠打濕。」聽完，這位母親非常驚恐，從此以後便不流淚。第二晚，這位男孩又出現了。他拿根蠟燭舉到頭上，說：「您看，我的壽衣幾乎要乾了。現在我可以在墓中安息了。」從此以後，母親將她的悲傷交給上帝看管，並且默默承受傷痛。小男孩不再回來，在地底他的小床沉睡。

《寫給青年與老人的格林童話》（*Grimm's Tales for young and Old*）

有些曲子是哀歌，描寫小孩的死亡或是喪禮，有些則以威脅的意味警告小孩要趕快睡覺或是乖乖。研究這些歌曲的學者注意到，題材隨著生活水準及社會安全感的提升，其表現的風格有所差異。

兒童歌謠也包含死亡的意象。在一個200首兒歌的研究中，近一半描寫了生命的奇妙和美好，另有半數的內容是有關人類和動物死亡或受虐的內容，相關的主題還包括謀殺、窒息、折磨、殘酷、殘廢、不幸、悲痛、迷路、拋棄、貧窮等。

宗教

　　心理學家Robert Emmons指出：靈性與宗教是人類文化中密不可分的一部分，能塑造個體的生命及性格。尋求個人在宇宙間的定位是人類發展中重要的部分，宗教則是個體與社會努力尋求意義與存在性的一個途徑，提供道德及人際關係的基礎，幫助人和諧生活並賦予生命意義。

　　不僅對成人如此，對兒童來說，靈性與宗教也是了解面對死亡的重要管道。宗教提供慰藉，認為死亡有其意義，並藉哀悼儀式減輕活著的人的負擔。Vernon Reynolds和Ralph Tanner指出，宗教是有關「照料瀕死的人、為他準備死後世界，以及撫慰死者和親人身體需求及心理感受」。

　　即使在現今世俗社會裡，宗教依然無時無刻影響我們面對死亡的態度和行為（見表2-3）。在美國，有九成的人擁有宗教信仰。美國一項全國性調查指出：95%的青少年信仰上帝，而四分之一的青少年則認為宗教信仰對他們而言，其重要性遠大於父母所認為的。

表2-3　宗教的四項社會功能

> *1.* 宗教提供一套共享的信念、價值與規範，人們藉此形成共有的認同。因此，宗教有統一的作用，「將擁有共同價值的一群人緊緊黏附起來」。
> *2.* 宗教提供有關人類存在與目的的答案、陳述生與死的議題，以及指出人類期待的生活藍圖。
> *3.* 宗教常常提供社會規範與法律的基礎。法律需要道德和合法的力量，這些都在宗教價值裡。
> *4.* 宗教是人們情感與精神支持的來源，特別是危機時。

資料來源：摘自諾曼‧谷德曼《社會學導論》（*Introduction to Society*）（紐約：哈波‧柯林斯，1992），頁205-206

　　在我們思考宗教對人的影響時，如果將宗教聯繫（religious affiliation）和宗教虔誠（religiosity）這兩個相關的觀念有所區隔的話，對我們的理解會很有幫助。雖然一個宗教社群的成員可能有同一個宗教聯繫，他們的宗教虔誠——也就是宗教對他們生活的相對重要性——可能有所差異。遭逢死亡或瀕死的時候，因為可以增加社會互動機會；而參加宗教儀式的人，與因為在信條和信仰中找到深刻個人意義而參加宗教儀式的人，其所經驗的到的宗教慰藉是不同的。宗教虔誠有如下五個面向：

1. 經驗的（與宗教的情感關係）。
2. 儀式的（參與宗教儀式）。
3. 意識型態的（宗教的認同）。
4. 必然的（宗教與個人日常生活的融合程度）。
5. 知識的（關於宗教傳統、信念、儀式等知識）。

不同的宗教面向影響一個人面對死亡和處理失落的方式。比如說一位菲律賓裔美國人，論及在平常家人做禮拜的教堂舉辦父親的葬禮時感受到的彌撒，對於這些儀式中的語言和符號，他說：「你知道嗎？我從未對這些禱告多想，但是此時透過撫慰的聖歌旋律與濃郁的香氣使我覺得父親仍然受照顧，過得很好。」這位年輕人體驗了經驗的、儀式的、必然的宗教面向。

瀕死和死亡不只是生物學上的結果，還包含社會與心靈的層面。宗教、心靈及哲學上的信念可說是通往死亡之路的關鍵。

我清楚記得生命中第一次的震撼。當時一聲尖叫從隔壁傳來，我馬上就衝了過去，就好像在自己家裡一樣熟悉。平常頑皮的小孩——康納、里安、布魯吉全停留在老吉爾提床榻的房間裡，瞠目結舌驚恐地呆站著。

我慢慢走到康納身旁，「爺爺去世了。」他說。

他們的母親費諾娜懷有 8 個月身孕，把頭靠在老人的心臟。這是我第一次目睹死人。他蒼白、骨瘦如柴的身軀一動也不動的躺著，張開沒有半顆牙的嘴，並且用呆滯的眼睛瞪視我，我回瞪他，直到我的眼睛幾乎要掉出來才停止。

噢！那真是一次糟透的時刻。所有的小孩都認為老吉爾提曾有神奇際遇，並且會長生不老，他是大飢荒最老的倖存者，更別提是 1967 年芬尼安起義的英雄，曾經被捕下獄無畏懼地飽受折磨。

那時我 11 歲，印象中的吉爾提一直是瘋瘋癲癲，並且經常蜷縮在火爐邊喃喃自語。他實在老得可以，老得超越了年齡，但是卻沒有人認真關心他真正的死因。

里昂・烏利斯，《三位一體》（*Trinity*）

隨機教學

兒童在日常生活中有很多機會學習關於瀕死和死亡的事務。細想一位母親發現兒子在電腦前寫遺囑，震驚之餘，腦子閃過許多想法：為什麼他要寫遺囑？為何一個才 11 歲的兒童會對分送他的珍藏有興趣？是不是他相信不久就會死？我該怎麼做？該說些什麼？她鼓起勇氣，盡量用平穩的語氣問兒子寫遺囑的動機。

　　兒子轉過頭看著母親，臉上掛著完成的喜悅，說：我在電腦上發現了它，便把上面的空格填一填。嗯！很簡單喔！我可以印出我專屬的遺囑呢！

　　這樣的狀況就是「教育時機」。教育者用這個名詞描述自普通經驗產生的學習機會。由於有及時性，這些偶發的事件是學習的契機。學習者的疑問、渴望、動機引導教育的歷程。假使認為教育是單向的過程，就會錯失此種互動歷程教育的精髓。在上述的例子中，母親看起來是一位學習者，她從兒子寫遺囑事件學到一些事，最重要的，知道反應前必須收集足夠的訊息。

　　如果這位母親一開始便表現出驚訝的心情，對兒子的行為倉促的回應：快停止，小孩子不應該想那些遺囑死亡什麼的。她是對兒子上了關於死亡的一課，但卻不能促進健康的死亡認知。因此，運用教育時機的教學原則引導兒童了解死亡時，問一下自己：要教什麼？是人為有意的教學設計？是否無意傳達不健康的死亡訊息？

　　回到那對母子的例子。那位母親可以用沒有威脅性、不感情用事的談話內容製造機會和兒子討論死亡，用監護人的身分進入話題，告訴兒子：她已經採取一些方法以確保他的福祉（「我告訴過你 Martha 姑媽和 John 叔叔被寫在我的遺囑裡是你的監護人嗎？」），以及回應他的關心（「不，我還不想死哩！」）兩人可能會因此花上一些時間討論死亡以及如何預備死亡的問題，開放的氣氛促進兩人間知識的交流。短暫的談話就能產生許多學習。

　　教育時機雖是未計畫未預期的發生，但可被教育者或成人有效的用來製造或鼓勵有關死亡的學習機會。事件的發生並無規則可循，因此，像稍早所舉的例子，母親可藉兒子打電腦的經驗，引導對死亡的討論。同樣地，在兒童電影中，死亡經常是情節之一，就可以利用這個機會自然地討論各個角色所體驗的悲傷是如何被呈現的。能否利用這些機會的關鍵，則是兒童環境中受信任的成人有沒有適當的準備。

　　可教學時機不只發生在成人與兒童間，也會出現在成人與成人的關係中，有一次在飛機上，一位大公司的經理和本書作者聊天，知道他的著作內容後，聲音有些變，問這位作者：可不可以私底下問您一件事的看法？內容關於他家人對他五歲的小兒子是否參加孩子祖父在威靈頓國家墓園喪禮的爭議，他擔心那些軍裝、軍人、二十一聲槍響的軍隊儀式會嚇到孩子，也向作者分享他家人與兒子的想法。本書作者給他的建議是在喪禮中盡量給予孩子來自雙親的支持。聽完後這位經理改變當初不讓小孩出席喪禮的想法，並決定讓他兒子參加祖父的喪禮。你不一定必須是作者，讀完本書，你也能給他人關於死亡有幫助的建議了。

Cpl. Edward Belfer, U.S. Army Photo

© Robin Layton Kinsley

圖 2-6　兒童在很多方面都會受到戰爭影響。對上圖的德國小孩
　　　　來說，戰爭帶給他的是赤裸裸的死亡遭遇。他和許多德
　　　　國人一樣，於第二次世界大戰後，被美國第三軍團臨時
　　　　軍政府指示指認弗羅森堡集中營被殺的俄國、波蘭、捷
　　　　克屍體。
　　　　對阿曼達‧威力（左圖）而言，戰爭給她的影響是在她
　　　　身為海軍電腦技師的父親登上約翰甘迺迪號前往波灣戰
　　　　爭工作時，產生父親死亡的預期心理。知道父親即將離
　　　　去，小女孩顯得焦慮及困惑，一直到她發現諾福克碼頭
　　　　上一條絲帶。父親將絲帶分別繫在自己與女兒的手腕
　　　　上，阿曼達才開始哭泣，抱著父親說再見。

早期死亡經驗

經驗對塑造個人態度價值有其重要性，因此探究個人獨特的死亡經驗是必要的。擁有積極自尊感的兒童及成人，認為自己是有活力、有趣，並且比較關懷他人的人，對瀕死與死亡比較不覺得恐懼。想想我們看到的有關死亡的反應中，有的人想知道所有有關的細節，也有人希望知道得愈少愈好。10 歲小孩痛苦的表達「好噁心！別談論它」，此種想法會延續到成人時期。一個兒童若遭遇過親人或密友的死亡，會在之後的發展階段中對其他人或事產生聯想。一個 6 歲的小妹妹親眼目睹兄弟意外死亡，會清楚了解死亡是最終的結果，別人和自己都會死。她關心應如何保護自己與朋友，避免遇到導致她兄弟死亡的危險狀況，會勸告同學要預防意外發生。

遇過暴力死亡情景的兒童，他的死亡了解將產生巨大的變化。住在高棉難民營裡的兒童，死亡是他圖畫的主題。他們把雙親的死及別人餓死等受創的經驗反應到他的畫作中。有一張標題為「母親死掉的小孩」的圖，畫的是母親呆坐在 6 個死掉的孩子中間。James Garbaruno 說：「極少的議題會像戰爭、街頭暴力犯罪或其他武力衝突等，挑戰道德、智力與政治的應變能力。」

一位飽受戰爭摧殘的少女在她的日記中凸顯暴力對兒童的影響。這位叫 Zlata Filipovic 的日記原本記錄青少年平常關注之事物，到後來完全呈現戰爭的破壞與死亡。她在其中一段裡寫道：「戰爭以恐怖取代往日的生活，而現在每天都活在恐懼裡。」許多成長於美國城市的兒童與青少年經驗戰爭似的狀態，像是與毒品有關的暴力和幫派衝突。既是作家、演員也是音樂家的 Ice T 描繪這是美國的「殺戮戰場」。

兒童直接經驗戰爭暴力或其他悲慘之死亡事實，通常比其他的兒童更展現宿命論的態度。問他們有關「死亡的方式」時，生活在暴力與死亡環境與在保護下生活的兒童，他們回答有顯著的差異。

德國中低階級都市學校的兒童被問到死亡的方式，其回答與環境相符合，認為暴力死亡是由「武器」、「尖刀」引起，非常明顯缺少「槍」這個字。在德國，手槍是非法的，而且一般老百姓無法取得。環境因素很明顯的會影響人對死亡的看法。

想想你住的環境是屬於郊區、都會區或是小城鎮？北部、東部、南部或西部？你對死亡的回答很可能會受到這些因素的影響。生活經驗，特別是有關死亡或重大失落的經驗，會強烈地影響個人對死亡的態度與信念，若這項經驗發生在較早的兒

童期，可能要到成年才能了解它所產生的影響。

圖 2-7　◎左圖：一個住在中西部大城市 7 歲非裔美國男孩所畫的斬首圖。（不同事件中，該城市最近有
　　　　兩位女孩死於這種方式。）◎右圖：住在加利福尼亞州小鎮一位 7 歲上天主教學校的高加索小孩
　　　　所畫，當「神召喚你」的死亡圖像。注意這個小孩所畫的上帝的聲音與天國之門。

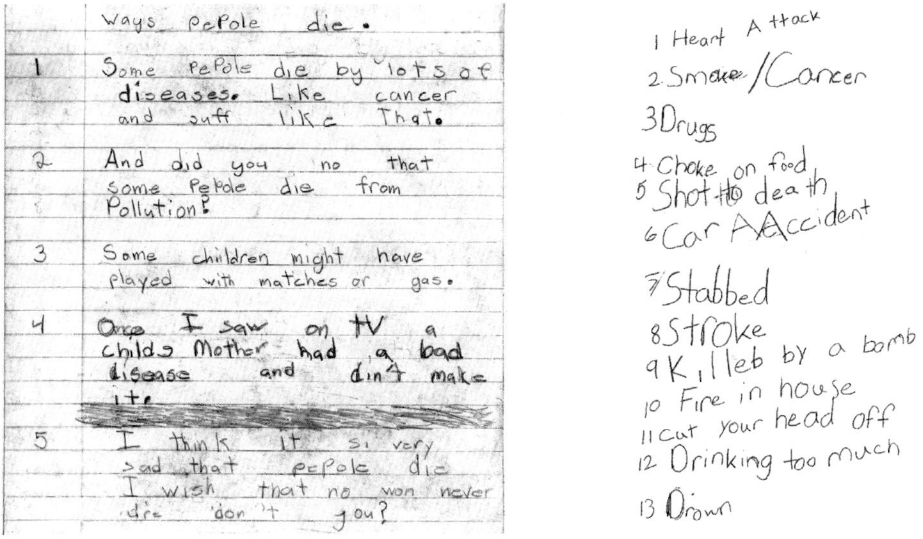

圖 2-8　包括時間與空間的環境皆會影響孩子對死亡的理解。我們可以藉由問「人死亡的方式是什麼」，
　　　　要求兒童寫出或畫出他們的想法，以了解環境如何影響孩童看待死亡，左圖是一個住在加利福尼
　　　　亞州海邊小鎮，7 歲高加索女孩在 1978 年所寫。這與住在中西部大城市一個 7 歲非裔美國男孩於
　　　　1995 年寫的 13 項回答極不同（右圖）。雖然寫於相同年紀，第二張的內容同時反應了時間的推
　　　　移（17 年）與內陸都會環境生活。當第一個小孩將焦點集中在疾病與意外時，第二個小孩的解釋
　　　　則呈現較廣範圍的死因，較少提到「自然」的死因。他的第 11 項「砍頭」的圖解見圖 2-7。

社會與文化的理論觀點

　　社會學提供有效的工具，以了解社會及文化因素如何影響人類對死亡的態度和行為。以下三種理論分別提供社會運作的不同觀點。第一種從社會結構上來看，強調社會中主要要素間的交互作用，包括有家庭、經濟與政治系統。第二種著眼於社會成員間的關係和交互作用。它注意到人類塑造和被社會塑造的方式，以及所創造分享的社會意義。第三種提供一個模式，說明如何透過個性、行為、環境的相互影響，成為社會中的一份子。

結構功能主義方法（The Structural-Functionalist Approach）

　　結構功能主義論者把整個社會當作類似整個人體，「社會的各個部分」有若人體器官的「各個部分」，這些構成的部分彼此交互影響，共同運作以維繫彼此和整個社會。社會成員間交互作用的形式是整體社會結構的一部分。社會結構實質上是由社會生活的相互影響所產生，它使得社會生活有秩序且可預測。

　　社會學者通常描述五種主要的社會機構：(1)經濟；(2)教育；(3)家庭；(4)政治系統；(5)宗教，其中一個機構的改變會導致其他機構間的變化（見圖2-9）。舉例來說，巴西東北地區很多人極度貧窮，政府當局無法對當地的死亡率作準確的統計。以社會結構的角度而言，這個例子說明經濟如何影響政治系統，進而影響巴西貧困家庭的社會現實。

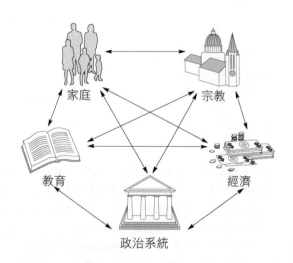

圖2-9　結構功能方法

結構功能主義學者將社會看作是可幫助我們評價社會化之死亡態度與行為的基礎。在北美，死亡的文化期待反應了技術取向和繁文縟節的社會現實。適宜的死亡是指自然發生與時間恰當，也就是說發生於老年。現代社會中設置的繁文縟節是為避免衝突與維持社會生活的寧靜。在這樣的社會架構下，死亡似乎變成社會生活的次要部分。

符號互動論（Symbolic Interactionism）

此種理論方法欲藉由人類賦予行動和事物的意義，以尋求解釋人類的行動和行為。雖然死亡是生物學上的事實，但卻透過社會形成的想法和臆測賦予了不同意義。符號互動論強調「個體自由的建構真實與重建遺產」，根據此理論，人在社會結構與個人生活中並不是被動的，而是積極負責的。並且強調社會化是雙向的過程，不單單只是在一端「輸入」資訊，另一端「輸出」成品而已。

觀察血癌末期病童與家屬後，Myra Bluebond-Langner 評論，我們以「他們將變成什麼」的說法向兒童解釋死亡，同時把成人視為社會化的活性劑的想法太過狹隘，不僅在兒童社會化上是如此，成人間的互動亦然。在一項醫療機構內土生土長的加拿大的瀕死病患與悲傷家屬的調查中，研究者發現歐裔加拿大看護與當地的加拿大病患對所謂適當的照護解釋不同。從事彼此相異觀點產生之衝突的解決，將對雙方的態度與行為產生有益的改變。當新的「意義」產生，醫院之「文化」隨之改變。

> 不久以前，我那 7 歲的兒子跳到我膝上和我一起看晚間新聞。這個報導環境污染的結尾引述美國科學家預測 20 年內，世界將無法住人。在電視頻道轉到麥迪遜大道前的叮噹聲，這是設計來鼓勵消費者買無油生髮水之用。兒子突然用非常小的聲音問我：「爸爸，全部的人死的時候我會是幾歲？」
>
> 　　　　　　羅伯特・巴爾，《社會學專家》（*The Social Studies Professional*）

社會科學家指這樣的過程是「社會實體的建構」：

每個社會創造屬於它自己的社會觀、真理。在一些社會裡可以看到屬於超自然的想法，另一些社會中就比較客觀。有些人生命中唯有神，有些人則沒有這些神的存在。不同的實體不限於宗教等重大的議題，對人日常生活事件也開始發揮作用。

就社會建構實體的過程而言，可以看到個人擁有的死亡「意義」起因於社會繼承的想法與假定，為個體生活的社會經過很長一段時間逐漸形成的。因此，不同

形式悲傷的表達反應了社會規範的影響，對特定的社會情況規範出適當的情感表達。

　　是否悲傷有普遍性的問題——亦即，各地不同文化的人本質上擁有相同的失落反應——尚未有定論。但有研究指出，至少有相當程度上的人對失落的反應是透過文化學習來的。換句話說，並不會「自然」就懂得悲傷、大笑或哭泣。Wolfgang Margaret Stroebe 指出：

> 每個文化的悲傷呈現不同樣貌，且對於以下各項的標準有很大的差異性：應哀悼死者多長時間、悲傷應持續多久……，一個文化認可與禁止的，可能在另一個文化中完全不同。

　　雖然死亡基本上是生物學的結果，因社會所形成的想法與假設創造了它的意義。這在 Hmong 從南亞移居到北美的經驗中獲得證實。在北寮的山間，傳統的喪禮儀式包括有發射迫擊砲以通知村民有人死亡、屠宰牛隻。而在新家園極不同的社會環境裡，傳統的葬禮儀式不能被執行，並產生戲劇性的改變。同樣的，移入德國的回教徒被迫使他們的喪禮儀式適應歐洲文化的規範與實踐。宗教領袖「採行平衡的作為以適應新的情境，而未違背使社區團結一致的儀式」，是一種文化的兩難，具有「刀刃邊緣」的特徵。

喬治威拉德瘋狂地想掀開母親身上床單看她臉龐。心中被這個想法可怕地操控住，他相信眼前躺在床上的不是他的母親而是別人。此念頭如此真實，幾乎使他無法忍受。床單下的身軀修長已無生命，顯得年輕又優雅。他懷著一種奇怪的幻想，想像她有一種無法形容的可愛。感覺到面前的這副軀體還活著，似乎下一刻她就會從床上彈起和他面對面，這無法抗拒的懷疑使他不能自己。一次又一次伸出他的手，一旦碰觸並且半掀起覆蓋她的床單，他的勇氣卻又消失，就像魯非醫生一樣，他轉身離開這個房間。停在門外走廊，顫抖的他必須伸出手臂靠在牆上才足以支撐他的身體。「躺在這兒的不是我的母親，不是我的母親！」他對自己低語著，隨後又因為害怕與不確定而全身顫抖。當照護這副軀體的伊麗莎白蘇菲姑媽從隔壁房間進來，他把手放進她的手中，開始啜泣，並且左右搖晃著頭，悲傷得幾乎看不見。「我的母親死了，」他說……

舍伍德・安德森，《溫斯堡，俄亥俄州》（*Winesburg, Ohio*）

　　住在英國的印度人死亡儀式上遭遇同樣的文化需要。印度的殯葬人士非常少，有關喪禮的事宜由死者家屬所安排。火葬是公開的大事，由主要的送葬者點燃莊嚴的火焰；在英國，遺體被放進棺材中，然後放到焚化爐由火葬場的員工操作。對送

葬者來說，不再有刺眼的煙霧、燒髮的火焰，也沒有焚燒軀體帶來的濃烈的即刻與現實的知覺經驗。生活在顯著不同的文化環境裡，在英國的印度人覺得他們被社會強迫放棄公共與精神上的儀式，取而代之的是一種無特色的、個人主義的、唯物論的以及繁文縟節的程序。

移居北美的 Hmong、德國的回教徒、英國的印度人，說明現代文化中與日俱增的多重文化本質，社會如何找出新方法來適應信仰以及習慣的不同，是很重要的問題。

死老鼠

我們出城好一段時日，鄰居一直幫我們照顧寵物。一回到家就發現和其他的貓一樣，家裡的貓抓了隻老鼠，把牠弄死，並且拘謹的放在車庫裡牠的碗前。使我得知此事的是從車庫傳來的一聲尖叫。「布利殺了一隻老鼠，就在車庫裡。」聲音尖銳得連附近的鄰居都聽得見。我衝下樓，這是首次有機會目睹孩子如何處理死亡。我說：「噢！哪裡啊？」「看！就在那。」他們說，然後開始告訴我為什麼他們覺得牠死了。他們戳了老鼠好幾下，牠還是一動也不動，5 歲的麥特說牠看起來是不會再動了，他判斷老鼠死掉了。

我問他：「那現在我們該怎麼辦呢？」我有些排斥，用手指搗住鼻孔。很明顯老鼠已經死亡，並且開始腐爛。麥特很認真的說：「我們必須將牠埋了。」7 歲的海瑟爬上椅子宣布：「我才不要，不要埋在這，噁！死老鼠。」此時，她表現出她是個女生，不想弄髒的刻板印象。

於是麥特自告奮勇，「我需要一個鏟子。」他說。我站在後面觀察，很感興趣接下來會發生什麼。我注意他並沒有用手碰那隻老鼠，他知道碰死東西是不適當的。他小心翼翼剷起牠，帶到後花園挖洞要埋掉牠。海瑟盯著他們，保持一個安全距離緊緊跟上。

埋好以後麥特回來跟我說：「我想要一些木頭、槌子和鐵釘。」我心裡想：「太好了，他在做一種小型的儀式，要弄個像是墳墓的記號。」麥特走到柴堆前仔細選了塊長約 2 英吋的木頭，另一塊更大些，寬約 3 英吋，長則 4～5 英吋。我想：「要做墓碑？」他把這些木頭釘成十字架。

我想：「噢！十字架，宗教符號，埋葬，葬禮——人死後發生的一些事。」麥特拿了隻筆在十字架前寫著：「死老鼠，小心！」然後插在掩埋地點的前端。我心裡想著：「這個小孩心裡在想什麼？」

我問他：「這是不是意謂我死了也會有個『我死掉的媽媽，小心』的標誌？」他把雙手放在身後，用 5 歲小孩看一個笨得可以的人的眼光看著我。「當然，你

會埋在埋葬人的地方。這裡是後院耶，小孩子會在這騎腳踏車。誰會知道這埋了隻死老鼠？」我聽得目瞪口呆。

幾週後，他們對於老鼠會變成怎樣討論好久。我第一個想法是：「不可以！你們不能把牠挖出來。這樣不好，牠的靈魂需要安息。」然後我才了解這一切只是我不想看見那隻死老鼠現在變得怎樣。於是我保持靜默，他們挖了又挖，我可以感覺汗水自身上滴落。他們挖出一個大洞，但沒發現老鼠的遺骸。我有點如釋重負，但隨即被問了一大堆有關老鼠到哪兒去的問題。我解釋了長長的一大串，但最終發現他們完全不了解，我所說的他們可一點兒都有沒興趣。

我說：「嗯！就像你埋橘子一樣。」我想這保險一些，可以應付一天天的挖掘以觀察它回歸大地。

他們埋了個橘子每天挖出來看。橘子已不再是橘子。

我跳脫那次經驗想著：「他們從哪裡學到這些事情？特別是麥特的行為……他從哪裡知道這些事情的？」

社會學習方法（The Social Learning Approach）

根據社會學習方法，人類透過逐漸適應如何表現成為社會的成員來學習。藉由行為結果的刺激或模仿他人行為以塑造行為。當我們符合社會規範，行為便獲得回饋；如果不能符合，我們便被懲罰或不被回饋。這種情況的機制在父母訓練孩子學習某些行為時明顯可見。許多社會規範的學習是透過增強、模仿、互動、合理化，以及其他行為和認知的過程。我們可能甚至不會意識到我們符合某些社會規範，因為它們深植在日常生活方式中。例如現代社會的人不可能把親人的屍體扔在戶外臨時搭的檯子上，任其慢慢的腐爛。然而 19 世紀生活在大草原的美國印地安人，檯子上的葬禮是理所當然的一種社會規範。

不同文化的人可能將我們未經批判就已接受的社會規範視為不合常軌。Ronald Aker 說道：

「每個社會或團體各有其社會規範，有些適用於人的制度上，有些幾乎適用所有人，另一些則只適用於特別的年齡、性別、階級、種族或宗教。有的規範適用於大範圍的情況，有的則控制特定的某些狀況。在異質的社會中，不同規範標準的制度並存，並且有人可能不自覺地違背某個團體的期待，僅僅因為他符合另一團體的期望。」

像美國這種多元文化的國家，我們有充分的機會應用社會學習理論的方法，

擴展對瀕死、死亡、喪親之痛的習俗與行為之了解。一位住在美國的年輕的西班牙裔女士最近參加生平第一次的「北歐裔美國的」喪禮，說她對介紹死者的一生時缺乏講故事與溫和的幽默覺得「很困惑」。「每個人受到家屬的尊敬，但是令人訝異的是整場喪禮是這麼的嚴肅。我習慣了在葬禮中大家有說有笑。」體認社會規範的功能像極了遊戲的規則與戲劇之腳本，可以觀察到他們在許多方面影響人類紀念死者的悲傷以及儀式。

當代多元文化社會的死亡議題（Death in Contemtarary Multicultural society）

大多數的現代社會是由數個具有獨特習俗及生活方式的社會團體組成的，例如，美國被稱為是一個「移民者的國家」，這個詞彙反映其文化上的差異。在一個較大的社會下有不同認同與生活方式的團體稱為次文化。在某些例子中，次文化有特殊的民族傳統，其他例子中，次文化特殊的原因為它的歷史、發源地或經濟環境。次文化通常有不同的語言，即使和大文化擁有共同語言，也會有不同的術語或俚語。在現代社會中，學者認為龐克族（Punk）、共濟會員（Freemason）和拉斯特法理派（Rastafarian）可被歸類為次文化。雖然次文化的差異有時導致社會的緊張、不合，由不同種族與文化團體組成的文化拼圖（mosaic）可豐富社會。次文化也常透過音樂、時尚、廣告及媒體影響主流文化。

不同的傳統：民族性與多元論

人們有時說到或寫到所謂「美式處理死亡的方法」，但事實上，這個說法隱藏了其中許多不同的處理死亡的方式，這些方式反映文化多元團體的不同態度、信仰、習慣。在形容美國家庭時，David Olson 和 John DeFrain 提醒我們，「在同一團體中的人亦存在極大的差異」。

人類自我認同屬於某一保持不同的文化傳統與儀式的社會團體的程度差異性很大，擁有共同文化遺產的不同民族團體及個人也是。然而，民族性與其他文化因素通常影響處理重大疾病、痛苦的感覺、瀕死的社會支持、悲傷的行為表現、哀悼方式以及喪葬習俗等方法。美國一項種族與其他文化間喪親習俗的比較證明部分適應西方模式的同時，亦堅持本身文化喪親的傳統做法。

非裔美國人的喪禮與哀悼儀式說明，雖然經過時間的更迭與環境的變遷，其傳統的習俗依舊保留了下來。如心理學家 Ronal Barrett 所指出：「對許多非裔美國人來說，傳統西非儀式的要素保留了他們的重要性。」在一些習俗裡很明顯可以看

圖 2-10　在加利福尼亞州舉辦的「死者日」（Day of the Dead）活動中，一個小孩畫著骷髏畫。這個與死亡有關，代表著特殊態度與行為的古老傳統，將加強她的文化認同感。多元文化裡，人們從這既能保存文化傳統又能和社區人士共同分享的慶祝活動中，選擇採納自己生活的傳統元素，從而創造出有別於其他地區的死亡習俗與活動之地方認同感。

到，例如群聚墳前祝死者一路平安、將喪禮視為回家的儀式，榮耀死者的靈魂。David Roediger 說這些習俗源自非洲，自中間過程中所發生的恐怖事件中獲得自相矛盾的力量以及回復力，並且在奴隸喪禮中開花結果，此一價值裝滿了美國的奴隸社區從主人階層生理與意識型態的殘害下得以保存的社會結果，此一價值也統一了上述的社會結果。

　　同樣的，在新墨西哥州北部的西裔族群持續實行一種為「recuerdo」的懷念形式，以紀念亡者與撫慰亡者與喪親者。用故事與民謠在紀念會中用敘事的、抒情的和英雄式的態度記述死者的一生，是一種代替死者的道別會。此種紀念儀式常常提醒我們生命無常，並表達向上帝借短暫時間、我們只是影子的想法。儀式最大的妙處在於建議「因有死亡而有意義」。Alvin Korte 說：「文化的智慧提供許多終點讓家人、朋友、社區向死者告別，」並補充說：「這是重要的過程，可以讓最後的離

開變得容易而且毫無罪惡。」

　　死亡態度與習俗的多樣性整體而言可以使社會受益，因為其為處理死亡的方式提供了大量的文化資源。然而，其對多元文化社會也產生挑戰。當社會中的每一個人有同樣的信仰及風俗習慣，就會有眾所周知和社會可接受的方式處理死亡與悲傷。文化差異亦可能破壞此種狀況，因為成員們對於何者是社會准許的處理死亡方式和降低「存在的恐懼」的儀式，有較少的共識。當人們在現代喪禮中不知該對喪親者表達什麼時，很明顯的，他們對處理死亡的社會規範無所適從。在現代社會中，人們發現自己處於社會處理瀕死與死亡所認可的儀式不斷改變的情境中。

大鎔爐：夏威夷的文化差異

　　夏威夷人代表一種豐富的民族文化組合。Eleanor Nordyke 指出，夏威夷是「唯一所有族群都是少數民族，而且主要的人口皆來自太平洋群島或亞洲，而非歐洲或非洲。」波里尼西亞駕著獨木舟來到夏威夷，並於 1778 年和歐洲船長 James Cook 等人有了第一次接觸。之後的移民陸續到來——包括中國人、日本人、葡萄牙人、琉球人、韓國人和菲律賓人。許多人來這裡的甘蔗園中做短暫的勞工，後來便住下來了。今天的居民包括來自歐洲與北美的白種人、薩摩亞人、越南人、寮國人和高棉人，也有非裔美人、拉丁美洲人、巴基斯坦人、東加人、斐濟人、密克羅尼西亞人以及其他大洋洲的人。

　　每個族群都有其獨特的故事、歷史和傳統。大部分也有自己的文化網路，有他們自己保存故事、歷史、傳統的方式，且能在有需要的時候提供相互支持。日本人是家族式的團體，葡萄牙人有教堂、中國人有社團、斐濟人有地方社團。夏威夷透過調適與同化以展現保存豐富文化傳統的可能性。

夏威夷人的特質

　　在夏威夷的原住民中，廣泛的家庭團體傳統價值的中心，兒童在家庭聚會中有重要地位，包括喪禮。家族的親密關係包括了生者和祖先緊密的聯繫。先人的遺骸被認為是神聖的，特別是皇室家族。確實，夏威夷人對家庭的愛是他們熱愛這片土地的基礎。George Kanahele 說：

在一個將祖先奉若神明、將宗譜占顯著地位的宗教社會裡，因為與先人的聯繫，使得「地方」、「家庭」益加顯得珍貴。夏威夷人慶祝誕生地不只因為他出生該

圖 2-11 坐落於自然景致極佳的歐胡島上，這片中式的山坡墓地，俯瞰前方的檀香山市區及更遠處的海洋。根據中國傳統，選擇合宜的墳墓位置可以讓死者安心離開人世。圖中的這片墓地位於喧囂的都會區之外，顯示即使在現代社會環境之下，某些傳統習俗仍然被保留下來。

處，也因為這個地方也是祖先代代出生的之處。這不斷提醒著血統的生命力、過去、現在和未來的寶貴。

夏威夷人感受神以及透過神話、象徵和儀式表達卓越生活現實的能力很強。1994 年春天，安放在 Honolulu 畢夏普博物館裡兩副裝有神聖的夏威夷首領骨骸的木棺被竊，整個社區震驚而哀傷，並且於皇家陵寢舉行儀式，以告知祖先骨骸遺失並表達希望能失而復返。儀式中充滿悲悽，吟唱讚美詩和痛哭的哀歌要求祖先的原諒，這部分的儀式，據報導上次舉行是在一百年前。

最早移民夏威夷的是中國人，如同其他當地的夏威夷人一樣，中國文化強調家庭與關係價值的重要，並且保留了傳統葬禮與哀悼的精髓。例如，他們認為去世的人的需求應該和活著的人無異，於是在葬禮中提供食物、錢和其他物資，相信在死後世界會用得上。紙糊的僕人偶放置在棺木前，道士唱誦教他們如何照顧在天堂

的死者。男僕可能被告知：照顧你的主人並奉上水和柴火。對女僕說的可能是：要把房子打掃整潔，買東西時不要浪費主人的錢財。持續一整天的道教葬禮中，家屬配合道士的唱誦以及樂器的演奏，依道士的指示進行儀式。哀悼者奉獻「象徵的錢」，於儀式中燒給死者使其能在另一世界花用，錢燒得越多，死者收到的越多。隨著儀式的進行，親友們來訪並弔唁死者。根據道家的傳統，古早風水的占卜藝術是為找一處吉利的棺木放置地方。在夏威夷的中國人同樣根據風水的原則，將死者葬於風景優美的斜坡上，他們認為好的墓地對死者死後世界的旅程有幫助。

　　跟夏威夷人與中國人一樣，日本人也重視家庭與家族的價值。有別於中國人的土葬，日本人一般比較喜歡火葬，然後將骨灰放在可容納十幾個骨灰罈的家族紀念堂裡。葬禮中還依據親疏遠近捐獻金錢以支付喪禮的開銷。例如長子捐的金錢就比堂兄弟多得多。住在夏威夷的日本人大部分在家中都有置有家族祭壇作為榮耀祖先之處，並且整個家族積極參與仲夏的 o-bon 節以懷念祖先。在夏威夷日本人的 o-bon 和中國人清明，都是屬於社區的慶祝活動，來自不同背景和傳統的人齊聚一堂（日本的 o-bon 以及中國的清明節將在稍後的第三章再作詳細討論）。

　　跟當地夏威夷人、日本人以及中國人一樣，大多數生活在夏威夷的文化族群享有家族關係的價值和對祖先的敬重。John F. McDermott 說：

> 所有種族，可能除了高加索人，大家庭扮演一個重要的角色，強調家庭為主要的社會單位、家庭的凝聚力，以及強調家族相互依賴及對家族的忠誠度的中心價值。個體被視為整個網絡的一部分，責任義務以及個人安全衍生於此背景……高加索人也一樣重視家庭的價值，但是他們以個人來面對這個世界。

　　雖然歐美文化在現今夏威夷扮演舉足輕重的角色，但高加索人只是島內眾多組成的混居民族（ethnic mosaic）之一。新移民者常發現當地的社會現實需要些許調整，自美洲大陸移居此地的高加索人並不認為自己是移民，而把自己看作是主流文化，希望別人來適應他們。長久下來，許多留下來的人改變自己去適應夏威夷這個特殊的文化，擁有「當地」的認同，反應對這塊土地民族及文化共有的欣賞。

死亡儀式的同化與適應

　　在整個社區底下，夏威夷的不同族群傾向保有自己不同的認同與文化。隨著不同種族團體成為夏威夷混文化的一部分時，一種共通語言「混合語」（pidgin）便應運而生成為當地認同的象徵。此種向當地方言借字詞語文法的混合語不只是這

些來自不同背景人們的溝通工具，也是在「當地認同」的基礎下跨越文化的疆界，與他族建立和諧關係的途徑。

一位高加索護士描述在她與一位瀕死的菲律賓病人間運用混合語談話的幫助。隨著該病人生命的逐漸流失，這個病人陷入極度恐慌。這位護士告訴他：「肉身消逝，精神不朽。」（Spirit good , body pau [finished]）這句引自夏威夷語含有一種合宜的文化安慰方式，護士堅信病人得知生命一點一滴消逝，但精神力量卻是很強大。

地方認同的產生需要透過各種族對其習俗的熟悉及人一生中對文化接受度的彈性來決定。舉例而言，像慶祝誕生和死亡等重要事件的筵席傳統，深植於當地居民心中，哀悼者常聚集於儀式後分享食物和聊天。夏威夷的太平間也順應此種風俗，因而設置廚房以及用餐設備，讓悼念者可以準備食物、帶來餐餚籌備百樂餐（potluck），或提供食物給聚集的親友。

同樣地，喪禮的注意事項還包括夏威夷式的服裝，亦即參加喪禮的人需著色彩鮮豔的長教士服（mu 'u mu 'u），頸上並佩戴花環。花環在夏威夷代表了特殊的文化意涵，不同的花和花環所代表的意義不盡相同。例如哈拉（hala）花環與氣息有關（ha），意味生命的消逝或死亡，野薑（'awapuhi）花環代表事物變遷快速，如夏威夷俗諺所說：「野薑花易枯萎」（Awapuhi lau pala wale）。喪禮之後的筵席與戴花環的習俗，和當地夏威夷人產生聯繫，這些被採用的傳統是地方認同、社區感的表達方式。

考慮夏威夷不同的宗教信仰——基督教、佛教、道教和其他——太平間也會做適當的布置以符合要求。太平間中央祭壇的部分設計成旋轉陳列的方式，使得宗教的圖像能輕易的映入眼簾。

夏威夷人的混居以及地方認同感產生了同化與適應的現象。同化意指新族群的價值被現存主要群體所合併，以符合現存的社會網絡；調適指的是方向的改變，也就是新的個人或團體為了生存改變自己，以適應既存或主要的群體價值。

透過社會互動，族群的界線變得不明確，變得「柔軟而不生硬」，常常部分重疊而不是壁壘分明，產生「每一種族都保有他自身文化認同傳統精髓」的獨特情況。

混族是夏威夷最快速成長的種族（hapa）。與外族聯姻的結果進而與不同的文化傳統的家庭有親屬關係，他們的習俗、信仰和習慣產生融合。因為雙親來自不同的文化傳統，他們的孩子自然熟悉兩種文化。這些居民並未輕視他們族群中不同之處，甚至學習欣賞與表達這些特點。

成熟死亡概念的重遊

　　社會化的過程既複雜且不斷持續進行，我們對死亡的了解也透過生活課題逐步發展。當遭逢失落，我們修正先前擁有的信念，用舊有的信念來交換新的信念，使我們的信念能更符合當代死亡的意義與我們社會中對它的了解。獲自兒童期「成熟的」死亡概念，是之後成年期發展的基礎。Sandor Brent 和 Mark Speech 指出此基本的死亡了解是「穩定的核心」，兒童藉日後的生活中遇到的所有例外、情況、疑問、懷疑等，不斷使其更趨豐富與複雜。對於死亡本質能多留些空間承認其多樣的意義，它便不是「整齊、純淨、清晰描繪的科學現實理論的概念」，而可能是「模糊不清」的過程了。因此，「不是／就是」的二元邏輯方法，是早期兒童用來攫取成熟死亡概念的要素，為日後了解死亡的基礎。

　　隨著發展過程的演進，本章稍早所提的社會化對信念和行為有著強大影響力。死亡的概念增加了文化的內涵。David Plath 說：

> 我們孤零零來到世上，又孤單死去。每個人是獨一無二的。我們一同成長與衰退。與他人相處中彼此調整桀驁的基因衝動，以致塑造自己符合該群體的傳統。也許人的成長與老化單細胞本質方面可被描述得很完善，但身為社會動物本身，生命的課題必須依據集體自我的塑造，亦即一部生物發展演變史的觀點來描繪才行。

　　了解其他文化想法與習俗能矯正不當的民族優越感，避免完全以個人自身文化的想法與偏見。人們容易由自己單一觀點看世界，要扭轉此種現象，需了解我們有用自己文化標準去評斷其他社群價值的傾向。了解我們是文化的生物更能體悟他人身為文化生物的事實。

　　為了更具文化觀，必須避免對他人刻板印象的謬見。事實上族群內的文化差異比族群間的差異要來得大。刻板印象常被用作組織與解釋資訊的一種學習方法。首先必須謹記，文化是連續不斷的過程，其次，種族間並沒有明顯的文化界線。事實上，特別是在多樣的文化社會中，我們可以預期發現每個種族會出現很大的變化。認同與情境和適應有關，並且有多重的功能。文化團體中對認同的意義也迥然不同。再者，差異存在於團體裡明確的規範和外顯行為。即使我們認同（或被視為）某一特殊團體，有時也會有自己的作為。心理學家告訴我們，每個人有「多重認同」（multiple identities）。處理不同認同的能力是自我很重要的一環。文化不能決定行為，但其社會成員藉由文化產生的想法和可能的行動，提供了解自己、環境

©Patrick Dean

圖 2-12　在這個眾多族群與次文化團體各自展現其特殊傳統文化的現代社會中，人們會試著接受和他們不同族群的風俗與習慣。哪怕只是短暫的參與儀式以獲得當地認同，也能夠對我們最為熟悉的習俗有更進一步的了解，獲得更大的選擇空間。

以及自身經驗的途徑。看到別人猶如見到自己，以某種方式共享彼此的看法和習俗，這不但能豐富個人及社會的生活，而且誠然是教育的精髓。

延伸閱讀

David Clark, ed. *The Sociology of Death: Theory, Cullure, Practice.* Cambridge, Mass.: Blackwell, 1993.

Lynne Ann DeSpelder. "Developing Cultural Competency." In *Living with Grief: Who We Are, How We Grieve,* edited by Kenneth J. Doka and Joyce D. Davidson, pp.97-106. Washington, D.C.: Hospice Foundation of America, 1998.

Geri-Ann Galanti. *Caring for Patients from Different Cultures: Case Studies from American Hospitals*, 2nd ed. Philadelphia: University of Pennsylvania Press, 1997.

Artin Göncü, ed. *Children's Engagement in the World: Sociocultural Perspectives.* New York: Cambridge University Press, 1999.

Clive F. Seale. *Constructing Death: The Sociology of Dying and Bereavement.* Cambridge: Cambridge University Press, 1998.

Robert S. Siegler. *Emerging Minds: The Process of Change in Children's Thinking.* New York: Oxford University Press, 1996.

A SIOUX WARRIOR'S GRAVE 1879

圖 3-1 在 1879 年的一月，洛杉磯攝影師赫夫曼（Huffman）記錄了這景象，照片中展示了蘇族的葬禮平臺，平臺的建築架上置放了一位才死亡數天的戰士。在這墓地的周圍，圍繞一個巨大、清晰的野牛群留下的十字形足跡。

第三章
跨文化和歷史的死亡觀點

　　死是人類普遍的經驗，但回應的方式則依我們生長的文化而有所不同。學習不同文化中的人們與死亡之間的關係，可以讓我們觀照自身的態度和行為。你可以將文化想做是一個連續系統，開頭是接受死亡，尾端則是否定死亡。當你閱讀本章所討論的文化時，想想這個文化應該放在這個連續系統上的哪個部分，而你自己的文化圈——國家、民族和你所屬的家族，可能適合擺在這樣一個連續系統上的哪個部分。

　　全然不同的面對死亡的態度，已經在不同時期的西方歷史上呈現。人們用片語「tamed death」來描述早期對死亡的特別態度，又用片語「invisible death」來描述現今年代對死亡的態度。在西方歷史長期發展的思想和習慣的描繪中，我們發現對死亡不同的態度會影響瀕死的狀態、埋葬的習俗和紀念死者的方法。

　　關於死亡意義的問題及我們死後會發生什麼事，是自有歷史記載以來每一種文化的人類都很關心的。活得精采及死得安心在所有人類文化中，都是被關心的議題。

早期、原始及傳統的文化

　　人類早在歷史記載以前就關心死亡。人類學家發現，在許多於歐洲被挖掘到的，大約1萬到4萬年前舊石器時代的早期人類屍骸中，有很多刻意營造的葬禮儀式，有時伴隨著許多人工製的器具、個人財物及其他墓穴物品。在一些墳墓中，屍體被塗上紅褐色，且被放置成胎兒的姿勢，意味著屍體的復甦及再生。在早期尼安德塔人，即15萬年前開始定居歐洲的人，考古學家在其墳墓中發現有一些裝飾的貝殼、石器及食物等陪葬品，暗示著人們相信這些物品在死者從生者之地到死者之國這段旅程中會帶來很大的幫助。

　　在這個段落，我們可以了解原始及傳統社會對瀕死的觀點。一個社會主要的特色，是歷史和信仰，主要經由口傳，而非文字記載。由於社會文化改變速度緩

慢，傳統、共同的神話或故事在人們心中占有極高的重要性。在文化運用中，就社會組織發展而論，「原始」（primitive）這個名詞最好的解釋是「最初」（primary）、「初級」（first-formed）和「根本」（at the root）。傳統文化的觀念中，死亡並非被視為終點，而是狀態的改變，一種從生者之地到死亡之國的轉變，死者在前往另一個世界的旅程中，生者會小心翼翼的幫助他們。他們會採取一些預防措施以減少對死者的恐懼，免於因不尊敬死者而帶來的傷害。人類的態度、價值和行為的基礎都建立在神話中，也就是說，傳說解釋了思想和信仰。

死亡的起源

　　關於死亡成為人類經驗的一部分這點，這些傳說告訴了我們什麼？在一些傳說裡，死亡成為人類經驗的一部分，人們會認為死是因祖先違反了神靈或自然的律，或錯誤的判斷或不服從（參考表3-1）。傳說涵蓋了一些人或團體的考驗，若考驗失敗了，死亡便成為一個事實。由非洲盧八（Luba of Africa）所寫的傳說故事中，描述神如何創造天堂給第一個人類，且供應他生存所需的一切，然而他們被禁止吃田野中的香蕉。吃了香蕉後，人類被判決會終身辛勞而死。這主題和《聖經》中亞當和夏娃在伊甸園中犯罪的故事類似，死亡起源的原因解釋存在於猶太教、基督教和伊斯蘭教的傳統信仰中。

表 3-1　斐濟國的故事（傳統的）：死亡的起源

　　當第一個人類，即人類的祖先被埋葬時，一位神經過墓地並詢問這代表什麼意義，因為他以前從未看過墳墓。當神從埋葬人類祖先的人得到回答的訊息時，他就立刻說，「不要埋葬他，再把他的屍體挖出來。」「不，」他們回答，「我們不能那樣做，他已經死了四天而且有臭味了。不要那樣做。」他們懇求神。神就命令他們說：「挖他出來，且我應允你們他將復活。」但他們拒絕實行那神聖的命令。然後神宣告說：「不服從我的，將為自己的命運負責。假如你們早一點挖出你們的祖先，你們會發現他還活著，當你們自己離開這個世界以後，應該也是被埋葬了，就像香蕉被埋了四天，它並沒有腐敗只是成熟，但現在，你們將死且腐敗，當作你們不服從的處罰。」無論何時，當他們聽到這個悲傷的俚語時，斐濟國的人說：「哦，那些孩子們已經挖出屍體了！」

　　在一些神話中，死亡來到人間是因為，一個能確保不朽的決定性行動沒有適當的被執行；是沒有做什麼而非做了什麼，將死亡帶給人類。一些故事談到一個傳

達永生信息的使者，其信息由於惡意或遺忘或未準時傳達而被扭曲。在北美的溫妮貝哥族（Winnebago）中，騙子的圖案，野兔，就是一個這種母題的例子（參考表3-2）。因為一時忘記它的目的，野兔忘記了傳遞保存生命的信息。在這個母題的衍生變化故事中，則是有兩位傳遞信息的使者被差派，一個帶來不朽的信息，另一個帶來死亡的信息，然而帶來死亡信息的使者先到達。

表 3-2　Winnebago 神話：當野兔聽到死亡

當野兔聽到死亡，他前往他的小屋並且到那裡哭泣尖叫，我叔叔和阿姨一定不會死！然後他想到了這想法：對於所有的事物，死亡都會到來！他將他的想法拋下懸崖，懸崖開始崩潰。一旦石頭碰觸到他拋出的思想，它們開始粉碎。他想到一個主意，所有的生物停止動作且他們的四肢僵硬到死。他朝上，面對著天空，他拋出了他的想法，鳥突然墜落到地上死亡了。

他進入他的小房子後，拿著毛毯將自己包住，躺下來哭泣。並非所有的土地能足夠給所有將死的人。噢！將沒有足夠的土地給牠們！他於是包著毛毯，安靜的躺在角落。

在「死亡集錦」的母題中，死亡表明了人類的經驗——人類無意的或錯誤的選擇，開啟人類必有一死的命運。伊索的希臘神話是一個不同的主題（參考表3-3）。另一個母題描述人類已被告知一個不朽的信息，但人類不省悟也不接受它。

表 3-3　伊索：愛神和死亡

這是個又熱又悶的夏天下午，愛神因為遊玩後感到疲憊和暈眩，躲進了一個涼爽、陰暗的洞窟裡。發生了一件事，使這洞窟變成他死亡的洞穴。

愛神只想休息，隨意的躺在地上，因為太大意了，以致他的箭掉出了箭筒。當他醒來，發現掉出的箭和散落在洞穴地上的死亡之箭混在一起。它們太像了，因此愛神無法辨別。然而，他知道之前有多少箭在筒裡，所以最後他收集了正確的箭數。

當然，愛神拿了些屬於死亡的且留下一些他自己本來的箭。

所以，如今我們常常看到老人和瀕死者的心被愛之箭射中，且有時我們看到年輕人的心被死亡所擄獲。

雖然大部分神話描寫死亡是不受歡迎的，但部分卻描述到因為人們厭倦生活或厭惡不幸而積極追求死亡。在這些神話中，人們與眾神交易或購買死亡，以使生

命不會過長或藉死亡消除人口過剩問題。

這些所有神話都回應一個人們非常熟悉的主題：死亡來自外在因素；存在原本可以是不朽的，但卻因外在因素而縮短了。這觀念在某種程度上仍然影響我們的態度。我們雖然了解疾病和衰老的生理過程，但仍然認為若這個難題能夠被克服的話，我們仍然能繼續活著。我們相信死亡是外來的，不是我們原有的一部分，對我們來說，它是反常的現象。

當然，最後我們免不了要承認我們是難免一死的。Gilgamesh 的史詩談論到一個國王尋找不死的祕方的旅程，這旅程是因他的朋友 Enkidu 的死。在尋找重拾青春的過程中，雖克服極大的困難，遠征的 Gilgamesh 仍空手而回。最後，在哀悼他摯愛朋友之死時，Gilgamesh 也了解到他將來也會死。正如 Gilgamesh 的故事一樣，當我們為愛人的死陷入極度悲傷時，我們就會承認自己也必走上死亡之路。

死亡的原因

即使我們找到了有關死亡來到這世界上的解釋，但接著的問題是，什麼導致人類個體死亡？導致死亡的直接原因是明確的來自意外的傷害或戰場中受傷，但它的最終原因是公開的問題：為何在特定的時間一個致命的事件會在一個人身上發生呢？可能是一些邪惡的因素，也可能是魔力形成的？一種無預期的或不合時宜的死亡，可能被視為是不自然的。當這樣的死亡發生時，可能解釋成超自然導致的。雖然這樣的解釋不能被證明或反駁，但卻使喪親的人對一些無法解釋的事找到了失喪的意義而得著安慰。

疾病和死亡象徵著某些事情已失去平衡，因此，它們是公開的而非隱私的事件。例如，在象牙海岸的非洲人民，一個孩童的死亡會驚動整個社區。為了恢復安全感及秩序，人們用祭祀的方法使社區得到淨化，並保護社區免於未來的災禍。

為了尋找導致死亡的原因，傳統社會採取生態學的思考方向。他們注意到種種現象可能扮演的角色，像是風或月亮、遺傳及過度行為，像是沒有得到充足睡眠等。各種社會經濟和社會心理以及自然和超自然的因素都被探討。死亡的原因可能與人與人之間的社會互動有關。與生氣、焦慮、害怕或忌妒有關嗎？在生者和死者所存在的環境中，人們持續找尋答案。個人是否冒犯了祖先或在執行死者所規定的葬禮儀式上有所疏忽？整個社區的健康有賴於與環境維持和諧的關係，甚至包含看不見的方面。

死者的權力

在生者和死者有著強大的牽引力量的文化中，「土地與祖先的聲音相互輝映」。生者與死者構成了家庭、族群、人群。生者與死者間的牽引是一個象徵——社區可以超越死亡而持續存在。在貝里斯的社會，鄉村領土屬於祖先，社區活著的成員與他們的祖先持續接觸以確保他們的生活幸福。社區是一個生者與死者的夥伴關係。這種關係可以在聚會中看出，當團體活著的成員為某些目的聚集慶祝時，會提到國家或團體的創始者（founding fathers），且譬喻性地說他們「精神常與我們同在」，因此生者與死者一同慶祝。

在傳統社會中，悲傷會藉由大哭或默默流淚來表達，但幾乎每一個人對於死者帶有力量的靈魂都有高度尊敬。假如死者的靈魂沒有被適當的對待，結果會帶來傷害。採用隆重的葬禮儀式，可保證死者的靈魂順利的到達死亡之地，且那旅程是有利於生者的。特別注意的是那些沒有目標、遊蕩而有邪惡企圖的靈魂，隨時在尋找機會破壞生者的幸福。這些靈魂常常帶來死亡的災禍，例如分娩中的死亡。

在群體生活中，死者，不論在世時或死後，都是群體的一部分，就像一個社會秩序裡看不見的成員一樣，死者常常是生者的盟友，扮演為生者服務的角色，像翻譯者、媒介者及超越身體感官所能接觸領域的大使。人們常常藉巫師的催化來和死者溝通，其在幻想的空間裡，投射他或她的意識到另一個領域，行為就像生者和死者兩個世界間的媒介者。因為死亡不被人類的時間束縛，招魂問卜術（從希臘人的定義是「屍體－預言」）使人們可以進入過去及未來。藉著進入鬼魂附體，巫師接觸死者且回報有利於生者的預言。

祖先扮演著一種模範的角色且維護品行的標準。如此做，他們在人與力量強大的、遙遠的，且沒有個人感情的神之間，形成了一個重要的心靈連結。保持祖先的鮮活記憶且請求他們向神明說情，可使個人對家庭的忠誠度超越死亡。

死者的名字

假如叫一個人的名字是召喚人的一種方法，克制不使用一個名字則可以讓擁有這個名字的人不受攪擾。因此，一項常見的規定就是避免死者的名字。死者除了用間接的方式來稱呼外，永遠不再被提到。例如死者可能被稱做「那個人」，或間接的以一個人生平中特別的事件或特別的特質來稱呼。如此，「裘叔叔」，一個有名的漁夫，死後可能被稱為「那個抓了很多魚的親戚」，一個格外勇敢的女人死後

可能被指為「那個很有勇氣的人」。在一些文化中，提到死者時是以死者與說話者的關係來稱呼。

　　避免直稱死者名字的習俗，在現代仍被具有傳統觀念的人遵循著。在遙遠的澳大利亞，有一個叫愛麗絲·斯普林（Alice Springs）的城市，一個著名的原住民畫家死於 2000 年，享年 70 歲。他的家人和朋友都要求媒體不要公布他的姓名，以表示尊敬這名原住民的信仰，也就是不藉由名字來指稱死者。雖然在他的一生中，已因描繪家鄉的畫獲得國際聲譽，但因為人民的信仰禁止提到他的名字，他在死亡的儀式中是匿名的。

　　避免死者的名字這個做法貫徹得如此徹底，以致生者若與死者名字相同時，必定採用新的名字。在婆羅洲中部的 Penan Geng 中，名字的規定涉及死者的部分，也被納入所有形式的社會對話。當一個人死亡時，「死者的名字」被給予最親的家屬。如此，當一個人經過一生，他或她可以帶著一系列的名字和對死者不同關係的職稱。

　　在一些文化中，採用的做法不是避免死者的名字，而是給死者的名字特別意義。例如，可能將這個名字授予新生兒，表示對深愛的人真誠的紀念，或為了想確保死者的靈魂是可投胎或轉世的。在一些個案中，有些女人接近生產時，她作夢，夢到她的祖先重生，因而決定了她的新生兒的名字。在夏威夷，孩子可以為了祖先或藉著神被取名，尤其重要的是，經由神在夢中的溝通贈予名字。

　　在傳統文化中，為了尊敬死者或擔心冒犯靈魂，可能使人採用避免提到名字的做法。然而在現代社會中，人們避免提到死者的名字，是為了預防引發失落的痛苦記憶。不論傳統或現代的情境，避免觸及死者的名字，可以是一個控制悲傷的方法；同樣的，當一個孩子在深愛的祖父母或尊敬的朋友死後取名時，雙親難道不是期望同姓名的人的一些優質特性會在自己的孩子身上重現嗎？雖然文化的形式不同，但可以藉由所有人類的經驗找到相同的脈絡。

西方的文化

　　從中世紀早期開始，大約西元 400 年，持續一千多年之久，在西歐文化中，人們有共同對於宇宙的見解，因為他們在生活中早已由大自然及上帝的律法互相束縛在一起，緊密的相連。教會的教義影響了人類，一般認為死亡可以為來生帶來希望。對死亡的接受度，和當時這個普遍流行的願景有所相關，直到 14、15 世紀歐洲文化文藝復興為止。這時期已經被歷史學家 Philippe Aries 稱之為「被馴服的死

亡」。

　　在早期中世紀期間，人們對死亡的了解是，「我們都會死」。這反映了死亡是人類共同命運的觀念。生命的終點不被視為同等於身體的死亡，而是，死者是長眠的（由教會保管），擁有耶穌基督再來的復活保證。隨著這信仰，人們不再害怕死後等待他們的是什麼。

死亡的調號

　　在許多世紀中，存活者眾多花費的其中一項費用，必定是為靈魂鐘的聲響所付的。每一個在中世紀基督教國家的大教堂和教會都有這樣的鐘鈴，通常最大的鐘鈴是坐落在鐘塔上。

　　在 John Donne 寫下不朽的句子「給那鳴鐘的人」之前，靈魂鐘的聲響——以特殊的鳴鐘方式表示——就已被大多數人當作是一種大眾公告的形式；即讓大家知道一件死亡已經發生了。

　　不只單在基督教的歐洲，在未開發部落及高度發展、非基督教文化的亞洲，鐘也已經和死亡牢牢相連在一起。鐘的鳴聲（以一種特殊的鳴鐘方式）可幫助一個靈魂明白它沒有必要繼續附著在無用的、已死的屍體上。同時，一般人認為鐘的響聲，更是驅逐徘徊人間、希望奪取剛離體的靈魂，或在死者的路途中放置障礙的惡靈的有效方式。

　　長久以來，社會認為靈魂鐘的聲響是非常重要的，以至於敲鐘者可以為這個服務索取大筆酬勞。在 17 世紀查理王二世的時代，英國人仍然普遍施行此項做法，那時的敲鐘者控制靈魂鐘的敲數，讓普遍大眾可以知道死者的年齡、性別及社會地位。

Webb Garrision

有關死亡的奇異事件

　　這種普遍認為死亡是共同命運的觀念，已經在繁盛的中世紀時期產生變化，大約在 1000～1450 年間，轉變為強調死亡是個人命運的觀念。共同的想法「每個人都會死」，被個人的一種理解所取代，也就是「我將依我自己的命運而死」。這種改變逐漸發生，期間跨越數世紀之久，且恰巧對應於當代生活及文化的普遍富足。這時期的成就包含了雄偉的聖母院教堂以及法國的 Charyres 教堂，英國的坎特伯里教堂和德國的科倫教堂，而且還有文學作品的創作，例如但丁的《神曲》和喬賽的《坎特伯里故事集》（*Canterbury Tales*）。

　　然而，早期的教會教義：人們在世界末日時會前往天堂的復活保證，使現今

人們對審判日產生個人的焦慮,審判日指的就是一個會區分正義之人與受詛咒之人的審判,其範圍包含全宇宙。一個人藉由善與惡的行為,而非信仰,來決定她或他最終和永久的命運。*Liber vitae*,或*Book of Life*,人們原先認為其描寫一種極大的宇宙人口普查,現在人們想像其包含個人一生的傳記,一種平衡秤,每個人的靈魂都在上面被衡量著。

文藝復興和宗教改革這段期間,大約1450年開始,已經被巧妙地稱為「世代的轉變」。Gutenberg 的《聖經》於1456年送往印刷,在1517年,路德(Luther)將他的Ninety-Five 論文釘在Wittenberg Castte的教會門上,就此展開新教的宗教改革。

主導文化逐漸轉為人道主義、俗世主義以及個人主義。隨著哥倫布在1492年前往美洲的探險中,地理範圍已消失無蹤,再加上科學革命於1543年哥白尼的《天體運行論》(*On the Revolution of the Heavenly Spheres*)一書出版後接踵而來,此書斷定地球是繞太陽而轉的。這時期是一個實驗和多元論的時代,許多早期年代已確定的事情都被重新審核。

文化及思想生命的轉變伴隨著人們與死亡關係的改變。傳統的智慧因為宗教市場競爭的思想,及科學家和探險家革命性的發現而受到挑戰。傳統對宇宙本質及人類處境的解釋仍由教會的威權所掌控。可是,當早期幾世紀一再保證無虞的觀念被質疑後,人們開始對死亡和來生產生更多的矛盾。1500年代和1600年代的科學革命挑戰了威權的傳統觀念,而將人類帶入了1700年代的啟蒙時代,這個時代強調的就是理智和智慧。這個時代被認為是現代世界觀的誕生點,死亡不再被視為恐懼的領域。死變成一件可以被人類處理和形塑的事情。

這些現代趨勢加速了從1750～1900的工業革命。這150年間是科技革新、機械化及都市化的時期,也帶來大眾健康及醫療的進步。Aries 描述在這期間對死亡盛行的態度是注重他人的死亡;即「你的死亡」。

這種新的注重,至少大部分是一種對早已在1700年代啟蒙時代興起的科學理性主義的回應。這種趨勢的發生和文學作品及藝術作品中的浪漫主義運動有關,浪漫主義的特徵是鍾愛騎士行為、神祕事物和超自然事物。有關死亡和來生的現世觀念開始取代(或共存)宗教觀念,自然象徵主義逐漸地呈現在和死亡有關的藝術及紀念碑上,而且大眾普遍對靈魂和唯靈論產生興趣。浪漫主義時期以尋找心靈現實為代表,這種尋找再也不能由教會所提供的答案所滿足。

在注重「你的死亡」的背景之下,死亡的意義普遍集中在從摯愛的人身邊離去,引發強烈的悲傷情緒的表達和紀念死者的渴望。因此「美麗的死亡」的理想就

此誕生，也就是指為一個愛人的死引發憂鬱感覺的哀傷美感，且受樂觀主義的影響，期待和摯愛的人在天國的家有最後的重聚。因著大不列顛的維多利亞女王另一半 Albert 的死去，她精心設計葬禮禮節以及服喪習俗，甚至寡居的禮拜儀式。她在餘生都戴著黑色的服喪帽，並且時常到坐落於皇家墓陵的 Prine Albert 墳前和他談心，那裡成為她於 1901 年死後的墓地。

　　在西方文化超過 1000 年的時光裡，對死亡態度的改變，或多或少都呈現一種趨勢，從強調「我們都會死」的共同命運，進步到更加個人意識的「某人自己的死」，再到一種全神關注於被愛之人的死亡的「你的死亡」。儘管這些主導趨勢的改變，Aries 實際上描述這時期所有的事為「被馴服的死亡」之一，換句話說，死亡是人類普遍的經驗，不是被隱藏於視野之下或排除在社交生活外。

　　根據 Aries 之說，「被馴服的死亡」這一段時期已在 20 世紀結束了。第一次世界大戰（1914～1918）是現代歷史主要的轉捩點，這代表著影響平民及士兵的「全體戰爭」之到來。這也證明科技逐漸在各方面的生活上有著重要性。在健康管理方面，科技帶來了瀕死和死亡的醫療。瀕死以往是公眾和公共的事；但現在成為私人的事。已經成為人類生命一部分結果的瀕死事件已被專業技術掌控。臨終情景從家中轉移到醫院。習俗上的服喪象徵全都消失不見。在 20 世紀，一般對死亡的態度或許以這樣的名稱描述著：「被禁止的死亡」、「看不見的死亡」和「被否定的死亡」。

　　隨著這些歷史的記憶，我們準備一探對死亡態度的改變究竟如何影響特定習俗和儀式，例如瀕死的態度和臨終情景，埋葬的習俗和對死者的紀念，以及死亡之舞的文化表現。

瀕死和臨終情景

　　「我明白我的死期將近了。」中年瀕死的人會承認死亡已逼近了，藉著自然的徵兆或內在的確信，可預知及管理瀕死的到來。在敬虔者的病床上，瀕死者對神獻出了他們所受的苦，並期望所有事會按舊有的習俗來發生。突然死亡是很少的，即便是戰爭中受傷都很少帶來立即性死亡。（無法預期的死亡是可怕的，因為它使受難者不知也不能適當地結束塵世的帳，轉變成為神靈。）那些在病床旁邊守夜的人肯定的說，瀕死者「感覺他的時間已經到了」或「知道他將要死了」。

　　藉著簡單和嚴肅的儀式，瀕死通常發生在熟悉的環境。Aries 描述中世紀早期典型基督徒死者的主要特徵：躺下，臉朝東方的耶路撒冷，手臂交叉在胸前，瀕死

者對他或她即將離世表達哀傷且開始「對深愛的人和事仔細的回憶」。家人和朋友聚集在臨終者的床邊，接受瀕死者對於他們已犯的錯誤道歉，並將一切被讚揚的事都歸榮耀給神。接著，瀕死者將他或她的注意力從塵世轉向神。

©W. Eugene Smith 創造性攝影的中心，亞利桑那大學

圖 3-2　在西班牙的鄉村，臨終者床邊的守夜是幾千年來人類對死亡回應的特別方式。只是在現代社會中，這畫面已被恐怖孤單瀕死所取代，或者無意識地處於一個不熟悉的環境中，伴隨著一些沒有人情味的科技儀器。

　　祈禱者請求神施恩在其對神父所做的罪的告解上，神父絕對會應允其所求。隨著依照習俗進行的典禮完成，沒有其他的需要說時，瀕死者就準備進入死亡了。假如死亡比預期來得慢，瀕死者僅僅沉默的等待。Elizabeth Hallam 寫到，「臨終者的床是一個發展豐富的視覺和聽覺的外在空間，在那裡每一句話及姿勢在身體、社會和靈性等方面都是有意義的」。

　　瀕死儀式或多或少都算是種公開儀式，儀式的進行則取決於瀕死者。瀕死者呈躺臥的姿勢在病床上，身邊由雙親、朋友、家人、孩子，甚至是過路客圍繞，一直到現代病床旁的景象依然維持舊有的模式，雖然至今已發生不少細微的改變。例如，約在 12 世紀，個人的命運獲得重視，臨終者床邊情景也因應有所改變。除了圍繞在旁的隨行人員之外，現在還有一個看不見的神聖軍隊盤據在瀕死者上面，即天使和魔鬼，正在爭奪瀕死者的靈魂。一個人死亡變成多麼重要。死亡變成反射鏡，在鏡中，瀕死者能藉由計算生命冊中的道德行為來發現他或她的命運。

　　瀕死的時間是一個獨一的機會，得以回顧一個人的行為，做一個好或壞的最後決定。死亡的片刻成為至高的挑戰及一生最後的測驗。這意義在於，在此可紀念

的時刻，一個人有義務得知其靈魂的命運。「記得，你一定會死！」

在之後的世紀中，科學理性主義開始分享這帶有宗教色彩的舞臺。臨終情景在外表上幾乎沒有改變，家人和朋友仍然聚集參與在一個瀕死者的公開儀式中。但宗教在瀕死者或悲傷的遺族的想法中，已變得較不重要。現今人們比喻瀕死的行為是蝴蝶破繭而出的顯現。不朽且和所愛的人最後重聚的願望，變得比天堂的教堂形象和地獄更為重要。漸漸地，焦點從瀕死者轉變為他或她的遺族。

在 20 世紀中段，瀕死的儀式已被技術性的過程替代，變為簡單的程序。Aries 說：「所有寂靜的死亡已替代了大型戲劇性的死亡活動。」寫於 1970 年，他補充，「再也沒有人有耐心等上超過數星期的時間，就為了一個已經失去部分意義的時刻。」在新的千禧年的轉變中，這看法被臨終關懷行為挑戰，像安寧病房和緩解照顧提供機會給瀕死者及其家屬，使人們在其人生最後的階段中找到重要的意義。

埋葬的習慣

就像臨終的情景，改變埋葬習慣顯示人們對死亡態度的轉變。在羅馬地區，墓園是設立於他們居住地區的市郊，被准許埋葬在市區是一個特別的榮譽。在中世紀早期，基督徒增加，埋葬習慣開始改變，這是由於信徒開始接受基督教的教條，認為基督教殉道者是具有強大力量的，即使他們已過世，但這些教堂的聖徒能幫助其他人避免罪孽帶來的災禍或對地獄的恐懼。

因此，埋葬於靠近殉道者的墳墓有助於得到讚揚。（在現代類似的情形可能就是一個影迷埋葬在一個位於森林中草坪的影星墳墓旁，或一個退伍軍人要求埋葬在一個獲有榮譽勳章的勝利者旁邊，雖然中世紀的人們關心他們靈魂的幸福超過在地上的聲望。）

當基督徒的朝聖者開始以旅行去崇拜，並尊榮殉道者、祭壇及禮拜堂，直到最後教堂被建立在靠近殉道者的墳墓旁。最初，只有教會中的要人或聖徒接受這樣的埋葬，但最後，一般的人也被埋葬在教堂附屬墓園或附近的墳墓中。在後來的幾世紀中，大的鄉村教堂允許埋葬往生者在它們的院落內。因此，死亡和教堂有著親密的連結。

納骨堂

在教會墓地裡埋葬導致了納骨堂的產生，拱廊和迴廊是放置死人骨頭的地方且托付給教會，四肢和頭顱被單獨安排在不同的教會墓地，也在教會裡和附近。

（在巴黎，有可能去拜訪地下墓穴，在那裡，就像一個觀光客大叫：「一堆骨頭和頭顱！」「堆積了8英呎10碼深的殘骸，像奧勒岡製材場的木材一樣整齊。」）這些納骨堂的骨頭能安全的在教堂保存下來，直到復活日。這些納骨堂的公開反映了人們對死亡與死者的熟悉。就像羅馬人聚集在Forum，在中世紀他們的另一半會在納骨堂相聚，納骨堂就像公共廣場。在那裡，他們將會找到商店和商品，經營生意、跳舞、賭博，或者只是在那兒一起享受。

「就像尚未出生一樣，」Aries 說，「現代的想法是死者應該被安置在一種房子裡，他是這房子的永久主人，或至少是長期的房客，一種他可以待著且不會被趕走的房子。」

紀念死者

大約在12世紀，當部分人漸漸重視個人主義時，產生一種對被埋在特定地方的死者保存身分的慾望。在這之前，除了上層階級或教會貴族的埋葬以外，墳墓沒有銘刻誰被埋在此地的做法。如今，簡單的墓刻「John Doe葬於此地」已經出現不少，豪華的貴族死者的肖像也是。13世紀 Jean d' Alluye 的墳墓肖像描繪一個斜倚的騎士，身穿盔甲，佩帶劍及盾在身旁，腳放置成獅子樣子，帶著忠實及英勇，栩栩如生的表達了該世紀介於信仰和英雄主義的騎士精神。雖然肖像只為上層階級的人們創造，但它給了我們如何在這時期看待死亡的線索。肖像反映出一種信念，而那信念使死者的家屬期望藉由永存他們的回憶而保留死者的屍體。隨著時間，這樣的紀念逐漸成為重要的方式。在文藝復興時期，當現代思想和宗教信仰對抗時，埋葬開始發生在和教會無關的墳墓裡。在1804年，巴黎郊外的pere Lachaise的墳墓開放時，象徵西方對生命和死亡之態度徹底的改變。

在美國，鄉村公墓運動在1830年代開始，目標是以蒼翠茂盛、保存良好的位於劍橋、美國麻薩諸塞州的Auburn Mount墓園，和紐約的Woocllawn墓園，取代簡單、沒有裝飾的清教徒墓園。像在辛辛那提、俄亥俄的 Spring Grove，建立於1844且占地733英畝，在它的中心還包含了一大片尚未開發的林地，促使墓園設計的新概念產生，這個概念著重景觀設計甚於紀念碑。

例如在公園的場景裡，家屬拜訪私人墓地並且以過往的記憶和死者交談。華麗的墓碑因為死者的榮耀而建立，且繁複的葬禮儀式包含各式各樣服喪行頭。死者被想像在天堂裡，生還者希望最後能和他們的愛人在天國重逢。19世紀的這些服喪習俗帶有感情色彩，也因此使得死亡顯得較不帶有終結性及嚴肅性。

©Library of Congress

圖 3-3　這納骨堂坐落在一個修道院，是一個中世紀留存至今的納骨堂，一個骨骸、頭顱骨及骨頭的展覽館。

　　到了 20 世紀中葉，這樣過度的服喪習俗則漸漸由渴望低調處理死亡事件的想法而取代。在現代，除了偶爾對戰死的人紀念之外，大部分墓地不會鼓勵設立紀念碑，以免破壞用來埋葬的廣大平坦之地。建築的歷史學家 James Curl 說：

> 受忽略的墓地，像火化爐的拙劣設計，以及現在深淵似的墓碑設計，對生命本身
> 是種侮辱，因為死亡是出生的一種無法逃避的結果。

死亡之舞

　　起源於前基督教時期狂熱舞曲，藝術的主題包含了「有關死亡的舞蹈」（danse macabre〉，或者死亡之舞，於 13 世紀末和 14 世紀初得到最豐富的表達。一部分是對戰爭、飢荒和窮困的憎惡的反映，死亡之舞主要被大量天災及 1347 年來自歐洲黑暗港口的黑死病所影響。當第一波黑死病結束於 1351 年時，四分之一的歐洲人口死亡。隨著文化及藝術的現象，死亡之舞反映出死亡的不可逃避和公平。

　　「有關死亡的舞蹈」藉由音樂、戲劇、詩及視覺藝術表達出來。有時以假面

戲劇演出，演員穿著骷髏服裝，快樂跳著舞，呈現各社會階層的人們。死亡之舞的畫作描繪出人類由骨頭及屍體被護送前往墓園，嚴肅的提醒死亡是具有普遍性的。死亡之舞傳達一個觀念，死亡是不分階級和地位，會降臨到所有的人類及每一個人的。最早死亡之舞的版本是當死神選出人們赴死時，死神的肖像幾乎沒有接觸生者。死亡雖有個人的意義，但卻是自然秩序的一部分。之後的說法是死神強制將人們帶走。

大約到 15 世紀時，人們描述死亡導致生者和死者之間徹底的、極端的和完全的隔絕。這反映在有關死亡的主題上，包含屍首及屍體的腐化。死亡之舞除了呈現骨頭、裸露的屍體和猙獰持鐮收割者（Grim Reaper）畫像，最後還包含了性愛的隱含意義。死亡帶來的徹底隔絕，被比喻成性交期間普通的意識瞬間中斷。這就好像猙獰持鐮收割者已經成為一個致命的愛人。

這也是一個公開解剖學解剖的時代，出席者除了醫師和醫學院學生之外，還有鎮民。在 Leider 的大學裡，一間「解剖戲院」坐落在教堂東端突出的半圓室，人類屍體被藝術地展示且以戲劇化的姿勢擺設，Frank Gonzalez-Cruss 引用一個小孩手臂的例子，「給小孩穿上蕾絲袖子」，且握在小孩的「大拇指與中指之間」的是還帶有視覺神經線的一隻眼睛；優雅得如同藝術家的模特兒，手中拿著花的莖幹。

到了 18、19 世紀，於死亡之舞中的露骨的性呈現已經昇華至對「美麗死亡」的著迷。之前愛與死亡的關係大多被限制在宗教殉道方面，但也被延伸至包含浪漫的愛情。這概念最早被發現於騎士的行為準則及宮廷愛情的理想裡。像 Tristan 與 Isolde 或羅密歐與茱麗葉這些浪漫愛情故事促成了這想法，只要有愛的地方，死亡可以是美麗的，甚至是令人期待的。

最初是人們恐懼傳染病所引起的突然死亡所做的一種反應，死亡之舞強調人類存在的不確定性，了解到在最意想不到的時候死亡可能來到，並打斷與最愛的人的關係。在墨西哥的 el Dia de los Muertos 的慶典中，也描寫死亡的多面性和不可逃避的主題——死亡之日；而且現代藝術家也以死亡之舞作為靈感，作畫以傳達 AIDS 的傳染病本質，以及其他人類所面臨的潛在的、突如其來的大災難的威脅。更細緻地，和死亡之舞相關的形象持續存在於孩子萬聖節穿著的骨骸造型及其他恐怖服裝。

看不見的死亡？

在追蹤有關瀕死及死亡的態度和行為風俗習慣改變的同時，一個共有的主題浮現出來：人類因循他們的文化及歷史環境而尋求適當的方法去處理死亡。假如我

們以現代的做法和之前幾代相比，瀕死和死亡於很多方面顯得較不相同，較不像是我們共同經驗的一部分。現今照顧瀕死及死亡者，大部分是專業人士的管轄範圍。臨終景象時常是由延緩死亡的努力來支配。家人和朋友目擊所愛的人瀕死的情況也漸漸消逝。過去主流的服喪習俗在現在顯得多餘。葬禮及紀念的儀式更加簡短，更加謹慎及隱私。這些所有的習俗代表了另一種人類嘗試去管理瀕死及死亡的方式。

　　然而，與死亡有關的態度及習俗持續演化。在最近一千年前的早期幾年，有徵兆顯示人們對 20 世紀後期將瀕死及死亡劃分及職業化、醫療化的傾向開始有所不滿。許多人希望扭轉與這些傾向有關的疏遠模式。雖然「看不見的死亡」的描述仍然適用在許多方面，但是目前和瀕死及死亡的相關態度及習俗，逐漸地反映在多元的選擇及意見上。在西方文明歷史很長一段時間中，一套大致相同的信仰模式及習俗解決了大部分人們的需要。現今，我們一點也不滿意「一種尺寸適合全部（一律適用）」的答案，而比較喜歡選擇利用歷史及跨文化看待死亡的觀點，來尋找面對死亡的有意義的方法。

文化個案討論

　　探索其他的文化提供了一些觀點，使我們得以鑑賞及評定我們自己的態度和習俗。即使當一開始其他文化和我們最熟悉的文化相較之下，顯得相當不同，但仔細檢驗之後，我們通常可以發現「外來的」與「熟悉的」之間重要的相似性，這些相似性喚醒我們對於行為及態度的一些洞察，這些洞察在之前很可能因為我們對它的熟悉度，而沒有認真看待。對其他文化更加熟悉，可以幫助活化我們原先熟悉的有關瀕死及死亡的方法，這些方法已經成為例行公事，而不是我們面對死亡時的自主選擇。

北美印地安人的傳統

　　北美的土著們展示了他們非常多樣的信仰及習俗。如此的多樣性是可以預期的，畢竟北美數以百計的印地安人國家代表了超過五百種不同的部落文化，而且許多傳統習俗也被那些伴隨著白人社會的「西方領土擴張策略」的社會動亂所影響。然而，某些特定持續的主題仍是和印地安人面對瀕死和死亡的態度有關。這些主題的其中之一是對死者的尊敬，而且死者常被認為是守護靈或通往靈魂世界的特別使節。在尊崇死者的心態下，死者的埋葬地點被視為神聖的。正如 Chief Seattle 生動

地描述：「對我們來說，祖先的遺骸是神聖的，且他們長眠的地方是神聖的……。應該要正直的及厚道的處理我的族人，因為死者不是沒有力量的。死，我有說這個字嗎？沒有死亡，只是所處世界的變遷。」

兩首死亡之歌

1. 在漫長無盡的夜裡　我的心將會死去

　　黑夜快速的向我逼近

　　在漫長的夜裡　我的心將會死去

　　　　　　　　Papago 歌曲由 Juana Manwell 著作

　　　　　　　（貓頭鷹婦女）

2. 死亡的氣息

　　我嗅到了死亡的氣息

　　在我身前圍繞

　　　　　　　達科他部落的歌曲

　　死亡普遍被視為是很自然的結果。在美洲的印地安人社會裡，有一個重點：「每一天都帶有目標的活，只為了生命的恩典，因為知道生命可能在突然之間一切都全部結束。」這種與死亡的關係，在 Lakota 的戰爭叫喊中顯現出來：「這是死亡的好日子！」因為死亡可能在任何時候都會降臨，所以提早準備是明智之舉，克里族人們生活中的一個重點就顯示出這一點，在開始漫長及困難的旅程之前，克里族人一定會記得說再見，無法預見的死亡可能會降臨。

　　有很多故事描述那些印地安人，因為已做好死亡準備而能冷靜地面對死亡，甚至可以說是毫不在意，當他們遭遇他們自己的死亡時，還會創作「死亡之歌」。在一些狀況中，死亡之歌是在死亡的當下靈感乍現而創作，並由瀕死之人的最後一口氣吟唱出來的。這些死亡之歌表達出希望坦然面對死亡的決心，以某人全部的生命接受它，不是挫折和失望，而是平靜與鎮定。死亡之歌摘述了一個人的一生，並承認死亡是生命的圓滿結束，在現世生存的戲劇中的最後一幕。

　　在大部分北美印地安人之中，時間不被視為直線的，而是循環的。Ake Americans 說印地安人「主要對這個循環如何在人類生活中影響人們有興趣」；他們對「死亡之後的另一種存在只有模糊的概念」。有關死者的狀態或來世的嚴峻信仰一點都不重要。取而代之，Hultkrantz 說：「一個人可能同時擁有許多關於死者的見解，因為不同的處境需要不同的詮釋。」例如 Wind Rinver Shoshoni 有許多不同關於死亡

的信念：死者可能會前往另一個世界或像鬼一樣逗留在人間，他們可能會再次出生成為人類，又或者轉世成「昆蟲、鳥，或者甚至無生命的物質；就像是木頭和石頭」。Hultkranz 說：「大部分的 Shoshoni 對來生只有些微興趣，而且他們一點都不知道來世。」

　　在一些印地安人社會中，人們認為死者的靈魂或死者的靈，在前往另一個世界前，會在以往的住家附近徘徊幾天。因此，給予死者極好的照顧，在這幾天是必要的，以確保死者前往超自然國土的進展及其可以保護在世的人。加州海岸的 Ohlone 用羽毛、花及珠子點綴了屍體，並且用毯子及毛皮包裹著死者。死者所擁有的舞會禮服、武器、一捆藥物及其他東西都被聚集起來，並隨著屍體一起放在葬禮柴堆上。銷毀死者的擁有物可幫助死者靈魂容易前往「死亡之島」。這種行為也可除去引起死者記憶的東西，因那些東西可能會導致鬼魂仍然逗留在生者旁邊。

© Lawrence Migdale

圖 3-4　在加利福尼亞最北邊到阿拉斯加的狹長地帶，超過 2,000 英里範圍的西北海岸文化的成員中，冬季贈禮節或「贈品」（giveaway）儀式，可增強部落認同，並有助於決定個人在社區中的階級和威望。冬季贈禮節是 David Baxley——阿拉斯加東南方的 Metlakatla 島嶼上的 Tsimshian 的波蘭圖騰雕刻者，為了向他 100 歲的祖父表達尊榮所訂定的。他祖父在兩年前已死了。在圖中清楚的看到群眾慷慨的貢獻禮物，這活動可以花上幾個月或幾年時間聚集。冬季贈禮節是一個生活中的慶典，可用來向死者表達敬意及社區中的其他人表示感謝。

> **武士之歌**
>
> 我將消失且不再出現
> 可是我現在漫步在其上的土地
> 將持續不已
> 並且永不改變
>
> 　　　　　　　　　　　　　Hethúshka 社會，奧馬哈部落

　　這種信念在 Yokut 的葬禮詠唱中得到迴響：「你要去你該去的地方；不要回顧你的家人。」在這一段從六個月到一年的危險期間裡，Ohlone 認為說出死者的名字是不敬的。在 *The Ohlone way* 一書中，Malcolm Margolin 寫道：「這一段時間裡，想到死者就會帶來悲傷，提及死者的名字更加帶來恐懼。」毀壞死者的所有物和避免她或他的名字，可確保在世者遠離死者。卻洛奇族（北美印地安人一族）長老們描述一個多重靈魂的概念，此概念包含四個靈魂和四個死亡的階段。當人類死亡時，「在世的靈魂」會離開身體，並且成為一個無傷害性的鬼魂，徘徊在附近好一會兒，之後會從「kanati 的小道」去到死亡之地。當這個靈魂離開身體的那一瞬間，其他三個靈魂就會陸續死亡。第二個附著在肝臟的靈魂會花大約會花一個禮拜的時間死亡；第三個附著在心臟及關於有形的循環的靈魂，會花大約一個月的時間死亡；第四個附著在骨頭上的靈魂會花大約一年的時間死去。根據這些了解，卻洛奇族的長老們建議墳墓應該在死之後被照管一年之久，可是之後就可以不管它。「因為沒有任何重要東西遺留在墳墓裡。」正式的服喪在一年後結束，因為將生者與死者分離的過程已完成。

　　在 Great Plains 習慣性的將屍體暴露在平臺上未埋葬，或者放置在樹的枝幹裡。這不只加速屍體的腐壞，也幫助靈魂前往靈魂世界的旅程順利。之後這被太陽曬得褪色的骨頭將會被取回埋在神聖的地裡。當 Nez Perce's 的老酋長 Joseph 臨死躺著時，告訴他的兒子：「千萬不要忘記我的臨終遺言。這個國家留住了你父親的屍體。絕對不能販賣你父母的骨頭。」當年輕酋長 Joseph 率領士兵前往戰場去保衛已埋葬其祖先的神聖的土地時，其心中謹記著老酋長對他說的話。（有關考古學家從神聖墓地取回的手工藝品及遺骸的爭議，使得美國國會制訂美國原住民墓穴保護法及遣送回國法，好讓美國原住民遺骸、喪葬物品重回製造他們的生者手中。）

　　定居部落，就像普艾布羅族及那瓦伙族，顯露對死者的恐懼更甚於那些打獵或採集部落，就像是蘇族和阿帕契族。這種對照是由 David Mandelbaum 於 Cocopa

和霍皮族之間的研究報告中發現的。

　　當一個 Cocopa 人死去，存活下來的家人會以「非常悲痛的行為」嚎啕大哭持續 20 小時或更久，直到屍體被火葬。衣服、食物和其他東西都會跟屍體一起燒毀。雖然死者來生需要這些物品，可是 Cocopa 也希望說服死者的靈魂能離開人世間。之後，紀念死者的儀式隨即展開。死者的名字不能被提起，可是在這特別服喪儀式中，那些已經前往靈魂世界的人則會被公開的召喚，並且他們的存在可能由部落的生存者扮演，一間特別為靈魂建造的房子也會被燒毀成為禮物。這種儀式企圖榮耀死者及說服潛在的靈魂出來至戶外，並且離開現世的世界。最初的火葬儀式聚焦於喪親家屬的悲傷，可是後來的服喪儀式則聚焦於重申家人及社區的完整。

　　不像 Cocopa 一樣，霍皮族反而遠離死亡。死亡威脅到秩序、控制、慎重從容的「中間道路」。這態度反映在霍皮族的喪禮儀式中，該儀式只有極少數的人參加，且都是私下舉行，送葬者則沉默的表達哀傷。霍皮族想讓整件事「盡快結束且最好忘記」，他們不希望邀請已死的祖先來社區聚會，一旦一個人的靈魂離開身體，就會變成不同的階級，不再是霍皮族。因此，確保「迅速明確的分辨生者和死者」是非常重要的。

　　正如這些 Cocopa 和霍皮族的記述顯示，儘管他們擁有相似的文化背景，不同的社會團體也可能會創造對死亡不同的回應。霍皮族和 Cocopa 都害怕死者，可是他們對這恐懼有不同的因應：霍皮族想完全地遠離死者，而 Cocopa 邀請死者的靈魂加入他們的慶典儀式，即使只是短暫地且在控制的情況之下。

埋葬說詞

你是死的

你將會踏上那道路

那是靈魂的道路

走向那美麗的道路

請你不要走向那我在的地方

你是死的

走向那美麗的道路之上

那是你的道路

注視那你以前徘徊的地方

北方的小道那你曾經徘徊的群山，你正在離開

> 聽我說：去那裡吧！
>
> Wintu 部落

　　雖然圍繞死亡的儀式分享了一些共同的要素——分離、變遷、轉世的話題——這些要素透過儀式及服喪的行為實現出來的方式，反映當死亡降臨於社區的成員，一個社會獨特的解決途徑。重新省思霍皮族與 Cocopa 社會中的不同重點，可以幫助我們評估自己有關死亡的態度及價值觀。關於每一種因應死亡的方式，你發現了什麼有價值的呢？

非洲傳統

　　人們通常用「祭拜祖先」這個名詞來代表對社區中死去成員的崇拜習俗。在非洲社會裡，這種和「依然存在的死者」（living dead）的交流可與我們對過世愛人的關係相比較。當一些事件或刺激喚起我們對摯愛的人的記憶，我們或許會停頓片刻，並且思考所愛的人美好的特質。這片刻的幻想時常喚起我們和死者親密交流的感覺，而且它也可以帶給我們一些對生活有幫助的領悟。

　　在非洲文化中，對死者的崇敬也包含社區所有人一直將死者的名字銘記在心。當世代不斷更替，記憶褪色，社區中去世已久的祖先被近來去世的替代，因此這由生者心中所懷念的祖先組成的「依然存在的死者」社區不斷延續著。這可藉由年齡層分組（age grouping）來說明：例如，在肯亞的 Nandi 族裡，一旦過了童年，部落的男性成員進入青少年和青年的戰士階級，之後進入中年的年齡層裡，接下來成為老人且最後死亡成為祖先（即一個人品被存活者所紀念的「依然存在的死者」）。當沒有人記得他時，他會以無名死者的身分消失。到這個時候，Nandi 族相信死者的「靈魂本質」可能已經重現於部落內新生的小孩中，因此一個人的生命蛻變的循環模式，透過年齡層分組的階層而延續著。

　　Koti Asare Opoku 說傳統的非洲人對死亡的態度必須是正面的，因為「它代表生命的全部」。在非洲傳統裡，「死亡的相反就是出生」，而且出生和每個人息息相關，一方面連結著已死之人，另一方面連結著之後將到來之人。

　　這基本樂觀態度可以從非洲葬禮上以喇叭和鼓的吹樂聲音演奏而發現。Francis Bebey 說：「音樂是對人類命運的挑戰；是拒絕接受這種生命無常而且企圖將死亡的結局轉變為另一種生命形式的表現。」

　　非洲的葬禮儀式預備將死者送入祖先的居所。哀悼者會提供訊息給死者帶到

另一世界，就像一個人可能交付訊息給旅人，去傳達給那些他們在目的地遇到的人。傳統非洲人的來生觀念反映出一個「注重今世的取向」。Kansi Wiredu 說：「死者之土地與我們的土地在地理學上是相似的，而且他們的人口也和我們頗像。」對非洲人而言，曾經有句話說，生命就是來生。

Delmar Lipp, Eliot Elisofon Archives, 非洲國家美術館

圖 3-5　在薩伊的 Yombe 紀念肖像中，描繪一個女人和孩子穿著喪服，放置在一個平房所建造的墳墓中，一般人認為，這樣的裝飾品可在死者來生中提供友誼或保護。

在今日的非洲，維持著對死者的尊敬。當 Ibo 族一位奈及利亞村民的屍體從美國被空運到他們的村落，棺木抵達時已受損。她的屍體在某處早已以麻布纏繞且上下翻滾多次，嚴重破壞了部落有關虐屍的禁忌。儘管該家庭提供番薯、錢及酒企圖平復侮辱，部落的成員仍說看到女人的靈魂在漫遊，而且親戚們也開始將命運的轉變視為一種「詛咒」，因為他們死去的親戚受到虐待。這女人的兒子說：「他們對待我母親的方式，好像她一文不值。」因此，她的靈魂是憤恨不平的。在控告運送屍體的航空公司時，兒子說：「假如我們個人這樣做時，整個部落可能會開戰。假如我贏得這項任務，有可能會帶回某人的頭顱。這可以證明我是個戰士……且可以對眾神們顯示我已經打倒了那些侮辱我母親的人。」

藉由施行於北迦納 LoDagaa 的習俗，來說明傳統非洲富人的葬禮儀式。在 Lo-Dagaa 期間，葬禮儀式至少延續六個月，甚至有時持續超過數年。它會歷經四個截然不同卻又連續的階段，每一個都著重在死亡和失落方面。

一個人過世後便開始第一階段，它將持續六或七天。在第一階段的幾天裡，眾人哀悼死者並埋葬屍體，儀式的目的是幫助生者接受和死者分離，確定與死者的親戚血統關係，而且重新分配死者所擁有的社會及家庭角色。持續大約三天的分開儀式也包含了埋葬屍體。這維持三或四天的第一階段提供一個私人儀式，為重新分配死者財產做準備。大約三個禮拜之後，舉行第二個儀式，確立導致死亡的原因。例如，LoDagaa 認為蛇咬傷不是導致人類死亡的原因，咬傷只是媒介，而不是死亡的最終原因。真正導致死亡的原因在於心靈和人類關係的網絡，人們可能會採取行動調查任何可能存在於死者與他人的緊張關係。

在多雨季節之初，第三階段的葬禮舉行了。這些儀式記錄死者過去從生者角色到成為祖先的變遷時期。在這階段，墳墓上放置著臨時的祖先神龕。

LoDagaa 儀式的第四也是最後一個階段在收割後發生。喪親者在墳墓上放置一個最後的祖先神龕，從此，死者的至親才真正的脫離悲傷，子孫的照顧責任正式地轉移至死者部落的「兄弟」上，最後的儀式也包括了死者財產的分配。

這些長期的服喪儀式提供兩個目的：第一、將死者和死者的家屬及廣大的大眾分開，以前由死者所扮演的社會角色，現在由生者得到。第二、他們聚集在一起；也就是死者加入祖先的行列，而喪親者則重新整合入社群，反映他們新的地位。分開和聚集在一起的周期性，對所有的葬禮儀式是普遍的。LoDagaa 的儀式是值得注目的，因為這些儀式使必要的功能得以完成。他們的服喪儀式提供我們一個可以與自己對照和比較的明確模式。

文化的個案討論

這種明確模式可以很明顯的在 LoDagaa 以皮革、織品及絲帶做成的「服喪束帶」裡看出。這些束帶普遍纏繞在一個人的手腕上，表明生者與死者的關係。例如，在男人的葬禮中，他的父親、母親及寡婦穿戴由獸皮所製成的束帶，而他的小孩則穿戴由絲做成的束帶，並綁在腳踝上。值得注意的是，最好的束帶是由死者至親的送葬者（通常是血親和婚姻關係，有時候也可能是朋友）所穿戴。和死者關係較疏遠的人就穿戴較差的服喪束帶。在所有的例子中，一種服喪束帶是戴在喪親者身上，另一種是戴在願意為陷入極度悲痛的喪家處理一切事務的「服喪朋友」身上。

　　LoDagaa服喪束帶有兩個相關目的。第一、由束帶來確認喪親者的悲傷程度是符合他或她與死者的關係的。第二、他們不鼓勵喪親者悲傷的程度超過一般人的標準。

　　在非洲，如同世界的其他地方，會用施壓的方法使人們去放棄古老方法，導致現代社會及經濟影響威脅了傳統的死亡儀式。相反地，傳統的習俗也幫助人們在面臨改變時保有其特殊的文化。例如，馬達加斯加的Sakalava的生活組織型態仍環繞於曾經統治他們的王室祖先，他們極少參與國家目前的政治及經濟生活。如此做法，使他們藉由將他們的價值觀「隱藏」於死者的領域，來抵抗固有的社會機制及生活方式的毀壞。殖民化及後來的政治獨立帶來了Sakalava的社會改變，可是祖先的傳統仍然被視為理想行為的模範。在傳統非洲的世界觀裡，對於祖先的關心仍然維持著重要的價值，該價值影響生存者的行為。

　　傳統的習俗可以用不同的方式呈現出來。在Nigeria西南方的Yoruba之間，刊登訃聞提供了一個古老習俗的現代論壇。在報紙上由家人及朋友所支付而刊登的訃聞，由占兩整張的版面來顯示出死者的地位及名望。Olatundo Bayo Lawuyi說，「每十年就透過刊登訃聞來公告死者重返」是很普遍的，雖然這些習俗經過時間日漸淡薄。Lawuyi說，刊登訃聞「證實了祖先信仰繼續的可能性」，而且「是一種傳統成為新文化形式的象徵」。

　　諸如這裡討論過的傳統是非洲裔美國人的一部分遺產，黑色教堂則印證了非洲裔美國人對社區價值及高層宗教參與的持續強調。這已提供他們社會、政治、經濟及其他參與美國社會的機會，即使種族歧視及偏見傾向限制這樣的儀式。雖然只有一個「黑色教堂」，但在許多不同的宗派中，死亡仍然持續在非洲裔美國族群裡造成議題。

> 假如我們知道死亡的發源地，我們將會燒了它。
>
> Acholi 葬禮歌曲

　　神父、訓誡及詩歌中不斷的談到包含死亡、瀕死及歸家（homegoing）的議題。如 Mary Aburms 所指出的，臨終的術語，也就是常用的普通用詞「去世」或「過世」，引發這樣的意象：「經過一條脆弱且看不見的界線，靈巧熟練，愛人從那兒優雅地走進這看不見的空間。」黑教堂的成員相信，可以和來生再重聚的愛人持續維持關係。

　　最近幾年裡，本身是新教和非洲傳統結合的黑教堂，已有其他根源於非洲傳

統的新宗教社會參與。這些包含了 Santeria、Espiritismo 及 Orisha-Voodoo 的 Afro-Caribbean 宗教，以及傳統的 Yoruba 宗教（Anago）。當這些傳統成為現代文化馬賽克（cultural mosaic）的一部分時，網際網路在新非洲美國宗教社區的催化發展中扮演了重要角色。這表示，傳統的世界觀可以結合現代文化，來創造個人但具有文化意義的瀕死及死亡的反應。

墨西哥傳統

從早期時代開始，死亡、祭祀、命運的議題在墨西哥文化中已經具體化了。阿茲提克人在祭典中演出上帝創造世界的過程，及人類最終會被救贖的結局。在阿茲提克儀式中獻祭的祭品被稱為 teomicqueh，也就是「神聖的死者」。在獻祭者的契約中，他們的命運早已在世界的開始就被決定了。透過犧牲，人類得以參與在地球上、在天堂和陰間裡維持生命的行動。當西班牙人來到墨西哥時，他們帶來了某種類似本土信仰的對不死（immortality）的狂熱。展現宿命感，以及為了理想可以自願去死的想法的典型例子，就是西班牙歷史中西元前 219 年 Sagunto 的集體自殺，當時城市的領導公民證明，與其被迦太基人逮捕，他們寧願死亡。

墨西哥文化充滿著死亡的象徵。耶穌的受難被殘忍生動地描寫出來，玻璃蓋的棺材展示了教會的殉道者、聖人及貴族們。對死亡的感覺，以吸引人的塗鴉及裝飾的方法展示在車子及公車上，報紙也充滿著帶有強烈感情的死亡事件的報導，且訃聞以顯著的黑色鑲邊引起人們對死亡的注意。墨西哥的詩充斥著將生命的脆弱比喻成一個夢想、一朵花、一條河，或者輕輕吹過的微風，並將死亡形容為從如夢的人生中醒來般。

在墨西哥文化裡，人們時常以滑稽諷刺的態度面對死亡。死亡是公平的，即使最富有的人及最有權勢的人也難逃一死，人們對死亡的情緒反應特徵包含沒耐心、輕蔑及嘲諷。墨西哥雕刻藝術家 Jose Guadalupe Posada 的雕刻，類似中世紀的死亡之舞——在其中，各行各業的人戰戰兢兢地和自己的骨骸跳舞，雖然 Posada 描繪的骨骸似乎沒有關於死亡的焦慮徵兆。

這些議題的評論如何在今日的墨西哥表現出來，Octavio Paz 說：「死亡可被定義為生命……我們每一個人都要面對死亡，他已經為自己預備了……死亡，就像生命，是不能轉讓的。」俗話證實死亡和身分之間是相關的：「告訴我你是怎麼死的，那麼我就告訴你你是誰。」在墨西哥人的意識裡，死亡反映了一個人的一生。對死亡有深入研究的墨西哥人 Paz 說：「跟它開開玩笑，愛撫它，跟它一起睡；褒

揚它，並使它成為他喜愛的玩具以及他堅定的愛。」

每年 11 月，墨西哥人在 el Día de los Muertos，死者之日，這樣的國家祭典中慶祝死亡。混合土著儀式和教堂教義，這場祭典與 All Soul's Day，即基督教為死者舉辦的宴會活動，同時期舉辦，是一個生者和死者之間交流的場合。形狀有如人骨的麵包是可食用的；有如頭蓋骨的糖果和骨骸般的薄紙都是開死者的玩笑。最嚴格遵循傳統的地區是 Michoacan 的 Janitzio 小島，及 Oaxaca 谷的 Zapotec 村莊。Mixquic 村莊裡的 el Día de los Muertos 是道地墨西哥宗教儀式的代表。

祭典在 10 月 31 日正午開始，當鐘聲響起，表示過世的小孩要回來。在每一間房子，每個家庭「擺了一個桌子，裝飾著白花、玻璃水杯、放鹽的盤子（為了好運），以及每個過世的小孩都有一個蠟燭」。隔天，家人都聚集在 San Andres 教會。鐘聲在中午響起，意味著「卑微的死者」離開，而「重要的死者」返回。在黃昏之前，在教堂附近的數千個墳墓被打掃得乾乾淨淨，並且以絲帶、鋁箔和像金盞草的花裝飾。村莊的管理人 Maria Nunez 說：

> 在 11 月 1 日的傍晚，慶典進入高潮，直到第二天早上，當數千個縱列的小蠟燭照亮墓園，墨西哥的料理就開始出場，南瓜橘子醬、有著「黑痣」的雞（某種有 50 種成分的辛辣醬料，包含紅番椒、胡椒粉、花生及巧克力），以及「Pan de muerto」或者死者的麵包——由糖做成的「骨骸」裝飾著的甜甜圈。人們坐在墳上並且與死人一起吃著食物。他們帶著吉他、小提琴而且還唱著歌。那裡有賣食物給訪客的攤販。活動持續整夜，這個愉快的場合是個祭典，不是悲傷的時刻。

Octavio Paz 觀察 el Día de los Muertos 顛覆了舊有的的想法和行為；這慶典重建一個概念：「這截然不同的做法及原則，是為了要帶來生命的再生。」司儀挑戰死者與生者分離的界線。

家人尊敬死者是很重要的，可是送葬者被警告不能有過多的眼淚；過度悲傷可能會使死者在所前往的道路中迷失方向，導致他們在這慶典時刻回到生者的世界時遭遇曲折的旅程。雖然重視死亡是墨西哥文化每天生活的一部分，但是在 el Día de los Muertos 期間，當人們聚集時，特別看重的是紀念生者與死者永續性的關係。

亞洲傳統

在現代的歐洲人和美國人社會裡，祖先通常被視為一個人生物性及過去社會之一部分，但在日常生活中卻一點都不重要。相較之下，在亞洲的社會裡，祖先位居在家庭的中心，去世的家人和家中生者持續保持著相連的關係。這種世界觀的基

◎史密松寧機構

圖 3-6　對死亡諷刺的裝飾品，是墨西哥死者之日慶典的特徵。當過世愛人的記憶被生者珍惜時，死亡是諷刺的。家庭成員常常置放死者親人的名字在裝飾品上，就如糖果骷髏圖及這些糖果棺材。這習俗保證死者的心靈不會被生者遺忘，並用過世愛人存在的實體象徵的形式，提供慰藉給生者。

礎是陰與陽的二元性：生命包括死者世界及生者世界，祖先及他們的子孫永遠有著相連的關係。在中國的葬禮中，特別的服喪束帶表明生者和死者之間的血統親疏程度（很多服喪束帶常被非洲的 LoDagaa 使用，且表明送葬者和死者間的關係）。

> 　　莊子的太太死了。當惠子要去慰問他時，他發現莊子雙腳懶散地伸開坐著，敲擊著木桶並唱著歌。
>
> 　　惠子說：「你和她一起住，她扶養你們的兒子到老，你不為了她的死而流淚就已經夠了，可是敲擊木桶和唱歌，這太離譜了，不是嗎？」
>
> 　　莊子說：「你錯了。當她剛死時，你認為我不像其他人一樣悲傷嗎？只是當我回顧她的最初以及她出生之前的時刻，不只是她出生的時刻；也是她有形體之前。不只是她有形體之前；而是她有靈魂之前。在驚喜和神奇的混亂中，一種變化產生了──她有了靈魂。另一個變化產生了──她有了身體。接著另一個變化──她出生了。現在則已經有了另一種變化，那就是她死了。這就像四個季節的過程，春、夏、秋、冬。現在她正安詳地躺在那寬廣的房間裡，假如我在她死後大喊及哭泣，這就表示我一點都不了解命運。所以我停止悲傷。」
>
> 　　　　　　　　　　　　　　　　　　　　　　　　　　　　　　　　　　　　莊子

　　一個人成為祖先不是透過他或她自己的成就或道德，而是透過由家人和祭司所舉行的儀式。葬禮和紀念的儀式使祖先轉變成對他們後裔祝福及引導的源頭。談到日本的習俗，Dennis Klass 指出：「死者仍然關心生者，不是像西方聖人藉由給與恩惠的方式，而是死者分享任何一位家庭成員正面成就的快樂，並且深深地以他們的成功為榮。」

　　在亞洲哲學中，和諧是重要的概念，和諧是指被認可的適當行為，尤其在人與人之間的關係上。對和諧的強調源自於許多的後裔追溯到源頭可能都為同一個祖先的後代。在這件事中重要的是中國人孝道的觀念。生者和死者互相依賴著彼此，當死者對其子孫施恩及祝福時，生者舉辦了必要的祭祖儀式。在傳統的中國社會裡，家庭發揮了宗教機構的功能。中國哲學家孟子曾說，最不孝的行為是離開人世時卻沒有子孫，因為沒有人能舉行祭祖儀式。

　　隨著道家的傳統，中國的死亡儀式利用了風水的古老原則（按照字面意義就是「風水」），即一種關於自然環境的適當位置導致彼此關係和諧的占卜藝術。

> 我兩手空空的來到這個世界
> 赤腳的離開這個世界
> 我的來到與離去——
> 只是兩個被捲入其中的簡單事件
>
> 　　　　　　　　　　　　　　　　　廣山清一

　　不論是對生者或死者來說，定出最吉利的人類住處方位是重要無比的事情，未能順利的做到這一點，可能會帶來不幸或惡運。中國的墳墓通常都位在高海拔的斜坡地上面，最好是背山面海，以指望祖先會留給子孫一些肥沃的耕地。在葬禮的過程中，棺材的底部通常會放置在面對門口的地方，好讓死者的魂魄或靈魂可以有一條暢行無阻的道路通往另外一個世界。留意這些細節，可以讓死者的家屬放心與確信祖先會更容易的步上來生之旅，因為都已適當的處理好每一件該做的事情。

　　中國人會在稱為「清明」的節日裡面，舉行拜請過世祖先靈魂回來的儀式，也被稱為是一種中國人祭拜亡靈或祖先的紀念日。家屬會到墓地祭拜祖先，同時燒代表金錢、衣服、珠寶，甚至像是攝影機與手機等現代民生必需品的各種紙錢給祖先，作為一種表達對自己祖先尊敬與關心的方式。

　　在許多方面，日本的盂蘭盆節與中國的清明節很類似。盂蘭盆節是在每年的8月舉行紀念儀式，目的是要紀念回家團聚的祖先靈魂。在英文裡面就是所熟知的亡靈節、燈節（因為點燃的明燈會在亡靈的回家路程中，給予導引）、靈魂節，或是

仲夏節,盂蘭盆節是一種以現代方式來表現古代習俗中活著的人們對亡靈表達應有敬意的習俗。

盂蘭盆節融合了日本當地的信仰與佛教教義,以一種佛經,或一種佛教的教義論述,也就是人所熟知的盂蘭盆經為基礎。盂蘭盆節交織融合了印度佛教、中國道教與儒教,以及日本的在地信仰神道的各種傳統於其中。這些傳統的各個部分幾乎毫無瑕疵的交織融合成特有的「日本式」。在日本,信奉某一種宗教傳統,並不見得需要去排斥所有其他的宗教傳統。人們可能覺得與各種不同的傳統有所親近時,就會盡可能讓這些傳統成為他們的生活方式中不可或缺的一部分。

就像其他亞洲國家中的社會一樣,日本的葬禮與紀念習俗都強調其時間的持續性以及祖先靈魂與家人福祉的強烈關聯性。在家人過世後,家屬會請佛教僧人到家中誦經禱告,好讓死者的靈魂得以解放。在遺體火化之後,骨灰與殘骸則放置在甕裡面,然後再將該甕埋葬在家族的墳墓裡面。在下葬以前會舉行喪禮,喪禮中會上香,僧人也會誦讀佛經。在這個時候,會給予死者一個特別的死後名字或是「佛名」,表示此人在有形的肉體方面已經消失。這個死後的名字(kaimyo)最後會刻在紀念牌位上面,這個牌位會放置於家裡的佛壇或祭壇之中。

> 死亡之歌
> 如果他們找我,就說:他在另一個世界有一些事要辦。
>
> 松井

由伊丹十三所導演的日本電影《喪禮》(1987),提供了一窺日式喪禮的機會,透過描述日本鄉間地區現代家庭的一些經驗,也搭配一些喜劇性元素穿插其中。美國的觀眾已經特別注意到其中幼小的孩童們如何融入儀式之中,以及如何被教導要適宜的表現其舉止。例如,在棺材封閉後抬棺離家之前,每一個家庭成員都會用石頭來敲擊棺木蓋子,象徵封閉棺材。有一個大約三、四歲的小孩,顯然是因為很喜歡石頭敲擊棺木時所發出聲音,所以就開始反覆的用石頭用力敲擊棺木,一位較年長的親人就很和藹的勸告他,然後將他手上的石頭往前傳給另一位家人。

在傳統的看法裡面,認為死者的靈魂會在死後的49天內停留在家裡面。在這段期間裡面,會舉行儀式來去除死亡晦氣的污染以及讓亡魂準備就緒,以便被安奉在拜祭紀念祖先的佛壇之中。雖然這些儀式在今天可能會被加以省略,但是傳統上還是會包括七次每週一次的儀式,當死後的第49天死者轉變成仁慈親切的祖先時,達到最高峰。

©帕特里克教務長

圖 3-7　這個放置在加州某日裔美國人家庭中顯眼處的佛壇，就是可以在日本人家庭中找得到的典型佛
　　　壇。在佛壇上面供奉過世的親屬或祖先，並透過祈禱、祭品或其他表示敬意的方式來紀念過世的
　　　親屬或祖先。作為一戶家庭中死者與生者之間持續進行互動關係的中心，佛壇正是透過具體行動
　　　來展現這種關係的地方。

　　各項紀念死者的儀式會周期間隔性的舉行，典型的作法是，在死後 100 天、一
周年、三周年，之後則在固定的間隔時段裡面舉行儀式（如：七周年、十三周年以
及二十三周年），直到三十三周年甚至五十周年。對於這些放置在家裡佛壇之中的
紀念牌位，家人會定期用簡單的供品與誦經的方式來拜祭與紀念它們，也可能會延
請廟宇的僧人來家中舉行追思會，特別是在死者周年紀念的時候。

　　除了在家中的家庭佛壇之外，日本人紀念祖先儀式中的其他主要焦點，就是
埋葬家人骨灰的家庭墳墓了。必須要充分的維修墳墓，包括清理墳墓以及提供供品
給死者享用（祭拜）。家庭墳墓也是一個舉行儀式的地方，用鮮花與燒香向祖先供
奉與祭拜，從墓碑上面灌水，表示一種淨化的意思，這項可以追溯到古代的習俗，
現在有一些遵行這項習俗的人們，竟然完全不知道它在古代的意義與象徵。對於日
本人來講，不管是在墓地或是在家裡的家庭佛壇之中，對他們的祖先報告或說話是
很正常的事情，通常會用對話的方式告訴過世的祖先有關於生活上正在進行的諸多

事項，或是請求祖先給予一些建議。透過這些活動，可以維持死者與生者之間的連結關係。

中國人也遵循著類似的習俗來追思紀念其祖先。傳統上，會用一塊靈魂牌位賦予每一個祖先的靈魂一個形體，這個靈魂牌位是一塊長方形的木板，在木板上面則刻有死者的姓名、頭銜、出生日期以及死亡日期，該牌位會被供奉在每一個家庭的佛壇裡面。許多中國人的家庭會在家中保留一面追思牆，作為讓死者在家中繼續出現或存在的一種方式，有時候也會在牆上掛照片來取代牌位。

在中國人的傳統裡面，特別重要與關心的一點是死者骨骸最終的落腳處。許多移居美國的華裔移民深信，除非存活的子孫繼續照顧其牌位與墳墓，否則其靈魂是不會安息的。為了消除這樣的顧慮，針對華工的勞動契約條文中通常會有一個條款明確規定，如果他們在美工作期間不幸過世，一定要將其遺骸送回中國的祖籍地。在一些旅居海外的華人裡面，經過十年或二十年之後，將死者的遺骸挖出，送回中國的祖籍地，仍然是他們所遵循的一種習俗。然而，有時候會發生缺乏資金或因政府衛生部門法令限制而造成遺骸仍然滯留在美國的情形。因為這個原因，一些在美國的華人墓園通常都有「靈骨屋」，一些過世華人的遺骸就在「靈骨屋」裡面耐心的等待被送回故鄉的一天。

每年都要過像清明節或盂蘭盆節，就足以證明祖先在亞洲文化裡面的中心角色。雖然這種過節的作法是根源於古代的宗教與文化信仰，但是現在很多人主要都將其視為意味著家庭責任與傳統的一種社會或社區活動。社會性的追悼方式總是會與更廣泛的文化意義有關。亞洲社會裡面對死者的尊敬態度支持了下面的這種想法──「存活者不傾向切斷與其心愛的死者的聯結關係」，反而寧願以各種方式讓死者在喪親者的生活中繼續扮演著積極的角色。

凱爾特族傳統

所有的歐洲文化可以追溯其根源到凱爾特族的起源，這是普遍都同意的一點。在古代，凱爾特族占領大部分的中歐與西歐地區，最後其占領的版圖是西從英國的小島，東至土耳其與黑海的海岸邊，北達比利時，南至西班牙與義大利。凱爾特族的社會由一群戰士所領導，他們以戰場上所展現的技巧、勇氣以及所擄獲的財富，來合理化其權力的正當性。對於英雄與國王來說，死後的名聲就是人類成就的標誌。對一個比生命還偉大，但比神學家還小的人物，英雄被視為是與超自然力量以及其他世界接觸的人物。

© Albert Lee Strickland

圖 3-8 對於死在祖籍地以外地方的個人而言，傳統的中國習俗就要求大約在埋葬 10 年之後，要將死者的骨骸挖掘出來，最後終究將其骨骸送回死者的出生地。在過渡期間，骨骸就會存放在像這座位於夏威夷 Ket-On 公會墓地的建築物裡面。

　　凱爾特族的宗教反應出，在充滿挑戰性的環境中，為了生存而不斷奮鬥的精神。由於對自然極度的尊崇，凱爾特族仰賴著統治天空、地球與海洋的權力者，來帶給他們力量與運氣，同時也確保他們免於敵對勢力的侵害。因此，在凱爾特族的宗教裡面，神聖的樹叢、湧泉、湖泊與沼澤，都有著重要的象徵意義，也都是列名在最早被用來作為膜拜地點之中。凱爾特族相信每一項事物都是活的，都有靈魂或聖靈存在其中，可能是有助於人類或是對人類有傷害的。在許多凱爾特族的神祇裡面，基本構造都有存在著兩個相反元素中的一元，如：男／部落／天空／戰爭，對比女／地區／地面／繁殖力。這些成對的兩極力量會達成平衡與和諧。

　　在斯堪地那維亞人與凱爾特族的傳統裡面，女戰神、少女戰士或華爾基莉所扮演的角色非常重要，這可以追溯到維京時代（北歐海盜時期）以前。少女戰士被認為會經常出沒於戰場，見到戰士的死亡與流血場面會感到欣喜不已。人們認為這些被描寫成攜帶著劍、矛，同時可以航行越過空中與大海的少女戰士，是可以分配戰場上的勝負比例與迎接罹難的英雄到華海拉殿（一個充滿榮耀與天福的地方）的。「到華海拉殿作客」就是死亡的相同說法。華海拉殿字面上是「殘殺地獄」的

意思，被認為是偉大神明歐丁神最愛的住所內的一座巨大建築物。其中最有價值的是，它的屋頂是用金盾所蓋成的，橡子是用矛所蓋成的。一般並不認為華海拉殿是所有死者的住處，而應該說它是為那些被遴選出來支援歐丁神參與最後一場對抗巨人與魔鬼戰役中的傑出英雄所建造的建築物。身為一個主宰死亡事務的死神，歐丁神可以將戰場上的勝利，賜予他所挑選上的任何一方。在帶領這些偉大的戰士到華海拉殿的時候，歐丁神會親自召喚他們，或是當他們在世上的壽命已經結束時，就會派少女戰士去護送他們到另一個世界。凱爾特人對於戰死於沙場的態度可以用下面的話來總結：「對凱爾特人來講，能夠成為戰士中的戰士是一個理想的人生，但是如果是戰死於朋友、詩人以及上百個敵人所圍繞的戰鬥之中，則是至高無上的成就。」

在凱爾特人的發展歷史之中，土葬與火葬都曾在不同的時期實行過。凱爾特人通常是和一些個人物品、衣物、珠寶與其他足以表現出永生不滅信仰的財物一起埋葬。死者所鍾愛持有的物件會被加以火化或埋葬，好讓這些物件在來生可以繼續為死者使用。可以由陪葬物品的多少與種類看出死者的身分以及他（她）在社會上的地位。根據已出土的考古學上的證據，學者深信凱爾特人已制訂出一些精巧詳盡的葬禮儀式，包括在參與喪宴與喪宴上的宗（氏）族聚會。在一處特別揮霍浪費的下葬地點，可能是族長的下葬地點，墳墓內的陳設包括一張銅製的睡椅，他的屍體就被放置在上面，以及一臺可能是靈車的四輪車輛，或是象徵可以開往另一個世界的四輪馬車。該墳墓還包括一些銅製的盤子與角製酒杯，足以招待9個人，剛好可以來一場酒宴，令人聯想到的就是一場典禮般的盛宴。

凱爾特人對死者的態度似乎有一些矛盾。雖然懼怕可能會招致危險的死人，但是另一方面凱爾特人也將死人視為可以幫助與支持活人的守護靈，往生的英雄與戰士則被視為力量與鼓舞人心的來源。活人世界與死人世界之間存在著強烈的溝通感覺。一般來講，過世的先人有助於其子孫的發展，特別是當子孫對其過世的先人有表達敬意的時候，會飲用紀念酒來紀念過世的先人。

死人的世界並不被視為一個靜止的世界，而是強調一種來去的過程。靈魂的生命並不會被個人的死亡所干擾，除凡人所寄宿的軀體以外，靈魂會繼續的在另一個世界裡面存活著。死亡只被視為地點的轉換，生命是以各種形式繼續存活在另一個世界裡面，一個屬於死者的世界。當人們在那個（死者）世界裡面死亡，就可能在這個世界裡面重生。因此，發生靈魂在兩個世界之間不斷互換的現象：在另一個世界裡面死亡，就會將靈魂帶到這個世界；在這個世界裡面死亡，就會將靈魂帶到

另一個世界。

　　當時序交替出現缺口時，也就是眾所熟知的 11 月 1 日「死靈的聖宴」（Samhain）時刻來到時，特別有可能發生死者與生者之間的接觸，根據凱爾特人的曆法，這個時候就是在一年結束，新一年黎明破曉的時候。作為年度中最重要的節慶以及現代萬聖節的前身，「死靈的聖宴」會延續好幾天，這個期間也就是會發生與神祇或死人進行超自然溝通現象的時候，因此認為需要各類的祭品甚至包括以人作為祭品，才能戰勝這個危機所帶來的苦難。

　　由凱爾特族的教士們，也就是眾所周知的督伊德教教士，來主持獻祭典禮以及闡釋各項前兆現象。他們就充當人類世界與超自然界的中間人。他們的主要教義似乎已經相信靈魂的永生不滅，不僅僅是成為死後的靈魂或陰魂，而且還會成為未來的軀體生命。的確，凱爾特族似乎是最早發展出信仰個人永生不滅宗教說法的民族之一。這樣的宗教信仰有助於凱爾特人面對死亡的恐懼，讓他們可以在戰場上勇敢無比的殺敵。

　　雖然之後有羅馬帝國的征服，凱爾特人接著改信基督教後，對凱爾特族文化產生了深遠的影響，幾乎消滅了所有的傳統信仰與儀式，但是凱爾特人的傳統在像萬聖節這種世俗性過節方式裡面，還是繼續明顯的存在其中。此外，凱爾特人重視文字技巧的程度，幾乎與重視戰場上戰鬥技巧的程度一樣的不分上下，以文字遊戲與深奧難解的詩文為樂，因此對於世界文學有很多著名的貢獻，或許最有名的就是亞瑟王的傳奇文學。在喬塞的作品以及莎士比亞的《暴風雨》和《皆大歡喜》，及在較現代的作家托爾金的《魔戒》一書中，都可以發現凱爾特族的神話遺跡。《魔戒》書中包括了來自另一個世界的強烈回音，以及與小精靈有關的一些凱爾特人的想法，同時還包括以出現魔術師 Gandalf 和 Saruman 的方式來表達出像督伊德教教士般的人物。在托爾金的《哈比人歷險記》一書中，魔戒被稱為死靈法師，死靈法師是一個取自於斯堪地那維亞神話中的名字，表示巫師或男巫（術士）的意思，就是有關於該巫師與死人對話以獲知消息的技巧。

　　比起歷史上的任何時期，今天有更多人自稱擁有某些凱爾特族的身分與特質。現在已重新發覺凱爾特族的一些宗教信仰，就是現代再現的異教徒、尊崇自然與多神崇拜宗教等現象的一部分，而且有更多的發現，正逐漸被挖掘出來（雖然 pagen 通常是用來表示不文明或非基督徒的意思，但是它字面的意義就是鄉下氣息的或是來自鄉間的意思）。凱爾特族的文化影響力可以在威爾斯、蘇格蘭與愛爾蘭最明顯看出，在這些地方仍然有遠超過一百萬以上的人口在說凱爾特族語。透過愛爾蘭人

與蘇格蘭高地人的移民足跡，凱爾特族的各項傳統已被帶到美國以及世界的其他角落。

　　凱爾特族音樂在世界各地的酒吧、小客棧與音樂節慶中都可以聽得到。根據凱爾特族語言的原文所描寫的內容，以及利用蘇格蘭風笛、愛爾蘭風笛與豎琴等樂器來演奏，凱爾特族音樂強調的是與凱爾特族文化有關的純真性以及和諧一致的感覺。豎琴是凱爾特族吟遊詩人傳統的偉大象徵，一般認為該族的吟遊詩人漫遊遍及凱爾特族的領土，吟唱史詩，透過這項口語的傳統來傳播歷史的史實。而用蘇格蘭風笛與愛爾蘭風笛所吹奏出來輓歌與悼詞中的哀慟聲音，就是為在911恐怖攻擊事件中喪生的消防隊員所舉行的送葬遊行隊伍中所不可或缺的一部分。與凱爾特族音樂有關的一些主題與技巧，也在北美國家的鄉村和藍草音樂（註：「藍草音樂」為用班卓琴、吉他等弦樂器演奏的鄉村音樂，不用擴音器。其源自肯塔基州的別名）中存活下來。以各種方式，其中主要是透過最近考古學上的發現與針對民俗傳統研究的方式，凱爾特族的傳統正逐漸被認定為歐洲文化與歐美文化中重要的元素之一。

重新發現有關於死亡的紀念活動

　　共有的經驗與具有共同體的感受，形成了一個特定社會的習俗與信仰。傳統上，認為祖先會在生者的生活之中，執行一些重要的角色。各種不同的典禮與儀式就提供了一些機會給社區去界定或頌揚死者與生者之間的關係。今天對於我們之中的許多人而言，很少有像這樣子的機會去紀念死者或追思敬仰我們的祖先。人們對於他所至愛的死者的深切感情與思念，通常都已經用宗教的信仰與習俗來傳達或形塑。然而，在現今一些政教分離與多元的社會之中，其社區生活中的宗教角色是有問題的，即使它對個人是非常重要的一部分。

　　與其他時期與地點有關的一些見解，不能簡單的從一個社會移植到其他有很多不同性質的社會。因此，在考慮如何在我們自己的時代裡面創造與制訂有意義的死亡儀式時，我們對於從另一個文化或充滿懷舊的過去中，拿取處理死亡事務訣竅的誘惑，必須加以小心。但是，去培養體會其他文化中有關於死亡的內容，以及改造這些「死亡方式」，使其融入我們的生活與習俗之中，可能是值得去做的事情。就如同傳統的根本意義，就是傳下去的意思，而我們處理死亡的諸多方式並不是憑空創造出來的，每一個世代應該從其上一代接受文化，改變一些，然後再傳給下一代。

延伸閱讀

Philippe Ariès. *Images of Man and Death.* Cambridge, Mass.: Harvard University Press, 1985.

Nigel Barley. *Grave Matters: A Lively History of Death around the World.* New York: Henry Holt, 1997.

David R. Counts and Dorothy A. Counts, eds. *Coping with the Final Tragedy: Cultural Variation in Dying and Grieving.* Amityville, N.Y.: Baywood, 1991.

Linda Sun Crowder. "Chinese Funerals in San Francisco Chinatown: American Chinese Expressions in Mortuary Ritual Performance," *Journal of American Folklore* 113 (2001): 451-463.

Douglas L. Davies. *Death, Ritual, and Belief,* 2nd ed. London: Continuum, 2002.

Donald P. Irish, Kathleen F. Lundquist, and Vivian Jenkins Nelsen, eds. *Ethnic Variation in Dying, Death, and Grief.* Washington, D.C.: Taylor & Francis, 1993.

Peter C. Jupp and Clare Gittings, eds. *Death in England: An Illustrated History.* New Brunswick, N.J.: Rutgers University Press, 2000.

Colin Murray Parkes, Pittu Laungani, and Bill Young, eds. *Death and Bereavement across Cultures.* New York: Routledge, 1997.

© Carol A. Foote

圖 4-1 熟悉葬禮服務中所提供的選擇項目，可幫助我們選擇所欲進行之喪禮儀式，這樣一來或許可以減輕在重要關頭當中做抉擇之壓力。喪禮經理人以及其他相關工作者在實際處理葬禮相關事務時，必須更加了解他們所必須扮演之協助角色為何。

第四章
臨終儀式：葬儀和遺體的安置

　　我們如何選擇人生的臨終儀式，反映了我們對死亡的看法及信念，每個團體藉著象徵、隱喻的方式為死者所舉辦的葬禮，透露出「死亡」在不同的社會團體中所代表的意涵。一位年輕的音樂家描述著他將選擇何種臨終儀式來凸顯他個人特色：「我希望採取火葬的方式，並希望我的骨灰能放在埃及骨灰罈裡。我的朋友會將罈子放在音樂會的舞臺上，樂隊奏樂時，每個人將跳起舞一同慶祝這條我們人生的必經之路。」有些人認為這個音樂家的選擇缺乏莊嚴感。他們認為：「那不是葬禮，而是個派對！」但是這位音樂家的朋友卻認為這樣的葬禮方式恰好符合他一貫的生活方式。他的葬禮便是慶祝生命的喜樂。他傾向用火葬方式反映出萬事萬物無常這樣的信念。他似乎訴說著：「人生如戲，曲終人散時，留下這身軀殼何用？」擺放骨灰的骨灰罈僅象徵他不過是滔滔歷史洪流的一部分，超脫死亡。這位音樂家的葬禮透露出他對死亡的看法。當你開始思考葬禮的重要性時，想想這幾個問題：誰負責喪葬事宜？生者或死者？臨終儀式的最終目的是社會的或是心理的？為死者舉辦的喪禮包含哪些重要要素？其他文化的葬禮習俗透露出他們對於死亡有什麼樣的態度？

　　審視古埃及葬禮習俗，他們的文化重在獲得喪葬物品為來世做準備。在埃及宗教裡最主要的思想是來世。肉身並非永恆，然而肉身裡的某些元素則是不朽的。Ba，即靈魂或超自然的力量，以及 Ka，似靈魂之物，代表生命中創造性和持久性的力量。死後，Ka 會轉向來世，而 Ba 仍存於肉身內。

　　做為 Ba 永久居存的地方，肉身必須木乃伊化並存放在木棺裡，有時候是石棺或是石灰石棺當中。墓地依照在世者所住的房屋形式建造，為 Ba 提供一個家（據描述通常是照著鳥盤旋在化為木乃伊的死者身上的樣式打造），確保死者來世會過得很好。然而，如果 Ba 被摧毀，死者將會遭受「二度死亡，也就是生命真正的終點」之災厄。因此，以木乃伊或雕像來保存肉身以延續生命是必須的。

　　這樣的葬禮文化視其為一種將死者帶往來世的運載工具，與美國有鮮明的對比；在美國，葬禮主要著重在生者的福利。社會上，葬禮提供一個場所；在那裡，

悲痛的家屬可以公告他們家庭中成員過世的消息。大型的社區會利用某些場所來表示對於悲傷家屬的憐憫與支持。根據凡德林‧派（Vanderlyn Pine）所提出，葬禮在歷史上提供四項主要社會功能：

  1. 宣告一個人的死亡並藉此緬懷該人。

  2. 提供一個地點用來安置死者。

  3. 協助在世這些悲慟的家屬重新調適他們生命中痛失親人有所缺憾的生活。

  4. 顯示這些悲慟家屬和他們的社會有著經濟上的相互補償以及義務的關係。

  傳統上，葬禮儀式從家屬及親友「臨終看護」開始，向死者道別並陪伴著他／她度過人生這最後幾個小時。葬禮結束於將死者安頓完好之後（見表 4-1），喪葬儀式中不同的程序在社會及心理層面上，皆可以幫助痛失親人的家屬來處理死者的身後事，因此具有極大的重要性。現代的葬禮不會包含所有傳統的程序，有些會因為個人及文化傾向而被省略掉。瀏覽一下表 4-1，並思考你認為在為深愛的人規劃葬禮時，哪些程序是具有意義價值的，或者是你會選擇哪些程序作為你的臨終聖禮的程序。

表 4-1　喪葬儀式的程序

1. 臨終的看護。當死亡一步步逼近，親朋好友會齊聚在一起向瀕臨死亡的人道別，表示他們的敬意，並支持及關懷家屬。就經驗看來，臨終的看護可能會持續幾個小時、幾天甚至幾個星期或幾個月。

2. 為往生者做準備工作。包括準備遺體最終處理的各項工作，通常是土葬或火葬。

3. 守靈。傳統上是在人過世後的那個夜晚舉行的。這項儀式要將遺體平放並看守他。就歷史經驗而言，守靈是葬禮舉辦前的保護措施，也是向往生者表達敬意的機會。在其他文化裡，這算是舉辦一場生氣勃勃的慶典，著重在「喚醒幽靈」來平緩恐懼感。隨著哀悼的社會模式改變，傳統的守靈已經轉變成在往生者葬禮舉行前所預留供瞻仰往

4. 葬禮。環繞死亡的中心儀式。葬禮是為死者及在世的遺族所搭起的橋樑儀式。雖然儀式可以在家或在墓地舉行，但是儀式通常仍在喪葬用的小禮拜堂或大教堂舉辦。遺體可能會在場或不在場。如果遺體在場，棺材可能是打開的或是闔上的。葬禮儀式基本上包括音樂、祈禱者、誦讀《聖經》或其他詩集、散文、讚頌關於死者一生的頌詞以示尊敬。較少見的葬禮布道著重在討論死亡在人生生、老、病、死當中的角色。在現代，葬禮會在死者死後幾天舉辦，特別會選在晚上或週末舉辦。如此一來，悼念者可以在工作以外的時間參加葬禮。

5. 送葬隊伍。傳統上，葬禮包括出殯隊伍將遺體從葬禮上送到墓地。這樣的送葬隊伍將死者的遺體搬往長眠之地，對於死者的親朋好友而言是一種尊敬。國家元首或名人的

葬禮可能會有大排長龍的送葬隊伍以及隨行的護柩者。

6. 入葬儀式。儀式通常在墓地或火葬場舉行。入葬儀式會在葬禮之後或有時在葬禮上的地點舉行。入葬儀式在舉行之前通常會預留一些時間來安放死者的遺物。

7. 遺體安置。現代社會，安置遺體的方式通常是指土葬或火葬。

臨終儀式的心理層面

人們會為了紀念人生過程中的重大轉折而相聚首，像是出生或婚宴；葬禮以及其他紀念儀式，是用來紀念某人並告知大眾他／她的死訊。

葬禮和紀念儀式提供一個形式，讓在世者在他們面對喪失親人痛苦時能藉此互相扶持，並表達他們的哀思。死亡儀式存在於每種不同文化當中，其有提供人類先天上需求的意義。Thomas Lynch，《殯葬業：不吉祥職業中的生命探究》這本書的作者，觀察到「葬禮可以填補死亡發生及死亡帶來的影響之間的空洞」。

死亡通知

當一個人死去，除了參與的醫療團隊外，最先知道這個消息通常是此人最親密的家人。

然後這項死訊所影響的人在擴展圓上依序為親戚、朋友及熟人。在 David Sudnow 著名的研究《傳遞：生命終結的社會組織》（*Passing on：The Social Organization of Dying*）中，他觀察到死亡通知的程序一般而言是從親密的家人到較廣的社群（見圖 4-2）這樣的固定模式。

和死者最親近的人是最早得知死訊的，之後才是和死者關係較不親密的人得知。Sudnow 也發現到，死亡通知通常存在於同輩關係中。舉例來說，一個喪親的母親可能先打給和死者最親近的孩子，之後這個孩子再通知其他兄弟姊妹，之後他們再輪流通知更多遠房親戚。類似的通知模式也存在於和死者關係沒有那麼親密的人當中。舉例而言，得知某人死訊的同事或鄰居會將此消息通知其他與他們和死者關係類似的人。理想狀況裡，這類通知的過程（依序為親戚、朋友及熟人的擴展圓上）會持續不斷，直到每個和死者有關的人全都知曉。

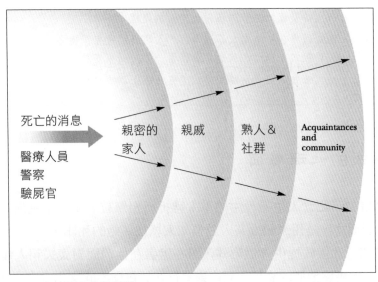

圖 4-2　死亡通知的擴展圓

　　出現在新聞報紙上的死亡公告或訃聞也是告知死訊的方式（見表4-2）。當重要的人離去時，人們總會自然的對此做出回應。因此，對於及時發布通知的過程，讓那些與死者有關的人能夠聚在一起撫慰彼此悲慟的心靈是很重要的。若是死亡公告沒有及時發布，將會令人感到很不愉快。以下是典型的抱怨：「這篇訃聞竟然在葬禮舉行的早晨才在報紙發布……我們接到很多人的來電與信件告知，由於他們太晚得知消息而無法前來參加葬禮。」

　　在遺體下葬後才知道死訊的人，可能會因為無法參與葬禮而感到悲傷。因為當最初的哀悼時間一過，這些喪親的親友團體並不可能常聚在一起互相支持撫慰，此人對於這個遲來的通知可能會感到他／她在悲傷的歷程中是孤寂的。Ronald Barrett強調，在非裔美國人社群中對及時通知死訊的重視。他說道：「及時的告知對方代表其重要性與尊重，若不及時告知對方某人的死訊，將是一種遲鈍的、不尊重，甚至是一種侮辱的行為。」

　　當名人過世，新聞會大肆廣播其死訊，因為這新聞會影響更多人，因此名人的死訊會大幅報導。舉例說明，美國總統約翰甘迺迪的死訊，經由達拉斯的Parkland醫院官方公告之後，在一小時內約有90%的民眾得知。英國黛安娜王妃和小約翰甘迺迪的死訊也引起類似的社會大眾反應。

表 4-2　報紙訃聞

訃　聞
Sprit Bird Benton 　海沃市—Spirit Bird Benton, 十七歲，住在海沃市第五大道。於 1991 年 4 月 19 日星期五在阿布奎基市因一場車禍喪生。 　Spirit Bird Benton 於 1973 年 8 月 22 日在明尼蘇達州聖保羅誕生。Edward J.和 Delma Benton 夫妻之子。 　在世的親屬有：父親 Edward，住海沃市；母親 Delma，住愛荷華；三兄弟有 John Wedward、Ramon 皆住在海沃市，Eddie 住在綠灣（Green Bay）；四姐妹有 Marilyn、Nancy 和 Sherrole 都住在海沃市，Natalie 住在奧內達（Oneida）；還有外婆 Elizabeth Arrow 住在南達科他州的白河。 　部落儀式將於 4 月 23 日禮拜二在海沃市的 Eagle Lodge 舉行。葬禮在海沃市的歷史之地印地安墓地舉行。 　海沃市的 Anderson-Nathan 葬禮之家負責所有安排事宜。

資料來源：*The County Journal (Bayfield County, Cable, Wis)*, April 25, 1991.

　　死亡通知的過程也可以在哀悼歷程中將喪親的親友明顯區隔。在某些社會，黑色臂環、哀悼代表的顏色及黑色長袍、還有其他各式各樣的標誌與象徵將這些悲慟的親友與其他不相干的人區隔開來。這些傳統的哀悼象徵目前已不復存在於北美，但是仍有很多人認為，這些悲慟的親友在悲傷中需要特殊的體貼與關懷。

　　一位和一場輕微車禍有關的女士在孩子死後的幾天表明，她希望能在報紙上刊一項大標題，宣告她目前是身為「喪子之母」的情況。並沒有外在的象徵來表示她喪親的悲慟。任何人都有可能和她一樣，蒙受著等待及填寫著看似無窮無盡的事故報告表這樣的痛苦。如果她住在小城鎮，死亡通知的過程將會幫助她與其他人有所區隔，使得這些紙筆作業可以更容易完成些。

　　死亡通知過程是很重要的。它可以引發支持的力量幫助在世者度過以及處理失去親人的痛苦，並提供一種動力來取代這樣重大喪失的情況。

彼此的支持

　　當人們得知他們重要的親人的死訊時，通常會聚集，緊密團結在一起，互相為彼此的喪親表示支持與撫慰。這種情感及社會上的支持主要是針對這個喪親的家庭。當一個小孩問他的母親為什麼要去拜訪那個處於喪親的家庭，那個母親回答道：「讓人家知道你在乎是很重要的。」我們思考可以為這個喪親的家庭做些什麼

並不重要；真正有意義之處在於我們表達出自己的關懷之意。J. Z. Young 說：「聚在一起可能代表的就是一種溝通。」聚集在一起成為一個共同體，讓我們知道自己是群體當中的一份子，因此強化我們的個體存在感。

　　葬禮儀式體現了分離和凝聚的律動。死亡是一種對死者和生者生活狀況的改變，這樣的改變反映在當我們指某人為鰥夫或寡婦的語言形式當中。這種對於仍在世配偶的稱號確認了社會和心理層面的影響，和已故的配偶有關聯。根據跨文化葬禮儀式的研究，Vernon Reynolds 和 Ralph Tanner 做了總結：

> 死亡儀式的重要性在於他們有著社會宗教的要求，必須由喪親的家屬在較不悲傷的朋友、親戚及鄰居的共同社會背景中來實現。喪親的家屬不至於孤單承受由於過度悲傷而產生身心失調的症狀，反而會較為積極活躍。在很多文化中，喪親的家屬扮演著長期的特別角色……等過渡期一過，他們的喪親之痛將會大大緩和。

　　聚集在喪親的家庭是一種獨特的社會場合。有些人只停留一會兒，表示慰問然後離去。其他人，通常是親戚或較親密的朋友會待久一點，幫忙準備食物、照顧小孩、協助打理喪葬事宜、代家屬答禮及協助任何需要幫忙的地方。聚會用來支持安撫家屬的過程，會持續到整個葬禮儀式結束。這種社會的互動對家屬的心理層面很重要，它證實死者真的離開人世的事實。親朋好友互相支持的聚會，確認了喪失親人的重要性。

　　當我們全家待在喪家一晚，見到一位婦女進入訪客室。她走進棺木並放聲號咷大哭。當她嗚咽啜泣時，兩名男子於兩側站起並攙扶著她。死者的母親靠近我，問道：「偉恩先生，你認識那名女子嗎？」我從未見過。在座的人無不交頭接耳並注視著。大家都在問：「她是誰呀？」

　　在這個激動的情況發生後，男子陪同這名女子到一旁的摺疊椅坐下，這名女子情緒也趨於平緩。最後，一名男子問她是如何認識他的弟弟比爾。

　　她抬起頭說：「比爾？」

　　「是的，他是我弟弟比爾。」

　　這神祕的女子站起來，朝棺木望去，說道：「很抱歉……我走錯房間了。」並迅速離去。

　　當我們狂笑不已時，比爾的遺孀說：「我當時正準備起身靠近她，想了解她到底是誰，又為何她這麼哀傷比爾的離去！」

Wayne Delk, 美國《福音報》

處理哀傷的動力

　　摯愛的人死去並不只是社會環境所要面對的，也是哀慟的生者心理層面所要面對的。死亡通知、探望以及其他死後儀式也是社會交流的形式，提供有效的心理刺激來面對喪失親人的情況。

　　當死亡發生，在世者最首要關切的問題便是遺體的處理。這涉及心理過程（決定要做什麼）以及身體力行的活動（實踐既定的活動）。遺體的最終安置是一道由社會、文化、宗教、心理及個人考量交織而成的網絡，共同來決定這項工作該如何完成。遺體最終安置的安排工作使在世者忙於處理這樣的過程中，加強他們對死者確實不在人世間這個事實的認知。可從在世者與他人談論喪葬事宜或積極地建造棺木及挖掘墓地，來確認死亡的訊息。

The Metropolitan Museum of Art, Rogers/Harkness Funds, 1920

圖 4-3　喪葬物品的呈現可以確保埃及人來世的快樂。遠在第十一個王朝，距今兩千年前，划著遊艇的葬禮模式於 Meket-Re 的墓出土。

　　葬禮本身提供悲慟家屬一種機會，來從事促進哀傷表達的活動。例如，在世者會將一些對死者意義重大的物品放入棺木裡。以「陪葬物」或葬禮用的手工藝品和死者埋葬在一起的舉動，存在於很多文化中。珠寶、照片、玫瑰、《聖經》、心

愛的帽子、軍事勳章、填充動物以及組織徽章，這些是常見於棺木中的陪葬物品。菸草、酒精以及死者有興趣的活動如高爾夫或釣魚等相關活動的文章，這些則是其他類型的陪葬物。放置陪葬物是一種哀悼的行為，對在世者意義也十分重大。葬禮儀式賦予遺體最終安置此等相關活動重要性。還有，這類的活動也提供經歷及表達哀傷的架構。

葬禮儀式在美國

現代社會很少人真誠關心親人的死去。多數人會雇用專家，也就是葬禮主持人或殯葬業者來提供禮儀形式及商品，為的是要處理和死者有關的喪葬儀式及各種事務。

結果，殯葬事業普遍被視為一種「神祕的事業」，顯示一般民眾對其了解有限。現代美國葬禮的評論者聲明，因為熟悉度普遍不足，殯葬業者會藉機敲詐他們的顧客。儘管事實上多數人給予殯葬業者在他們沮喪時刻所做的禮儀安排高度的評價，但仍有人提出這項聲明。

為了對抗濫用的潛在可能性，然而，美國聯邦交易委員會（FTC）在 1984 年實施「葬禮工業實行的交易規則」。所謂的葬禮規則，規定葬禮儀式負責人必須提供有關價格及合法需求的詳盡資訊給安排葬禮的人。它要求必須透過電話或書面來公開分項列舉的價目。有關遺物安置的不實陳述是被禁止的；此外，沒有獲得優先許可卻為某些特定的工作如防腐收費，要求顧客購買棺木為了直接火化，必須先購買其他葬禮物品或服務才可以購買某些葬禮物品或服務，這些也都是被禁止的。聯邦交易委員會的葬禮規則被視為將死亡從家屬及朋友手中轉移到專家手中的一種歷史軌跡的自然結果。

專業殯葬禮儀的崛起

當家屬自行安排他們死去親人的安置時，任何批評都是不恰當的。當然，這其中不會有利益動機的存在，死者的安置是家屬及整個社群為了表現尊敬而實行的一項人類的工作。有關死亡的儀式在家中舉行時，殯葬業者主要的功能是一名提供工具及葬禮相關設備的商人；這類設備包括棺木及馬車、門徽及肩章、特殊衣物、紀念卡及通知、椅子、長袍、枕頭、薄紗、蠟燭、裝飾品……等等用在哀悼儀式中的物品（見圖4-4）。雖然殯葬業的開端非常簡陋，但殯葬禮儀「工業」已開始變得更加商業化。

圖 4-4　城市家具木工師及葬禮裝備提供者的工商名錄列表，大約在 1850 年。

　　19 世紀末的數十年間，殯葬業者被視為是處理死者的重要角色。零售商不再是唯一可以提供葬禮物品給喪親的家庭，殯葬業者也可提供這類的服務。殯葬業者開始參與死者遺體的安置：在守靈時將死者平放安置好；將遺體運送到葬禮場所；最後，將遺體運至墓地等候下葬。由於房屋建造精巧及都市化，原本瞻仰遺體是在家中的起居室，現改由將遺體放置在殯葬業商人所設計的房間裡以供親友瞻仰。在城中，葬禮的「接待室」成為一種替代的儀式場所，人們不需要在自己的家中舉行此種儀式。這種特定房間的葬禮接待室是現今殯儀館及太平間的先驅。

　　大約也在此時，殯葬業者也成了喪事承辦人，視他們自己為「葬禮主持人」。1880 年代成立了「葬禮經理人國家協會」（The Funeral Directors' National Association），就是現在的全國葬禮經理人協會（National Funeral Directors Association, NFDA），在新興貿易組織當中致力要提升殯葬禮儀事業以及建立規範。早期貿易出版物，如 *The Casket and Sunnyside*，可以幫助和殯葬業者有良好溝通。

　　殯葬服務的專業「國家挑選殯葬業者」（National Selected Morticians）〔現為「挑選性獨立殯儀館」（Selected Independent Funeral Homes）〕自 1917 年建立，持續不斷地進步。「挑選性獨立殯儀館」是致力於優良服務的會員制限制團體。1945 年，國家殯葬禮儀機構成立從事研究工作，建立藏有殯葬禮儀相關資訊的圖書館，並贊助學校提供殯葬師職業教育訓練。

　　更近期，殯葬師擴展他們的服務，包括「善後輔導」計畫。範圍從打電話關懷喪偶的配偶近況，到提供諮詢或支持團體作為協助。工作人員會參加訓練課程來充實自己做好善後輔導的工作。此外，在一些情形下，葬禮機關雇用有執照的心理學家或悲傷輔導者，處理有關善後輔導相關事務。在某些社區，當地安寧療護機構

以及殯儀館會加入團隊來提供善後輔導的服務，這種專業服務的擴展是當代「敦親睦鄰」的表現。

　　傳統上，神職人員在協助喪親家屬安排喪葬事宜方面扮演很重要的角色。雖然葬禮以往多半是在教堂舉行，現在則多改在殯儀館舉行。從教堂轉移到靈堂（伴隨的是更有主導權的殯葬相關人員），這樣的轉變讓神職人員與葬儀員工間的關係產生無形的壓力。有些神職人員開始將殯葬禮儀帶回教堂舉行，並且通常會包辦大部分殯葬事宜。事實上，有些教堂已經開始經營他們自己的「殯葬事業」，或者是和一些公司簽約合作，提供社區教民葬禮花費方面的折扣。

　　在過去幾十年間，葬儀行業的聚集成為主要趨勢以及備受爭議的主題。擁有上百家殯儀館的大型跨國際公司正在併購鄰近小型的殯儀館，這些小型殯儀館多半是經營好幾代的家庭企業。很多觀察者質疑這些當地殯儀館可提供的「觸動人性」服務，會因大型企業的併購而消失。在一些社區裡，一些曾是家庭經營，如今成為大公司的殯儀館的長期顧客會離開，並轉移到仍致力於當地色彩及個人化經營的殯葬公司，以示他們的不滿。

　　即使我們現在習慣於將照料死者的工作交由專家，從禮儀服務來獲利的主意似乎還是挺恐怖的。對於「殯葬行業」的不安感，可能也和因為較少接觸死亡而普遍存於人性中的焦慮感有所關聯。當遺體是我們所深愛的人時，碰觸冰冷屍體而普遍有的厭惡感，可能會混雜著一種罪惡感。我們對於這些負責遺體最後安置的殯葬業者可能會有潛意識的憤恨。對於死者，我們可能會經歷一些五味雜陳的情緒：厭惡感、罪惡感、忿恨、焦慮以及愛。對於死者缺乏熟悉度的殯葬業者及葬儀公司，將會成為評論攻擊的對象。

殯葬儀式的批評

　　早期葬禮便不斷地遭受各種不同的批評。約在西元前 4 世紀，希臘哲人希羅多德批判性的談論到關於對死者葬禮鋪張的表現。美國殯葬禮儀也同樣受到批評，特別是在 20 世紀的前幾十年，也就是當葬禮儀式以及對死者的處理變得專業化，已經不再是家庭生活專有的一部分時。在這些改變變得十分活躍的過程中，最早的批評矛頭不只針對美國的殯葬禮儀，而是針對葬禮本身。在 1926 年由 Bertram Puckle 所出版的《葬禮習俗：源起與發展》（*Funeral Customs：Their Origin and Development*）一書，主張現代的葬禮不過是異教徒對於死者迷信般的恐懼所遺留下來的遺跡。如同希羅多德所主張的，Puckle 對於對死者鋪張複雜的葬禮儀式特別有

意見。

　　1959年，和葬禮有關的營利主義及鋪張的表現呈現在LeRoy Bowman的《美國葬禮：罪惡、鋪張以及莊嚴的研究》（*The American Funeral：A Study in Guilt, Extravagance, and Sublimity*）中。Bowman對於葬禮的社會及心理價值特別有興趣。他關注於現代葬禮被一些虛飾不實所覆蓋而失去葬禮儀式所應有的意義及尊嚴。Bowman說：「美國葬禮是一項落伍的儀式，只是將早期的習俗精緻化，而非將其改進以適於現代社會的需要。」Bowman的觀點認為殯葬師只不過是商人，賣一些不需要也不必要的商品。Bowman相信消費者會逐漸察覺葬禮儀式的主要社會、心理及精神方面的功能，而避免受到當代殯葬禮儀物質化的潛在剝削。Bowman認為殯葬師的功能在於幫助家人實踐他們的需求。他主張葬禮儀式可以有更大的彈性；他說：「現在儀式的一致性應該針對個人需求調整步驟，不管這些個人的需求可能是什麼。」

　　1963年，兩本書的問世使得美國的殯葬禮儀獲得廣泛的注意，分別是 Jessica Mitford 的《美式葬禮》（*The American Way of Death*）以及 Ruth M. Harmer 的《死亡的代價》（*The High Cost of Dying*）。Mitford 和 Harmer 對於殯葬禮儀的過度鋪張都有微言。這些出版書，尤其是 Mitford 的《美式葬禮》刺激消費者保護團體對政府施加壓力，要求對殯葬事業制訂規章。

　　對於 Mitford 而言，在她諷刺作品中十分強調她所提出的論點，傳統的殯葬禮儀不僅奇怪而且病態。努力修飾及美化死亡只是讓它更加古怪荒誕。殯葬事業人員的用語更是 Mitford 所抨擊的目標。她談到用來緩和死亡悲傷所用的委婉語：將棺木 coffin 以 casket 來代替；靈車 hearse 改成 coach；花籃 flower 改成 floral tribute；骨灰 cremated ashes 變成 cremains；遺體則是停放在靈堂。殯葬業者，現可稱作「殯葬師」，展示堅實銅製的「殖民式經典秀麗」棺木，裡頭鋪有適合調整各式姿勢的床墊，有六十多種顏色搭配的選擇。死者穿著由女設計師設計的手工原創式樣的壽衣，搭配「Nature-Glo」的化妝品來上妝。Mitford 為了檢視殯葬禮儀所用的諷刺性幽默，讓人聯想到 Evelyn Waugh 早期的小說《摯愛的人》（*The Loved One*, 1948）。作品裡，Waugh 用嘲諷的口吻諷刺有關葬禮的虛偽及逃避死亡的態度。

　　儘管有 Mitford 及其他人批評美國葬禮，很多人顯然還是滿意他們當地殯葬業者所提供的服務品質。殯葬師時常接收到他們所服務的顧客的感激之意。他們整頓好家屬在喪失摯愛後所必須面對的事情，並給予家屬穩定和安全感。典型的殯葬業者必須盡可能滿足喪親家屬的需求和願望，即使這些需求可能和「正常」的儀式有所不同。以下的故事可以作為例子說明。

　　一對荷蘭的夫妻在南非旅遊時發生意外喪生。他們的家人認為這對夫妻鶼鰈情深，應該要延續表現在他們的葬禮中。家屬希望這對夫妻能葬在同一個棺木及墓地。雖然這樣的要求是頭一遭，但是殯葬公司仍然去確認適用的法律，證明此舉並無違法。只不過實際上也的確有些狀況發生。沒有公司製作雙人棺木。殯葬公司快速的找到工匠以加班趕工完成一副雙人棺木並做些調整，一切都進行得很順利。殯葬業者說：「對於能夠完成這樣的委託任務，我們感到很驕傲；對他們的孩子而言，此舉無疑更堅定他們父母之間的愛。」

選擇葬禮儀式

　　為了紀念某人的生與死，臨終儀式的選擇可能涉及傳統葬禮儀式或一個簡單的紀念儀式。雖然遺體典型地會呈現在葬禮中，但這樣的情況並不會出現在紀念儀式。

> 好，巴洛先生，你現在有什麼想法？當然會防腐，在那之後要不要焚化全操之在你。我們的火葬場十分科學化，裡頭的溫度很高，所以不管多細微的東西都會揮發掉。有些人並不喜歡棺木和衣物的灰燼和摯愛的骨灰混在一起。正常的處理多半採用土葬、造墓、裝骨灰罈或幽居，但很多人最後還是比較偏好採用大理石棺。那十分個體化。棺木會放在封印的大理石或青銅棺內，然後永眠於地面上所建造的陵墓壁龕中，可以有、也可以沒有彩色玻璃的裝飾。當然，這是專門為那些有錢的人所設計的。
>
> Evelyn Waugh, *The Loved One*

　　在某些情況，葬禮和紀念儀式都會舉行。前者在死者過世後幾天內舉行；後者則會過久些再擇日舉行（可能會在不同的城市，那裡死者的交友圈較為廣泛）。雖然某些人及家屬偏好不舉辦葬禮，喪親的家屬及朋友通常可藉由儀式有機會向死者致敬並表達哀思。

　　一個人臨終儀式的決定，理想上依照在世親屬的需求及願望。做計畫或安排時，你可能想複習一下喪葬儀式的各項要素（見表4-1，先前在此章節中出現過）。宗教及文化傳統和人們如何向死者表示敬意有很大的關聯。有意義的葬禮或紀念儀式可以有很多種不同的設計方式。

　　葬禮儀式的買賣是很獨特的商業行為。很多人卻很少去想，甚至根本不想這

一點，直到他們陷於情感的危機中。就其他買賣而言，顧客如果可以花時間好好考慮他們的選擇，便會較少陷入後悔的情況當中。當葬禮儀式在這非常時期中進行時，顧客必須當下作交易且不得退貨。「三十日內不滿意可退貨」並不適用於棺木的交易，一旦買賣，定是賣斷。缺乏資訊、葬禮或墓地事先考慮的機會，可能會導致作下後悔的決定。

選擇葬禮儀式不同於我們一般做買賣。例如當我們買一輛車，我們可以開著車四處購物或試開各種型號樣式的車子。如果你遇到一個對你施高壓策略的售貨員，你可以選擇接受或是一走了之；你有明確的選擇。但是，處於情感作祟的葬禮儀式的交易中，我們很少能作客觀及冷靜的思考。喪親的家屬無法簡單的就一走了之或是到別家比價。一旦有人過世，做任何調查考慮都已經太晚了（然而，沒有法律規定將遺體從某家殯儀館轉到另一家是不被允許的）。

如果昂貴的棺木以及鋪張的葬禮成為葬禮的主要焦點，僅僅是因為在世的親朋好友希望緩和自己的罪惡感或彌補和死者生前有過的摩擦，這是十分不幸的。花大錢辦喪事，在某些情況中，反而喪失臨終儀式的真正目的；也就是，隱晦死者生平事蹟而僅僅安撫在世親友。湯瑪士‧林區（Thomas Lynch），一位殯葬師、詩人及作家，說過：「即使我們買最上等的棺木，它絕不會百分之百合適；因為當一個人死去，我們所希望伴隨死者埋葬的：傷害及原諒、生氣及痛苦、讚美與感恩、空虛及欣喜、心煩意亂的感覺，也無法隨之入土。」

葬禮是親友私下彼此互相分擔哀傷以降低悲傷的心理負擔的場合。葬禮影響到遺體的安置，同時也承認一段生命已經逝去的事實。葬禮是家人面對社區的正式聲明：「我們已經失去某人，我們十分悲傷。」觀念上，這是個人基於感受需求及價值感所發出的聲明。我們應該要記住這點，不管葬禮是否用鑽石及紅寶石或詩集與歌曲來裝飾，我們還是可以實踐葬禮的意義。

殯葬禮儀的費用

全國葬禮經理人協會將傳統美國葬禮所需花費的費用分成四類。第一類包括殯葬師及殯葬人員提供的服務所需要的費用、使用葬禮設備的費用、棺木以及其他顧客為葬禮所做的任何交易。

第二類是遺體安置費用。包括所選墓地的費用以及下葬的費用；或者不下葬，將其安置於陵墓或地窖的費用；或者，如果採取火化，火化、灑骨灰或者骨灰罈都是一項費用。

©William E. Rosemund, U.S. Army Photo

圖 4-5　成千上萬的美國公民參加在越戰當中死去的軍人的光榮葬禮。行進隊伍正經過紀念大橋，兩邊則
　　　　是海軍哨兵線，要前往威靈頓國家公墓。這場葬禮以軍禮表現出全國對於在戰時為國捐軀的軍人
　　　　們致上無限的敬意與哀思。

　　第三類包含紀念的費用。就土葬而言，包括墓地的紀念碑；就火化而言，包含骨灰罈安置所（columbarium）裡的壁龕（niche）的銘刻和銘牌，骨灰罈安置所則是有一連串擺放壁龕的地面上建築，壁龕則是嵌壁式的隔間。

　　第四類包括由家屬所支付的五花八門的費用，以及給付殯儀館的費用。這包含付給神職人員的謝禮、大型轎車或其他靈車租用（如果不包含在殯葬禮儀的費用

中）、花圈、訃聞，或是如果遺體需要運送至外地的費用。

美國聯邦交易委員會（FTC）在1984年制訂的葬儀規則，要求所有殯葬業者必須提供詳細列舉的價目表，這樣顧客才可以比價或是單純選擇某些儀式項目。美國聯邦交易委員會（FTC）的要求並沒有禁止殯葬業者提供整套單一價的葬禮儀式。

葬禮費用在一個國家的不同區域有不同的收費，鄉村和大都市的收費也有異。一般成人的包含棺木葬禮費用（但不包含墓地）大約是五千兩百美元。

如果你對葬禮有不舒服的感覺，而這又是我們自己社會文化面對死亡所會處理的方式，如果你試著要逃避甚至忽略這樣的儀式，這可能意味著你有「死亡焦慮」的後遺症。這也是我們文化中會出現的一環：也就是人們會對我們自己本身文化所提供的心靈治療資源選擇逃避、退卻的行動。有種普遍的觀念認為，如果葬禮的規模越小，我們內心的悲傷也會較為減輕；但是事實卻不然。

如果你在這種場合越是壓抑自己內心的情感，不表現出自己的哀傷，你將會延長自己哀傷的心情，並且延後心情平復的治療工作。

這就是為什麼在某種文化中，例如我們的文化，如果你沒有明智的處理自己的哀傷，在經歷面對死亡的經驗後，你將會得到更大的病痛反應。人們應該由外在表現出自己內心哀傷，而非透過內心或是社會處理來撫平傷痛；那樣只是會更痛。

但是在原始的文化，像是澳洲的原住民，他們會舉辦為期兩週的葬禮。在那裡，你可以看見各式各樣表現內心極度悲傷的方式。兩週後，大部分的悲傷撫平工作已經完成，而在世的家屬已經準備好要進入下一個哀悼階段，通常這個階段也會持續一段時間。

Edgar N. Jackson, 與多位作者的訪談實錄

美國每年大約有240萬人口死亡。葬禮的總支出超過120億美元。雖然很多殯葬公司規模不大，但反觀這樣的總數，遺體安置是項大生意。

比較價錢

即使分項列舉，不同家的殯儀館所報的價仍很難做比較。殯葬業者並不會都提供完全相同的商品及服務，他們也會以不同的方式來報價。然而，能分辨基本價目是很有用的（閱讀關於葬儀物品及服務的討論時，可以參照表4-3，可約略了解葬儀商品及服務的索價範圍。當你從當地殯儀館拿殯葬禮儀價目表和全國殯葬禮儀基本定價範圍做個比較，一定會發現一些有趣之處）。

專業的服務

葬禮花費包含殯葬人員提供的服務費用,例如安排葬禮、和親屬做諮商,還有神職人員負責主持探視以及葬禮,還有準備填妥的通知書、授權遺體安置事宜。遺體安置事宜也包括填妥死亡證明書以及死亡給付的所有權。

專業的葬禮服務費用必須涵蓋所需要維持葬儀設備及人員基本開銷的範圍。因為葬儀設備的特殊設計,所以它們經常需要一筆資金投資保養。典型的殯葬企業會設置在大型殖民地式設計的建築物裡。

樓層特地設計作為殯儀館樣式。葬禮常被比喻為戲劇的上演,因為有些特殊的活動在側舞臺進行。後舞臺區,藏在觀眾目光不及之處,也就是遺體做好防腐及

表 4-3　殯葬禮儀價目表

葬儀	(單位:美元)
專業葬儀費用	$392~2,890
防腐注射	$185~990
其他準備(美容術、髮型……等)	$25~500
訪視	$50~1,085
殯儀館的葬禮	$75~3,075
紀念儀式	$75~2,625
下葬儀式	$50~3,440
遺物運送至殯儀館	$50~1,850
靈車(當地)	$65~458
豪華型轎車(當地)	$12~775
服務車/箱型車	$25~375
轉交遺物至其他殯儀館	$85~3,245
直接火化(殯儀館提供容器)	$300~3,000
立即下葬(殯儀館提供容器)	$270~5,000
商品	
致謝卡	$3~150
棺材(自選木材)	$394~8,000
棺材(自選金屬)	$299~4,000
墓穴	$250~17,800

資料來源:General Price list Survey, National Funeral Directors Association, Research and Information Department, Brookfield, Wisconsin.

上妝完畢，並做好即將呈現在葬禮戲劇中的最終角色。任何人想從前門進入後舞臺區通常沒有任何設限。葬禮教堂本身被視為「完美戲劇設計的典範」，而可能會「令百老匯巨星嫉妒」。通常安排這樣的葬禮會有通道及出口。有後門、大廳、隧道以及從準備室繞道過舞臺的走廊。

除了專業殯葬禮儀的費用之外，殯葬人員通常要求一項「吸收費用」，是有關運送死者遺物到殯儀館的費用，還有非上班時間（晚上或週末）接送可能要收額外費用。除此之外，墓地、火化儀式、花圈、報紙的訃聞以及其他的額外花費，會另列帳單。

提供選擇性價目的方式，美國聯邦交易委員會訂定的規則允許殯葬業者將專業禮儀服務項目的費用列入棺材的費用中。這樣一來，專業禮儀服務的項目會出現在棺材價目表中。

美國聯邦交易委員會葬禮規則，也特別規定有關直接火化或立即下葬的專業禮儀服務，必須納入遺體安置方法的價目中。同樣地，專業禮儀服務的費用必須包含在轉送遺物到另一家殯儀館，或從別家殯儀館接收遺物的費用中。

> 對很多人來說，什麼聽起來完全是種悖論呢？一個好的葬禮，對殯葬業者來說，這是典型的慣用語。雖然我同意有些人是因為大轎車、黑套裝以及賺大錢的謊言而進入殯葬業這一行，但是流動率很高，因為有些人並不喜歡他們所做的。除非新手殯葬師在幫助那些需要幫助的人時能獲得滿足感，或是像有句標語所言的：「為家屬照料死者」而感到滿足；否則他或她絕不可能忍受下去。或者是，除非他們在這行賺很多錢。有些人有錢將小孩子送去做牙齒矯正卻不送去寄宿學校；有人因為磚瓦、砂漿或現金流量的憂慮而束縛住；有人生活在緊連在床邊洽商電話的日子裡；有人因為其他人的需要而必須中止晚餐或親密時刻；但我們多數人不願意這麼做，除非我們能夠在那些事務中得到超過金錢報酬的滿足感。很多已知世界的人無法接受在聖誕節必須幫鄰居遺體做防腐工作、和鰥夫站在一起望著躺在棺木中的妻子，或是和患有白血病的母親談論到她擔憂不知何時她的小孩會沒有媽媽。那些能堅守在這種工作崗位上的人，總是堅信著他們所做的不僅對事業有好處，更重要的是能造福人類。
>
> Thomas Lynch

防腐

要下葬或火化的遺體不一定要做防腐注射。如果遺體在守靈或葬禮時需要接受瞻仰，防腐就是必須的工作（雖然現在可以用「冷凍室」代替防腐的工作）。每種文化有不同的防腐方式，而屍體保存的結果也會有所差異。在《死後歸於塵土》（*Death to Dust*）一書中，Kenneth Iserson 說：「基本上，防腐就是在屍體上塗上香油，主要成分是天然的樹液跟芳香的物質。」現代的做法是將屍體的血液和體內的流體物質抽出來，再用消毒及延緩屍體腐壞的化學物質替代。

在美國，當多家殯儀館如在華盛頓特區的 Brown & Alexander 開始為顧客做防腐的工作時，防腐在南北戰爭時廣為採用。布朗（Brown）是一位醫生，他之所以對屍體防腐有興趣，原因在於自身有解剖學的專長以及娶了一位女孩，她的父親在費城經營一家美國目前歷史最悠久的殯儀館 Kirk & Nice。在親眼見習一位由法國醫師在紐約做的屍體防腐演示之後，布朗決定免費提供給「在戰爭中遠離親人及朋友而不幸罹難的軍人們」這項屍體防腐的服務。美國總統林肯的送葬隊伍，搭乘火車由華盛頓特區經伊利諾州的春田，這項公開的大事更加強民眾對屍體防腐措施的認知。在這段期間，其他能延緩屍體腐壞的方式仍被採用（見圖 4-6）。

圖 4-6　冷凍棺木廣告，1881 年。
　　　　1880 年代的殯葬業者使用冰棺木來長時間保存屍體供瞻仰，如此張廣告所示。當屍體防腐技術普及之後，這種冷凍保存屍體的方法逐漸被淘汰。

　　屍體防腐在美國是一項獲得承認的技術，很少人質疑這項技術。而當遺體需要供他人瞻仰時，大部分的殯葬業者認為防腐工作是必須的，很少有例外。美國聯邦交易委員會訂定的規則指明，殯葬業者必須獲得家屬明確要求做屍體防腐的許可才能收費。再者，殯葬禮儀價目表必須在屍體防腐價目下註明：

> 除了一些特殊的情況，一般法律不要求一定要做屍體防腐。如果你選擇一些特殊的葬禮安排如遺體瞻仰，屍體防腐則可能是必要的。如果你不需要做屍體防腐，你也有權選擇不包含此項費用的葬禮安排，如直接火化或立即下葬。

　　一些殯葬業者已經將遺體準備工作及防腐的費用加在一起；其他業者則會將兩者費用分開計算。除了基本的防腐衛生過程，遺體準備工作可能包含化妝術、髮型以及修剪指甲，還有替死者穿壽衣並安置在棺木中供瞻仰等。

　　如果有冷藏技術或冷凍室，殯葬師會提供不需防腐的選擇來短時間保存屍體。未防腐而冷藏起來的屍體最多可以保存 3 天；然而有些殯葬業者規定，不存放未防腐的屍體超過 48 小時。冷藏屍體的費用比做屍體防腐還便宜。

棺材

　　很多人認為棺材是葬禮的主軸，因為在尊敬死者方面它有象徵性及情感價值。平均每副棺材要價大約 2,300 美元。然而，一提到買棺材時，顧客有較廣的選擇，價格也不一定。選擇範圍從便宜的硬紙板製箱子，一直到桃花心木、銅，或是價值上千美元的青銅棺材。很多殯葬業者會展示不同價格的棺材，因為不同的殯葬業者有自己訂定的棺材價格，所以顧客有可能在某家殯儀館問到 1,500 美元的棺材，在另一家發現一模一樣的棺材卻訂價超過兩倍之多。價格高昂可能是因為業者自行漲價；或是先前提到的，業者將專業殯葬禮儀費用也算到棺材的價格當中而非另外收費。

　　較低價位的棺材多半是以布覆蓋的夾板或壓紙板製成的，裡面包含可能由醋酸纖維紙包裹著乾草製成的床墊。在更高一級的棺材，有較精進的改良。棺材可能以青銅或黃銅鑲飾，床墊則由彈簧製造，上層覆以一層由醋酸纖維物質包裹的泡沫橡膠。在這種中價位選擇中，鋼墊棺材是一項選擇，它設有裝置確保棺材內環境是密閉的（雖然這樣的提供僅為家屬的一種慰藉，但是任何增加的保護物質都頗具爭議性）。鋼墊棺材在美國是一項很熱門的選擇。

　　頂級的棺木要價從 5,000 美元上升到 25,000 美元不等。所以棺木多半以桃花心

木、銅或青銅做棺木製造藝術的外部裝飾。豪華奢侈的棺木則是以可調整式高級床墊為特色,可傾斜放置,方便遺體展示。

　　美國聯邦交易委員會訂定的規則,要求殯葬業者提供顧客棺木的選擇及價位方面的清單。這項要求可能早先在提供整體儀式的清單中就包含在內,或是分開列在棺木的價目清單中。除此之外,美國聯邦交易委員會訂定的規則規定,顧客有權從別處購買棺材,而非僅可向負責其他整個葬禮儀式的殯葬業者購買。1993年,美國聯邦交易委員會再次確認這項規定,因為在田納西州孟菲斯市的Al Tacker's Family Heritage Casket Gallery(一家打折的棺材商店),有位顧客寄信給美國交易委員會,抱怨殯儀館拒絕接受從Tacker這家店買來的棺材。除此之外,殯儀師不可以收受從他處購買棺材的一些處理費用。

圖4-7　傳統上,葬禮便是親朋好友為了向死者表現尊敬以及道別而聚集在一起的時刻。這是互相慰藉對方,也是表現尊敬的時刻。圍繞在棺木周圍的花代表大家對死者在世時的深厚感情,以及對他的離去有著強烈的失落感。

　　這項1993年的規定促成許多小型連鎖的棺材折扣商店的發展。雖然很多棺材折扣商店是店面經營,甚至設在購物中心裡頭;有些則可讓顧客藉由打免付費電話或網路下單訂購棺材。有些殯葬業者加入這項潮流,開設他們自己的「葬儀店」,裡面販售有折扣的棺木及其他葬禮附件。儘管有機會避免買到高價的棺材,很多人

還是不大願意購買打折的葬儀商品。因為殯儀館會提供「一次買齊」的商品及服務銷售，而且民眾會有既定的觀念，不願意幫自己摯愛的人「省」這筆殯葬費用。然而，對一些人來說，當大限來時，棺材零售商變成另一項選擇。英格蘭倫敦市的 The Regale Funeral Store 是一家「殯葬禮儀超市」。它是一家超市型態的購物中心，提供花圈、紀念物、棺材、骨灰罈還有其他和葬禮有關事物。裡頭所有的商品及殯葬禮儀的費用都清楚的分項列舉及標價。

　　當人們得知法律並沒有要求預定要火化的遺體必須放在棺材裡時，通常會感到很驚訝。大部分火葬場只要求遺體必須放置在堅固的箱子裡。殯葬人員會提供符合身體大小的硬紙板箱子來滿足這類的需求。美國聯邦交易委員會不准殯葬業者告知顧客說，州或當地的法令要求遺體要火化之前必須先購買棺材（這是指，不需要正式的瞻仰遺容或探視的火化遺體）。美國聯邦交易委員會規定，提供火化服務的業者必須遵照下列的規定：

> 如果你要安排直接火葬的儀式，可以使用未完成的木箱或其他的箱子。其他種類的箱子包括硬紙板製的箱子或組裝箱（不論有沒有外部裝飾），或是帆布袋。

墓地

　　如果殯葬業者提供墓穴或墓地的選擇，價格要列出來。不論是分項列或是列在總價目清單中，以下的規定要做到：

> 在國內很多地方，州或當地法律並沒有規定一定要購買墓穴或墓地來放置棺材。然而墓穴或墓地的功用就是能讓棺材存放好，不至於沉入地底。墓穴或墓地能夠滿足此類需要。

　　因為很多殯葬業者不販售墓穴或墓地，所以在你所居住的地方，此項目可能不會出現的殯葬業者所列的價目清單中。

設施及禮車

　　探訪室的使用在美國的葬禮中是很常見的其中一項流程。在這些分項列舉的價目清單中，殯葬公司可能會用各種方法來標價，或是遵照當地習俗來定價。舉例來說，殯儀館中不同的場景會分項列舉，並且會以全天、半天或小時來計費。同樣的，如果葬禮儀式是在殯儀館中的小教堂舉行，這類的費用也會特別列出來。當提

供其他設備給顧客時（如帳篷或椅子作為葬禮使用），這些費用也會詳細列出來。

根據美國聯邦交易委員會的規定，殯葬公司提供的靈車、大型豪華轎車或其他類汽車都必須分開列在總價目清單中。家屬、抬棺者或其他參與者，如神職人員，通常都會使用殯儀館提供的座車。花車會將花從葬禮舉行的地方運送至墓地或火葬場。當需要雇用摩托車護送整個送葬隊伍時，費用也必須分開索取。

其餘各式各樣的費用

包含在此類中的是殯儀館提供的物品或禮儀服務的費用，也包含顧客從外面帶來的資源費用。

後者包含「預先索價」的東西，如花圈安排或報紙的訃聞。顧客需要付這些實際物品的費用，或者殯葬人員會額外收安排這些預先索費的物品費用。這些額外的費用都必須列在總價目清單中。

美國聯邦交易委員會特別指明，如果殯葬人員販售致謝卡並代表填寫發給親友，這些服務的收費也必須詳列出來。

各式各樣的收費目錄可能包含：向殯儀館購買的壽衣、給抬棺者以及負責處理殯葬禮儀的神職人員的酬謝金。

直接火化和立即下葬

並非所有的殯儀館都會提供顧客直接火化或立即下葬的服務，不過現在的確很多殯葬業者會提供這樣的服務。這些安置遺體的方法多半不包含任何供瞻仰或探視遺體的儀式（有些殯葬業者會將遺體放在輪床上，藉此符合家屬要求要探視遺體或舉辦非正式的儀式的要求）。

如果殯儀館有提供直接火化或立即下葬，這些收費，包含專業服務的費用，也要標示在總價目清單中。如果家屬選擇要求直接火化，殯葬業者必須提供箱子或讓顧客購買松木製的箱子或者是其他材質的箱子（如硬紙板、夾板或組裝板製）來裝置遺體。同樣的，關於立即下葬，顧客可以提供箱子或買一副簡單的棺材，像是由布覆蓋的木箱（如果殯儀館有立即下葬的服務但沒有提供直接火化，美國聯邦交易委員會並不會要求業者提供箱子或其他未完成的木箱給家屬，但很多業者仍選擇提供這類箱子）。

葬禮和紀念協會

　　葬禮和紀念協會是非營利的，合作事業組織藉由和殯葬人員合作或安排火葬事宜而有大量的交易額，所以可以提供家屬較低價位的遺體安置。在美國及加拿大約有兩百多家協會，很多都提倡簡約和經濟的死後安排。不管是直接火化或立即下葬，他們都遵循簡單的遺體安置手續。有其他業者仍會提供較高價位的選擇。葬禮及紀念協會代表家屬完成簡約和簡單安置遺體願望。

遺體安置

　　試想，在你死後，你希望選擇怎樣的方式安置你的遺體呢？遺體的處理必須要符合衛生條件，然而由現實的狀況來影響一個人選擇要怎樣處理自己的遺體是不大可能的。遺體處置方式多半涉及社會、文化、宗教、心理以及個人考量。Reynold和Tanner指出：「遺體必須處理，即使死者和家屬並沒有特別的宗教信仰，宗教多半會提供規則和人員來處理。」當問及美國人對遺體處理的偏好時，多半的回覆是：土葬、陵墓、火葬或捐贈供作科學實驗。

假設我們面對一具男人的屍體，我們該如何處置它？我們該讓它置放在船上任其漂流嗎？我們要把那個人的心取出然後將其埋葬在一處，而身體其他部位放在另一處嗎？我們要讓屍體暴露在野外嗎？或是在柴堆上火化他？將屍體推入坑洞中任其和其他屍體一同腐化？烹煮他等到屍體上的肉脫落再將肉丟掉，保留骨頭？這些問題會再誘導出其他不一定會浮上檯面的問題，例如：「人們到底對這具屍體的看法如何？」以及「到底用何種方法來處理這具屍體最合適？」

Robert W. Habenstein and William M. Lamers《美國葬禮規劃的歷史》

　　宗教信仰時常會影響遺體如何處置。例如，猶太教、基督教以及伊斯蘭教多半舉行土葬，而印度佛教徒則偏向火葬。每種安置遺體的方式對於有宗教信仰的民眾是很重要，且具有象徵性意義的。例如，印度人認為火葬是一種淨化的表現以及人類生命短暫的象徵。反之，正統的猶太教認為火化是一種偶像崇拜；土葬則是將身體還給大地，也就是上帝創造人類之處。其他猶太教的分支並不會嚴格禁止火化儀式。基督教禁止火化已不再是全面的，看法已略有差異；有些教會支持或至少能容忍火葬儀式，而有些則強烈主張土葬。

在《死後歸於塵土》一書中，Kenneth Iserson指出：「一具未防腐的成人屍體，不用棺材埋在6呎深的普通土壤底下，正常來說需要10～12年屍身才會腐爛到只剩骨骼；小孩子的屍體要腐爛則大概需要成人一半的時間。」環境因素會延緩或加速屍體腐爛；例如，放在棺材裡的屍體比不放在棺材中的屍體需要更長的時間來腐化；一般來說，屍體直接暴露在自然環境中會較快腐蝕成骨骼。

在一些社會習俗當中，當屍體呈半分解的狀況時，人們會藉由洗去附著在骨骼上的肌肉來加速屍體分解。在其他社會，會舉行露天的處理，將屍體暴露在大地中，屍身會快速腐化（除了如沙漠氣候般乾燥的環境，在沙漠熱氣會將屍體裡面的水分蒸發，反而使屍體得以保存）。有些美國平原的印地安部落會架設平臺，將屍體擺在上面，曝曬在太陽底下並任其風吹雨打。在一些社會，禿鷹或其他動物會啃食這些屍體的肉塊。舉例來說，在印度孟買有名的馬拉巴山丘可以看到一座高的鷹架叫做 dakhmas（靜默之塔）。那裡是帕西族人放置屍體好讓覓食的鳥類吞食的地方。身為祆教的追隨者，他們認為大地、火以及水是神聖的，所以不能被死者所褻瀆。

U.S. Navy Photo

圖 4-8　海葬一直是全世界海軍的傳統，特別是在戰時。圖中看到的是 1963 年美國海軍在突擊者號上為一位水兵舉行海葬儀式。

　　從古時候開始，水手處理屍體的方法就是水葬或海葬。在某些情況或文化中，這樣的處置方式就是將屍體從船上滑下或將屍體擺在燃燒的小船上任其在海上漂流。在北歐海盜時期，挪威人處理屍體的方式是將海葬與土葬混合在一起。死者會先放在小木箱中再與陪葬物一起放在一艘船上，再以土堆覆蓋在整艘船上。

Elmer Ruiz：挖墓者

　　不是每個人都可以當挖墓者的。不管從哪個方向都可以挖個洞。身為一個挖墓者，做事必須細膩。我曾經有個朋友，他想要看墓穴。他是挖下水道的。當他看到我在挖這個墓穴，他印象十分深刻；多麼的方正、多麼的完美啊！將有遺體會入主這個墓穴中。這就是為什麼挖個墓穴需要技巧。

　　今日的挖墓者，他們要會操縱機器。你只有在鬆土的時候需要這部挖土機，其他時間是用不著的。我們現在正在嘗試操縱另一個新的機器──土撥鼠；這種機器是用來開通結霜的地底，目前都能很順利的完成工作。當天氣回暖，例如15度，用這部機器是再好不過的了。

　　但要是溫度低於零度，相信我，你絕對會做得很辛苦。我必須戴上面具。嚴寒的空氣刺痛你每一吋肌膚，就像將燃燒的火焰靠近你的臉龐。這是在外頭待上2、3個小時的經驗。你必須戴上面具，否則會承受不住。

　　通常我得花上六、七天的時間挖好墓穴，這是在夏天的時候。但如果在冬天，那就是一份很艱辛的差事了。如果在冬天有四場葬禮要辦，那陣子會忙翻天。

　　要覆蓋好一個墓穴，只需要2分鐘不到的時間。我們只要打開漏斗灌入適量的泥土，然後壓擠土，之後在表面覆上一層黑土。最後我們再將原來那塊地方的草皮鋪回去。幾個禮拜後，你不會發現那裡有個墓穴。那裡十分平坦，平坦到你不會看出有個沉在地底下的墳墓。

　　我常告訴他們我是個管理員。我不認為這樣的職稱不稱頭。我要看管公園，以確保當一天結束，而園裡所有的設施都關閉時，沒有人破壞這座公園。偶爾有人會入侵公園偷東西、搶劫、破壞公園或毀壞某些東西。我相信這是一些年輕人做的，有責任感的人是不會做這種事情的。最後我們必須建造大門，並在日落後關閉。以往我們不做大門，只建了籬笆或是種植玫瑰，你可以坐在車內等日落再來……。

　　挖墓者扮演非常重要的角色。你一定聽說過，兩年前我們在紐約罷工時，有20,000具遺體沒人處理。

　　他們可以提高葬禮的費用，卻不願意提高工人們的薪資。物價不斷上漲，使我對未來不知所措。

　　你能想像如果我明天早上不出現，而另一個傢伙，總是遲到的那位，也沒有出現……，葬禮將在 11 點鐘舉行。想像接著會發生什麼事？葬禮要舉行了，但是下葬處何在呢？

　　有些葬禮真的多少會帶給你一些影響。我們幫忙埋了很多年輕孩童。人是有感情的動物，相信我，當你陷入這樣的情緒就很難自拔了。大約 2 年前我幫忙埋葬了兩名年輕人，一個男孩和一個女孩。這真是一場很傷感的葬禮，因為在場的只有同齡的年輕人。我已經很習慣天天得面對葬禮，當然這也會造成我的些許困擾啦，但那種感覺絕不會比我要親手埋葬一個年輕人還要來得難受。你真的很難脫離這樣的情緒……。

　　我天天都會面對哀傷場面，我也真的很習慣天天聽到死者家屬的哭泣哀嚎。但有些事情真的會讓你很難受，特別在你不得不接受時。有些人就是不放棄。你必須明白當一個人死去，你什麼都不能做只能接受。如果你不願接受這個事實，你只會令你的生活每況愈下，甚至身心都生病。現今的人們似乎比較能接受事實，他們仍會思念那位離開的摯愛，但不會那麼強烈。

　　有些葬禮上的人會表現出他們並不哀傷的樣子。這又是另一類的人。我相信他們很樂見這個人脫離人世間這個苦海，這個人真的永遠安息了。我常常聽到這個問題：「我怎麼能承受呢？」他們都會在我平靜的埋葬遺體後問這個問題。仔細思量，葬禮也是自然之道啊。

　　我相信我大概會一直說這類的話直到死去。這對我來說很容易，因為我已經住在墓地有 12 年之久了，而我還會一直住下去（笑）。所以不管我什麼時候走都很方便，我想我會葬於此地吧，看來也極為自然。

Studs Terkel,《工作》

　　捐贈給醫學實驗是另一項屍體處置的辦法。選擇這種方式的人以他們的捐贈對於知識進步有所貢獻為榮，「即使我離開了，我的身體仍舊貢獻良多。」這也是有限制的選擇，因為很多醫學院及其他這類醫療機構不大需要大體貢獻。所以，捐贈身體供醫學實驗可能比較難執行。當身體捐給科學實驗時，器官的處置權將在於接收捐贈的機構。當捐贈遺體的醫學或科學目的達成時，近親有權決定遺體最後的安置。當近親不要求取回遺體自行安置，醫學院及其他相關機構會確保能夠有道德及妥貼地處置屍首。在某些個案，學校或機構會特地舉行紀念儀式來公告某人身體捐贈為科學所帶來的貢獻。

　　低溫存管（Cryogenic suspension）目前並非一種屍體安置的辦法，但它也是一

項受到矚目處理屍體的特別方式。低溫存管是以乾冰來冷凍保存屍體，直到未來醫藥科學發達到可以使屍體復活並延續生命。

從史前時代的葬禮到太空時代的人體冷藏法，人類選擇各式各樣的方法來處理遺體。雖然很少人認真思考遺體處理的問題，但它的確有著情感及心理的重要性：當 Edward Strombeck 少校因為出差到越南而意外墜機喪生，軍方火化他的遺體並將骨灰郵寄回他在夏威夷的老家時，他的母親及其他家庭成員對這草率且缺乏正式葬禮的做法感到十分震驚，並表示內心的沮喪，所以引起美國參議員 Daniel Inouye 的關切。結論就是政策上做了調整。軍方人員的骨灰必須隆重且莊嚴的護送回家。遺體的適當處置不僅對在世者有極大的重要性，對整個社會也是如此。你偏向何種遺體處置方式，而這將傳達你對死亡有什麼樣的態度及信仰。

土葬

在西方歐洲傳統，和大多數與這傳統有關的社會中，包括美國，人們偏好的安置遺體方式是土葬；近年來也是如此。現代，火葬的數量增加，傳統的土葬成為一項不同的選擇。「土葬」一詞包含廣泛的工作範圍。它可能包含在土地上挖一個墳墓或指建造陵墓（如泰姬瑪哈陵和金字塔），可以埋放整個遺體或僅埋骨頭或骨灰。在世界某些地方，墓地是可以購買的；但有些地方，墓地僅能出租幾年。在某些墓地，我們即使死後地位依舊平等；但有些墓地，社會階級造成權勢地位不同，藉由分配地點較好的墓地給上流階級的人表示其地位永垂不朽。

墓地的費用，大約介於 100 至 5000 美元，也有低於 100 美元，或甚至高於 5000 美元。墓地通常需要建造墓穴來支撐土地及放置棺材。平均來說，這樣要加收 900 美元，雖然設計成有密封除溼功能的墓穴（但不保險）索價會更高昂。

陵墓或室外墓窖的建造大約要 2,000 美元。當然，價格也是會變化的。傳統上，墓窖一詞有地下墓穴（室）之意，通常會建造於教堂底下。而現代的意義，這個詞也指陵墓內的空間，由水泥、大理石或其他石材所建造的地上建築物，可以容納一個甚至更多遺體。陵墓中最為昂貴的墓室是在與視線齊高之處，最上層或是最底層墓室的價位較低（芝加哥的天堂之后陵是世界最大的天主教陵墓，可容納 33,000 具遺體）。開放或關閉墳墓或墓窖，基本上都需要收額外費用，大約 75～1,350 美元，端看所運用的設備。

最後，有些墓地需要支付資金或「長久管理費」來補助墓地的保養費。這些收費可以提高到 100 美元；不過這項費用有時已包含在墓地或陵墓建造費。

© Albert Lee Strickland

圖 4-9　地下墓穴，如圖所示，可以在墨西哥的瓦哈卡城市見到，在世界多處為代替地底埋葬的一種選擇。當墓室的使用費用高漲，經過一些時日，遺體會從墓窖移出並舉行土葬。

火葬

　　火葬就是將遺體送入強烈的高溫，使其有機組成成分逐漸變化為礦化的骨骸。在美國，火化這項處置遺體的方法始於 19 世紀（雖然對某些當地美國文化族群來說，這項方法已實行好幾個世紀之久）。在歐洲，這項方式頗為古老，可追溯至少至青銅時代。在很多國家，包括印度和日本，火葬是很普遍的遺體處置方式，而近幾十年來，美國有四分之一死亡人口是採用火化的方式來處理遺體。

　　火葬是一種將遺體送至高溫使身體有機物脫水及氧化的過程，大約要華氏 2,000～2,500 度的高溫。火葬從運用簡單的木柴燃燒高度發展到運用電或瓦斯蒸餾器。在美國，天然瓦斯是最常見的燃料。一般身材的遺體大約需要一個半小時才會燒到剩下骨骸，而這些骨骸會送去骨灰研磨機，將骨頭殘塊磨成粒狀，也就是「骨灰」（骨灰一詞讓某些人認為火化後的骨灰看起來像是木屑或紙屑。事實上，這些骨灰包含骨頭，看起來或摸起來像是被風或浪花侵蝕過，粗糙似貝殼成分的珊瑚沙粒）。

　　骨灰可以埋起來，放在靈灰龕中或放在骨灰甕中由家屬收藏，或埋在骨灰甕園，或者是灑向大海或大地。州或當地法律會規範如何實施這些做法。雖然灑骨灰是一項熱門的方法，花費也不高，有些人決定要用灑骨灰的方式但事後卻後悔。因

為，有位女士提及她的先生，說到：「我沒有地方可以放鮮花悼念。」當骨灰被灑向大海、森林或是類似的地方，家屬會發覺他們將思念某個特定地方所具有的情感力量，在那可以拜訪死去的摯愛親人。日本人的墓地，haka，小型私人的家庭陵墓，擁有許多骨灰甕。這種場所被稱作「東方有樹籬圍繞的歐式家庭」。隨著土葬的土地費用越來越貴，因而越來越多人採用火葬，所以市場主流趨向提供庭院式的土地放置較多骨灰甕；因此，好幾世代的家人可以葬於此並紀念。

　　在世的親屬可能會選擇用火化來紀念死去的親人，就如同土葬的意義。用來裝骨灰的骨灰甕要價50～400美元，但一般骨灰甕還是很貴。如果要將骨灰存放起來，可以用靈灰龕（小型地窖用來放置骨灰甕），價位需看靈灰龕的大小及地點而定。對一些家庭或族群來說，家庭墳地是好幾世代人的長眠之地。

© Robin Van Dorn, Open Doors

圖 4-10　在巴里人的村莊，用混凝紙漿做成的公牛象徵死者的地位，也是這個火葬儀式的主要焦點。根據當地習俗，屍體會放到家屬籌到必要的資金以舉辦火葬儀式；屆時，屍體會被掘出，用布包裹，和其他各式各樣的供品放置在一起，包括我們圖中所見在火葬地點出現的紙漿公牛。

紀念

　　墓碑和紀念碑是人們傳統上用來尊敬以及紀念他們死去的親人。而對於骨灰的紀念則是寫碑文在骨灰甕或其他裝骨灰的容器上。由於越來越多人採用火葬，企業家開始發展或重新尋找創新的方式來紀念死去的摯愛。例如，有些公司提供「火葬首飾」，紀念品小盒型的垂飾裡頭裝著一小部分骨灰。這些垂飾可以掛在脖子上或是放在支架上展示。

　　在某些內城區，有人會穿著T恤來紀念暴力受害者或是死於意外或疾病的人。這種習俗起源於紐奧良，日後也被其他各地所採用。如同「可穿戴的墓石」，這些T恤標榜一種「融合古代儀式與現代獨特風格的用來尊敬死者的產品」。有位年輕的女性在她二十幾歲的時候，就有8件家人及朋友的紀念T恤，他們都是在那位女性的住家附近慘遭謀害的。一位男性在他三十幾歲的時候說道：「現在我擁有的紀念T恤甚至比我活著的朋友多。」這類汗衫是在參加守靈、葬禮、忌日、受害者的冥誕，或僅僅思念對方時穿的。紀念的方式可用「紀念藝術牆」的方式呈現，即是在建築物上作畫。

　　高科技創意也發展出「電子墓地」的紀念形式。這類的研發可以讓在世的親人自行編輯「死去的至親的悼詞或是照片」；他的生平事蹟或家族史以及其他生活點滴，都會以電子文件方式收存起來，透過安置在墓碑旁的電視螢幕播放。收存多達250頁的訊息，這種個人化的紀念儀式「讓一個人的生平事蹟能代代相傳下去」。

關於遺體安置的法規

　　就一般規矩，死者的近親必須負責安排遺體的最後安置。然而州法律及當地法令會左右遺體安置的方式。舉例來說，有些社區有法令規定城內不可以舉行土葬。

墓誌銘

B. Franklin, Printer 的

遺體

（像是陳年老書的封皮，

書本的內容已顯斑駁，

字跡以及外皮鍍金的裝飾也已剝落）

長眠於此，成為蟲兒的腹中物。

但他偉大的成就不會消失；

> 他堅信，好東西會再現於世，
>
> 經過另一位作家，
>
> 以洗練的文字重新編輯、
>
> 修改及糾正。

　　如果死者沒有留下足夠的安葬費用，他的家屬親友也不願意幫忙出錢，州會介入處理後事。郡通常會儲備「貧困喪葬基金」來處理這樣的案件。根據某些情況，公共行政部門會考量何種個案屬於「不方便給付」，何種又是屬於「無法給付」。如果資金無法從私人方面獲得，郡方面就會負責這類的開銷。郡可能和當地的殯儀館有契約，所以能提供直接火化或埋葬骨灰。如果近親反對火化，遺體可能會放在棺材裡，然後埋在公墓所捐贈給貧戶的土地（或者，又是由社區出資）。

做有意義的選擇

　　葬禮定義為「一種反應出對死亡有組織、富有意義的、時間限制的、有彈性的、群體中心的儀式」。有鑑於現代多變化的葬禮儀式，這樣的定義真的能符合我們近來對於死者處理的方式嗎？什麼樣的價值觀引導我們如何紀念死者以及符合在世者的情感要求？我們為葬禮及遺體安置所作的抉擇越來越能反映個人需求而非社群的意見。如果龐大的（可能也是典型的）「美式葬禮」沒有出現在葬禮上，葬禮的方式可能由更廣泛的選擇所取代。反應多元文化的現代社會，很多殯葬師不僅熟悉通曉很多基督教派所舉行的各種葬禮儀式，也熟悉佛教、印度教以及伊斯蘭教各方面的儀式；還有無神論的人本主義者及兄弟會的宗教儀式。因此，由於不想被拘束於「傳統葬禮」，人們在眾多資源中做出選擇，這些資源使得他們可以從宗教或是世俗傳統裡創造或調整葬禮習俗。現在的殯葬師會提供更個人化的服務來配合大家對葬禮或遺體安置的不同想法，也可以服務世界各地有不同葬禮習俗的人們的要求。

　　在多元的社會，有很多方法能有意義且恰當的處理後事。有些人偏好以低調的方式處理；有些人則會很活躍地處理。對多樣化的選擇越來越了解，可以幫助我們作有意義的抉擇。一個痛失愛子的家庭可以作為例證。他們沒有為正式葬禮做任何計畫，孩子的遺體將要以火化並灑骨灰處理。在遺體火化的前一天，家人才驚覺他們正經歷一種因為突然失去摯愛而產生的令人難以承受的悲傷。

　　當他們試圖提及失去愛子的感受時，他們朋友圈中的某人建議他們應該化悲憤為力量，將悲傷力氣花在建造棺木上。很快的，親朋好友包括這個死去孩子的五歲弟弟，都積極的參與建造棺木的行動。稍後他們提及他們因為有機會可以「做些什麼」而有一股放鬆的心情（見圖4-10）。建造棺木可表達對這名死去孩子的尊敬之意，也能藉此抒發他們的感受。

　　如果葬禮可以幫助在世的家屬及社群接受死者已逝的事實，並重新整合這種生離死別的空窗期，那些快速將遺體火化的家屬該如何整理他們的心情？沒有遺體在場的紀念儀式取代傳統的葬禮儀式，是否值得關切呢？精神病學家 William Lamers 指出，以紀念儀式取代傳統葬禮儀式缺乏幾項要點：⑴這種儀式不會在內心因喪親而非常脆弱的時候舉辦；⑵家屬無法見證死亡的發生，也無法全程參與葬禮安排事宜及經歷整個儀式的過程；⑶遺體並沒有出現在紀念儀式上，所以所謂面對死亡事實所產生的療效將不會出現在哀悼者的心中。失落及生命傳承中心的總監 Alan Wolfelt 說道：「反對訪視（遺體）的人認為此舉只是表象的、昂貴的、不莊重的，甚至是不必要的。」然而，親眼見到以及花時間在遺體上，可以向死者做最後道別，也能真正告訴自己摯愛已經永別了。

　　現代生活的快速步調已經改變了傳統的葬禮儀式。葬禮上出席的人逐漸減少；越來越少人「有時間」抽離工作和其他必要的活動，來參加似乎可以省去的哀悼儀式。然而想要參加葬禮的心意仍舊是不變的，證據顯示，新科技的發明讓身在遠方的哀悼者也能感受到他們有參與感，即使他們真的不克前往葬禮。將錄影帶提供給無法參加葬禮的親朋好友，在小教堂的相機可以透過網際網路傳送葬禮實況給這些「網路哀悼者」，紀念網頁能讓哀悼者在線上張貼他們的弔唁以及分擔他們的哀傷，有些網頁如「虛擬墓地」提供空間來張貼有關死者的生平及照片（圖4-11），訪客有機會到留言版簽名並留下「數位鮮花」。有個虛擬墓地的網頁提供某種選擇，可以方便各式各樣有關宗教的、種族的、軍方的、國家的以及兩種生活方式結合的人。因此，一個天主教徒同時也是退役海軍的人，會有紀念網頁同時放在「天主教徒」以及「美國退伍海軍」的虛擬墓地裡。

　　紀念網頁和其他高科技的選擇可以滿足人們關於參加葬禮的需求。這些選擇是否能恰當的取代過去傳統葬禮所能提供的、更親密的、面對面的社會支持，仍尚未有確切的定論。當我們處理生活事務，由於太忙以致無法和其他哀悼者參與公告一個在我們親友社群中被深愛著且尊敬的人的離去時，這將如何是好呢？這些新的選擇證明可以增強在世者與死者之間的聯結力，也能夠滿足當我們在哀慟時希望和

外界聯繫的願望。

在 Pütz-Roth，位於德國的貝爾吉施格拉德巴赫縣的一家創意葬儀公司，會鼓勵哀悼者給自己足夠的時間來哀傷摯愛的死去。處在一個有家庭氣氛的環境裡，喪親的家屬及朋友有機會在死者尚未下葬時和死者共處一些時日（見圖4-12）。在Pütz-Roth，死者遺體不用防腐，而是放在「冷凍室」，好讓喪親的家屬探訪。當親朋好友前來，遺體會移至客廳，在那裡家屬們能夠使用廚房設施來保存飲品或製作點心。除了舒適的座位還有賞心悅目的藝術品之外，每間客廳都有窗戶可以眺望外面的風景，也可聽見外面潺潺流水以及小鳥啼叫。處在這樣自然的場景，當遺體開始顯現腐化的跡象，哀悼者會意識到大自然萬物都有起始有結尾；當他們找到內心深處的角落深藏哀傷時，其中便包含接受摯愛的死者身影將不在世上這一點。

伴隨著有意義的儀式的社會支持力量，不應該僅僅局限在死亡發生之後的那段時間。舉例來說，傳統夏威夷文化中，喪親的家屬在死者死去滿一周年當天舉辦

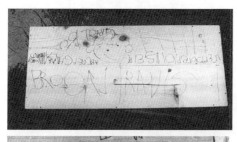

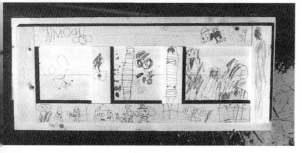

圖4-11　三張孩童棺木圖

◎最上圖：當親友所建造的木製棺木完成時，一位小孩撫摸棺木表面，並表達出「它還需要添加些東西」。他開始拿起畫筆在棺木上作畫用以裝飾。棺蓋上的圖畫藉由畫出來的名字及人像表達這是他弟弟的棺木。這名小孩也寫上自己的名字，並展示他新學會的數字及字母，表示他也有參與建造棺木的工程。

◎棺蓋細節：在這幾片棺木的裡層，從左到右，我們可以看到一個蝶蛹，暗示從毛毛蟲蛻變為蝴蝶；還有畫一些弟弟喜歡的電視人物：大鳥、愛鬧脾氣的奧斯卡以及餅乾怪獸。

◎棺蓋內部：和棺蓋外部相對，棺木裡面充滿著人生的經歷、事件，還有這個小孩的弟弟帶來這世上的快樂事物。這個死去小孩喜歡的很多活動，例如戴著耳機聽音樂、騎奶奶家的馬，都一一描繪出來。而在世的哥哥也描繪出他失去弟弟的哀傷，並畫出他和弟弟當初所分享的點滴事物及所有的快樂。可以注意棺木內部細節描繪得有多細膩，以及多變的影像都饒富深意。

一場紀念盛宴；不論男人、女人、小孩甚至是新生兒，都是受邀的對象。就大家庭來說，這被視為「人生三件大事當中的其中一件」，其他兩者則是為新生兒舉辦盛宴以及結婚的喜慶活動。雖然這個紀念場合被稱為'aha' aina waimaka，也就是「淚之宴」，因為它集合了每個人出於對死者尊敬及愛所流下的淚。但事實上，這也是一場令人開心的聚會，將曾為此流過淚的親朋好友又再次凝聚在一起。其中一位參加的人說道：「在這可以喝酒、吃東西以及跳舞。當哀傷儀式完成，我們還有烤豬大餐。」

© Rütz-Roth

圖 4-12　哀悼者在德國的貝爾吉施格拉德巴赫縣（Bergisch Gladbach）的 Pütz-Roth，有機會和死去的親人坐在一個寧靜有家庭溫馨感的環境，有助於面對死亡。這家創意葬儀公司樹立一個模範，可以幫助喪親的家屬找到內心深處的角落深藏哀傷。

延伸閱讀

Katherine Ashenburg. *The Mourner's Dance: What We Do When People Die.* New York: North Point Press, 2002.

Xavier A. Cronin. *Grave Exodus: Tending to Our Dead in the 21st Century.* New York: Barricade Books, 1996.

Robert W. Habenstein and William M. Lamers. *Funeral Customs the World Over,* rev. ed. Milwaukee: Bulfin Printers, 1974.

Glennys Howarth. *Last Rites: The Work of the Modern Funeral Director.* Amityville, N.Y.: Baywood, 1996.

Kenneth V. Iserson. *Death to Dust: What Happens to Dead Bodies?* 2nd ed. Tucson: Galen Press, 2001.

Kenneth T. Jackson and Camilo José Vergara. *Silent Cities: The Evolution of the American Cemetery.* New York: Princeton Architectural Press, 1989.

Douglas Keister. *Going Out in Style: The Architecture of Eternity.* New York: Facts on File, 1997.

Gary Laderman. *Rest in Peace: A Cultural History of Death and the Funeral Home in Twentieth-Century America.* New York: Oxford University Press, 2003.

Thomas Lynch. *The Undertaking: Life Studies from the Dismal Trade.* New York: Norton, 1997.

Elaine Nichols, ed. *The Last Miles of the Way: African-American Homegoing Traditions, 1890-Present.* Columbia: South Carolina State Museum, 1989.

Stephen Prothero. *Purified By Fire: A History of Cremation in America.* Berkeley: University of California Press, 2001.

David Charles Sloane. *The Last Great Necessity: Cemeteries in American History.* Baltimore: Johns Hopkins University Press, 1991.

圖 5-1 小孩對父母、兄弟姊妹和好友的死亡,所呈現的強度和成人一樣,這個小女孩帶著一幅她所喜歡的畫到墓地來,然後單獨花一些時間去回想,去思念父親,以獲得安慰和排解其喪父之慟。

第五章
兒童和青少年期的死亡事件

　　變動對兒童和青少年來說，是普遍存在的。搬家，於是小孩得離開熟悉的玩伴、朋友、鄰居、學校、人們和地方，這些他們早已認識和緊緊依附的事物。父親可能會說：我們就離開一年，明年夏天我們就會回來；可是對小孩來說，一年或者明年夏天，的確是很長的一段時間。變動帶來很真實的失落。

　　變動，例如婚姻關係中的離婚和分居，對小孩的體驗就像是一種死亡。小孩感受到原來的關係已經改變，但是真正的未來卻不確定，因此令人心慌。即使這種改變不像成人看待死亡那般地具有終結性，小孩總是感到猶豫不決，依戀不去，體驗到一種小小的死亡。

　　變動的另一種體驗，是哥哥和姐姐長大後離開家庭。當家庭成員有所遷移，小孩得面對新的、而不熟悉情境的調整。或許小孩喜歡這種改變，因為可以擁有自己的房間；但是兄姐的離開，原來提供支持和理解的照護者和知己就不見了。變動同時帶來獲得與損失。

　　家庭成員多了一個弟妹，激起興奮和焦慮的情緒。新成員的介入，可能代表小孩在家裡的地位被侵犯，父母以及其他成員的關注會減少。當然他可以享受因改變而來的冒險和進一步的責任，改變就需要去調適。

　　除此之外，小孩和青少年可能經歷重大的喪失：兄弟姊妹、父母、朋友的死亡，和面對自己罹患致命性的疾病；甚至反過來，孩童自己遭遇改變和喪失，體驗到父母的悲傷之痛。

兒童早期所碰到的死亡

　　小孩在什麼時候，第一次注意到死亡？大概在4、5歲的時候，有關死亡的思想和經驗，出現在其兒歌、遊戲和問答之中。嬰兒有關睡與醒之間的經驗，可能包含了對存在和不存在之間的區辨。小孩體會到這種區別可能是在最早形式的躲貓貓遊戲之中，嬰兒被一張布遮住臉，而阻擋了對環境的感官作用，類似一種死亡的體

會，然後突然地布再被掀開，就像又活了過來。因此，死亡可以在隔離、失蹤，然後又出現的遊戲中經驗到。

　　活的和死的區辨能力在兒童最早碰到死亡時就已存在。小孩能觀察到生命是否活著，我們用一個日常生活的例子來說明：一個一歲半的小孩和父親散步，然後父親不小心地踩到一隻小毛毛蟲，小孩蹲下來看著躺在路上的毛毛蟲，然後他說：「它不動了。」小孩對死亡的典型覺察是：「它再也不動了。」

　　死亡對年幼孩童有其不同的情感意義。在牛仔和印地安人的遊戲裡，死亡不是結局；遊戲還得繼續下去。小孩生氣時可能會說：我要殺你。你將會理解在他們的觀念裡，殺並非最後的了結，而且殺也不會導致疼痛。也許我舉的例子可以說明這個觀點：有位父親在出差回家途中，給他女兒買了一組手槍和皮套玩具，當女兒把新的禮物玩具手槍扣好之後，拔出手槍，指著她父親叫著說：「碰！碰！現在你死了，我已經把你殺了。」她父親此時叫著：「不要傷害我！」女兒接著天真地說：「喔！爹地！我並沒有要傷害你，我只是殺了你而已。」對小孩來說，真正的死亡只發生在很遙遠的未來，只有老人才會死亡。

Dan Leviton and Eileen C. Forman,
Death Education for Children and Youth

　　同樣經驗，對不同的小孩可能產生不同的回應。某一個小孩碰到毛毛蟲或鳥的死亡，可能因此思考好多天，以便找到答案；另外的小孩對同一遭遇，可能就不會那麼在意，對這件事不會如第一個小孩那麼激動和神祕的反應。有些理論家相信，嬰兒和孩童的這種行為可能是與生俱來的，這些是他們長大後與環境互動時，對生與死之觀念的基礎。

　　對大一點的孩童，遊戲活動促使他們探討死亡的觀念。印地安人和牛仔，警察和強盜的遊戲，部分反映了孩童努力去了解死亡在其生活世界中的地位。遊戲可以是一種驅逐害怕、嘗試角色、完成決策、探討行為結果、體驗價值判斷，以及尋找自我影像的方法。

1～3 歲小孩的死亡體驗

　　Mark Speece 對 1～3 歲的小孩進行死亡體驗的研究，調查指出，很年幼的孩童努力體驗死亡的相關經驗。他說：「可以相信有相當比例這種年紀的孩童擁有死亡的經歷，而且對之探討，並將其特殊體驗和他們理解的一般生活世界相整合。」

　　他發現一半以上參與研究的孩童有過對死亡的體驗：一些是對祖父、堂兄弟或鄰居等人們，一些是對非人類的死亡，包含鳥、狗和魚等寵物。他發現小孩對死亡的反應相當明顯，一個小孩對其寵物鳥的死不復生非常生氣，某些小孩則積極尋找死了的寵物或人們，他們詢問：為何死者不會動，死後發生什麼事，並且表達出對生命福祉的關心。

非常年幼的小孩和死亡：一個案例

　　請試回答：什麼時候孩童開始理解死亡？又是什麼影響這種理解的發展？一段父子的對話闡明了此一案例，一個兩歲多的小孩和他的心理學家父親。請注意這位父親在對話中，如何以專業的技巧傾聽和敏銳地觀察小孩的行為。

　　已經有 2 個月了，小孩每晚起床好幾次，並且歇斯底里地吵著要一瓶糖水。有一個晚上，父親也跟著起來兩、三次，然後和太太決定，要很肯定地拒絕小孩的需求。於是他走進小孩的房間，告訴他：這麼大了，不能再要求糖水喝；沒有糖水也要去睡覺。他決定讓事情到此為止，然後就離開房間。

　　但是隨後他聽到悲傷的哭聲，死命地哭著，好像面對死亡的恐懼。他驚異於何種原因導致小孩如此，重新走進房間，把小孩從哭泣中叫起，並且問他：「如果你就是沒有喝糖水，你會怎麼樣？」小孩不再歇斯底里，流著眼淚抽搐著說：「我沒辦法啟動！」父親就問：「那是什麼意思，你沒辦法啟動！」兒子答道：「如果我沒有汽油，我就沒辦法啟動，我的引擎不能動，那是你知道的事。」

　　父親於是想起去年夏天出去旅行多次，也碰到沒汽油的時候，所以兒子喊著說：「如果沒有汽油，你擔心的事就要發生了，現在我的引擎不能動，我就要死了。」父親又回憶起另外一件兒子親眼見證的事，有一次他們賣一部舊車，買者正想啟動引擎，可是電池沒電，引擎就不會轉。兒子聽到說：「可能無法啟動，因為馬達不轉，我想電池沒電。」（譯註：英文是說：馬達死了，電池死了。）

　　父親憶起這件小意外，所以他就問兒子：「你是說那瓶糖水就像汽油，車子沒有油，車子不能動；你怕自己沒有食物，你就會死是一樣的。」孩子點點頭說是，父親解釋說：「這完全是不同的兩件事，你知道你吃食物可以儲存足夠能量，讓你度過晚上。你一天三餐，而汽車一個禮拜才加一次油。當汽車沒有油時，它沒有備用的能量應急，但是人們不一樣，你可以 2、3 天不吃東西，你雖然會餓，但不會死，因為人就是和車子不一樣。」

　　這樣解釋對解除兒子的焦慮效果不大，於是父親改換另外的方式。「你擔心

你就像車子有部馬達,對嗎?」兒子點頭說是,接著父親再問:「所以,你擔心就像車子沒有油,你沒有食物也會死是一樣的,是嗎?」兒子又再點頭,「啊!那麼,車子有鑰匙,對嗎?我們可以隨時開開關關,對嗎?」

這時候,孩子已經輕鬆多了,父親於是輕輕用手指捅著他的肚臍問道:「那麼,你的鑰匙呢?這就是你的鑰匙嗎?」孩子終於笑了出來。「我能把你打開嗎?知道了吧!你根本就不像是車子,沒有人可以把你打開或關閉。一旦你的馬達開了,它就不會關閉,你可以安心地睡到明天早上,你的馬達會一直跑著,而不需要加油。你知道我的意思嗎?」小孩說:「是的。」

「好啦!現在你可以不必擔心,好好睡覺,當你明天早上醒來時,你的馬達仍舊開著,這樣可以嗎?」於是這孩子就再也不會半夜起來要糖水喝了。

想到小孩子那種把觀念串在一起的推理能力,實在令人覺得不可思議。在這案例裡,父親的推測是兩個經驗形成小孩對這件事的理解:首先是小孩認為糖水給他形同汽油的能量,因為他聽父母對堂弟說過,從糖水中可以得到汽油。第二,當小孩子的寵物鸚鵡死的時候,父親對他問過這一回事的答案是:「每一個動物裡頭都有一個馬達使它轉動,當它死時,就像那馬達不能再轉動了。」

小孩對死亡的整個理解是由一系列的觀念組合而成,就像把珠子串成一串項鍊一樣。這個兩歲多的孩子,對語言和死亡的複雜聯結觀念,說明著一件事情:孩童在他很早的生命裡,已經有能力形成對死亡的基本理解。

罹患致命性疾病的兒童

患了嚴重疾病的孩童需要「心理上的緊急救助」,以便他能夠應付因此帶給他的感覺和思維。我們可以很單純的給予安慰或支持,以助其通過困境和痛苦;或需要更多實質的涉入,以討論其焦慮、罪惡感、生氣和其他矛盾無解的情緒。照顧這種孩童需要更有彈性的方法,一個遇到事情時感到失去支持和不安全的孩童,會產生遠多於事實的恐懼幻想,那麼營造一個支持氣氛的環境,可以讓他自然地表達他的害怕心情,有助於減少他的被隔離感和孤獨感。

父母和照顧他的成人,對於回應孩童有關重病和預後的問題是很痛苦的,這些問題引發不確定感,也導致沉默和逃避的行為,我們不知道對小孩保留病情到底是否合乎道德?或者可以保留得住嗎?由於不想告訴小孩壞消息,所以這些問題變成兩難。William Bartholome 的觀察是:「讓照顧不治之症孩童的父母和照顧者,感

到最為困難的是，每一個被照顧者的生命都是一個不同的真實。」

孩童對嚴重疾病的觀念

Myra Bluebond-Langner 在白血症病房中對小孩的觀察研究，認為重病孩童通常能從人們對他的行為中猜測其病情。大人哭泣和逃避的行為，被詮釋為疾病和死亡的嚴重本質。白血症病房的小孩大部分的年紀都在3～9歲，已經能夠準確評估其病情之嚴重程度，儘管大人們並未告知他們。雖然大人們不准，但是他們常和同伴們討論自己的疾病；他們也體認到如此一來會令大人們不安，所以他們只在友伴之間討論這些禁忌，而不會讓大人們知情。

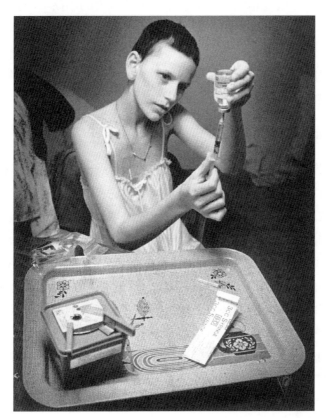

Theresa Aubin, *Bremerton Sun*

圖 5-2　罹患致命性疾病的青少年，可能對他每天的治療程序要多負點責任，在這圖中，一個癌症少女自己沖洗靜脈注射針筒，這是化學治療必須每晚清潔的。

　　在整個生病期間，小孩們對病情的詮釋不斷改變。首先是急性，然後是慢性，最後則是致命性。同樣地，治療程序首先是治療代劑，然後是延長性命；藥品則從總是有效，經過大致有效，到其實無效，所以他們服藥的行為和態度也隨著改變。通常來說，白血症病房的小孩知道許多醫院事務、醫療人員和醫治程序，以及其他病童的經驗，所以他們會說誰是首次復發，也會注意到某個小孩因病死亡。雖然他們不知道折磨他們的疾病真正名字叫什麼，但是他們很典型地展現出，對疾病治療和預後等知識的相當理解。

　　病童對死亡觀念的演進，遵循著他們所經驗到的重大關切事項為順序。5歲以下的小孩，常因為和母親分開而沮喪；5～9歲的小孩，比較關切到身體的不適、因病而致外表的改變，以及相關的治療程序；至於較大的小孩，則對其他小孩的死亡表現出焦慮情緒。這些發現和第二章所說明的發展模式很相像：年幼孩童是隔離焦慮；中間年齡是個人思維式的死亡、殘廢和疼痛；較大孩童和青少年，則對其他孩童的死亡產生焦慮。小孩們對這些關切事項的因應方式，主要受到他對疾病的理解和其可能的後果所影響。

孩童的因應機制（The Child's Coping Mechanisms）

　　重疾病童不是只消極地參與醫治和社交生活，一個小孩如何看待疾病以及其因應之道，都會和其年齡、疾病和醫療、家庭關係，以及小孩個人過去有關係。小孩生了病會導致離開學校、家庭生活方式改變、增加對他人之依賴，還有經濟上和感情上對家庭的限制。至於其他的壓力源和悲傷原因，則包含醫治時的疼痛，以及因疾病和治療所造成的可見後果，這些都與小孩的年紀和其身體受影響有相當關係。

　　對因為疾病所帶來的焦慮與精神困擾，孩童有其各種因應機制，甚至是很年幼的小孩，雖然此發展階段的孩童，使用其內外在資源的能力受限，亦能展現其不同的因應機制。有些兒童使用距離策略，限制與他們親密接觸的人數，以降低沮喪互動的機會。如此一來，孩童從整個環境中，只選擇那些較少威脅的情境和人物，這樣的因應策略可使他們建構一個更為安全和心安的環境。

　　對醫治程序中的疼痛，兒童以討價還價來換取他們的一些渴望：「當我打完針，我可以玩一會兒玩具嗎？」對於衝擊性的情境，病童可能退回到較少要求、較多安適的行為模式。遇到壓力情境，他們可能撒嬌賴皮，或者故意忘記大小便的控制訓練。如果不能玩競爭性的運動，他們可以令其昇華，或許玩棋盤遊戲，或者在醫院走廊，坐在輪椅上玩遊戲。如同成人一樣，兒童亦能使用各種機制來對抗疾病

帶來的不安適和令人害怕的景象。

照護重疾孩童

　　孩童罹患重疾就從他們原本熟悉的環境和所愛的人所帶開，然後被推進醫院和布滿醫療設備的陌生世界之中。就算兒童已經習慣於進進出出醫院的生活，但是新的治療方法、不熟悉的設備和人員，也會再度使他們疲乏和沮喪。這些經常性的改變常常使兒童更為焦慮和恐懼。「每次一個小孩再度住進醫院，他等於完全是另外一個人一樣，他得完全進入一個新的發展階段，帶著不同的恐懼和期望。」有些兒童可以彈性地回應醫治的壓力、令人衰弱的副作用、和疾病共存的日常生活；有些兒童則相當困難地應對其急性，或慢性的重疾壓力。父母和照顧者應該努力減少這些壓力源，並盡量使他們感到舒適。

　　家庭成員在參與照顧方面可以帶給病童舒適。雖然專業人員具備較高專業可以照護孩童的醫療需求，但是父母則較有非技術照護的特殊能力。父母親可以幫忙洗澡、餵食、陪吃宵夜，以及給予小孩情感支持。但是父母親在參與可能導致小孩疼痛的醫療程序時，要謹慎考慮到如此行為是否能給小孩帶來最大的好處；父母的這種行為或許會被小孩認為導致或加深疼痛。一般來說，父母親較宜扮演父母本身的角色，而非去做護士的工作；不過如果情況許可，父母親的確可以在情感支持之外，被要求適當地提供物理治療的責任。

　　病童最後階段之照顧中，很重要的是安寧照護及家庭緩和照護。護士教育者 Ida Martinson，是家庭照護和安寧照護的協助開創者，他觀察到：

> 　　對瀕死孩童及其家屬提供有效照顧的最大障礙是，包含醫生、護士和父母親，我們都很難以接受小孩即將死亡的這個事實。因為沒有人希望小孩死去，所以會繼續對孩童執行一些不必要和無效的治療行為。
>
> 　　父母很難體認到他們在家裡所提供給孩童的照護，比之醫院裡的專業照顧並不遜色，而且在許多方面還可能更好些。

　　當然，所有對重病孩童和其瀕死的照護，不論是在醫院、安寧照護所，或者在家庭裡，都應該要能得到適當的專業醫生和社區的支持才行。

面臨至親死亡的孩童

　　幾乎所有的父母親都希望他們的小孩不要遭受到喪親之慟。一旦小孩生命中有這種喪慟時，我們總企圖去減少它們的影響。例如小孩的寵物死了，他們很快的幫他找尋一隻新的動物，但是這樣的方式，其效果是有限的。因為死亡是生命中不可忽視的一項事實，所以一個更為建設性的方式是，幫助孩童探討他們對死亡的感覺，然後發展出其適當的理解。

喪親悲慟的體驗

　　喪親孩童的悲痛經驗及反應，和成人們的類似，但是仍舊有許多不同，包含其認知能力、因應模式、未來打算的需求，以及對大人支持的依賴等。影響孩童特殊反應的因素包含：年齡、心理和情感的發展階段，對家庭成員的回應和溝通型態，與亡者之間的關係，以及自己以往對死亡的經驗等等。雖然說孩童對生命中悲劇之因應有其彈性，成人可以扮演非常關鍵的角色，用傾聽兒童的關切，和溝通支持的方式，來保持兒童的身心健康，度過悲慟。意外死亡或者不可預期的自殺或他殺，會使兒童面對喪親之慟的問題更為複雜。

　　如果孩童認為，自己在親友死亡之事件中扮演著某種角色，那麼罪惡感會在事件之後一直存在。在這種情況下，開放性地討論當時情境，並且給予孩童適當機會表達其悲痛是很重要的。一旦讓兒童自己單獨去面對這種複雜的罪惡感和自責感，那麼這個喪慟情境可能產生極度的傷害，並持續到他的成人期。舉個三位男孩玩槍的故事來說明：年紀大的小孩拿著槍，子彈已經上了膛，年紀小的推了年紀大的一把，結果子彈就射了出來，射中了第三者，他們的堂兄弟。一個30歲的人回憶25年前的當時情境後，他這樣說：「我總是內心裡不斷地掙扎著，如果不是我推了兄弟一把，到底我的堂兄弟會不會死；我更總是認為我是做對了事以阻止意外，但是也一直沒有人和我討論過我的困擾和疑惑。多年來我自己一個人在晚上睡覺時，總是獨自哭泣。」雖然很明顯地，小孩子沒有必要為死亡負責，但是他們確實必須被鼓勵去討論當時發生的情況和其對情境的觀念及想法，因為小孩和成人對環境的經驗會有很大的不同。

　　對於喪慟的因應，小孩有時會選擇性地忘卻，或以較安適的方式重建其真實性。他不去回憶堂兄弟躺在擺滿醫療設備病床之上的恐怖感覺，或者認為躺在醫

院，只是做一些檢查。忘記情節和重建記憶的因應方法，可以免其被痛苦的經驗所擊倒。雖然年齡和認知能力有助於孩童之面對，但是成人們的態度影響也很大。

　　突然間，它不再只是一種夢幻般的感覺，它是真實的，克里斯多弗生氣了，這不公平，為什麼那啞巴要把波吉撞死？

　　「我應當開卡車把那啞巴輾死。」

　　「喔！親愛的，是波吉跑到他前面的，那個人來不及煞車。」

　　他們把克里斯多弗帶回家讓他躺在床上，他躺著，卻是一次又一次地回想當時的意外情境，他假想著，車並沒撞到狗；或者他沒有呼叫波吉，所以牠留在對面，而沒有跑過來；或者，他們沒有離開那條沒有車子的小路；或者他們就守在家裡。

　　這種惡夢不可控制地泉湧而出，直到波吉躺在路上的情景又再出現為止。

　　　　　　　　　　　　　　　　Carol and Donald Carrick , *The Accident*

寵物的死亡

　　當小孩們的寵物死亡時，大人很難找到最好的方式，來幫助他們面對這種喪失之痛。應該想辦法減少其喪失感呢？還是應視之為自然現象，而找機會幫助他們了解死亡的意義和探討喪痛的感覺？

　　有一位母親這樣描述，她的兩個女兒遭遇到一窩新生小兔死去的情況。當知道這個消息時，7歲大的女兒淚流滿面，大聲哭叫著：「我不要他們死去。」5歲大的女兒則在片刻沉靜之後，立即打電話給她上班的父親說：「爸爸，如果你在的話，你就可以醫治這些可愛的兔子。」反應出這種年紀的小孩，希望兔子得救的信念。然後他們挖個洞埋葬牠們時，7歲的女兒就不再哭泣，自說自話地說：「兔子死了，兔子終究是死了。」這時候5歲的小女兒還繼續哭著。

　　隔天，這兩個小孩不斷地問些問題。大女兒特別有興趣於家族中某位寡婦，她是想知道：這位寡婦是不是經常想念她丈夫，又為什麼人們總要失去他們所愛的親人。小女兒還是獨自繼續地悲傷著，直到母親鼓勵她把感覺講出來，她說：「我很慶幸，我才只有5歲；人總是老了才會死去的。」

　　年紀小的孩童比較關心她自己，擔心的是會不會死去；年紀大的，則關心到相互間關係的長存。他們對失去的反應雖然不一，但是小孩們總是一樣需要父母的親近，可以在一起重複地談論有關兔子的死亡和相關的經驗。

Hasse Persson, UPI/Corbis-Bettmann Newsphotos

圖 5-3 被殺身亡孩童的同學們，抬著他的棺木到達墓地，這一個儀式和紀念方式可供人們表達其傷痛，並排解其悲傷情緒。

　　不止是小孩，連大人也受到寵物死亡的影響。一位婦人描述她先生對伊姬死亡的反應，牠是一隻沙漠大蜥蜴。這隻蜥蜴死後，他一直哭著，直到把牠放進鞋盒子，埋在後院裡，他自己坦言，對每個他所愛而死的寵物都會這樣哭著。寵物的死亡會引起人們的暫時麻木和失念，心情被失落所占據，沉溺在寵物的回憶之中，生氣和沮喪，重大失落的悲傷充滿整個人的心思和情感。不能把寵物只當作人的所有物，很多人都覺得寵物不僅是人的陪伴，而是人們的家庭成員。

　　人類和寵物之間的聯結非常強烈。然而失去寵物的悲痛有時會引來人們的嘲笑，有人說這些失去寵物的人太反應過當了，終究地說：「它只不過是一隻動物，只是一隻寵物！」雖然如此，Allen Kellehear 和 Jan Fook 指出：「儘管幾十年來，

一般人們小看這種喪痛，一些寵物和人們之間關係描述的文獻，顯示出失去寵物和其他重大喪失對打擊人們的情緒是一樣重的。」

輔導過因失去寵物而悲傷的人，強調大人和小孩一樣都得把感覺說出來。如果拿新寵物來取代，之前應給他足夠的時間，以發洩其悲傷情緒，或許數週、數月，甚至長一些。如果自然的悲傷歷練，被過早阻隔和忽視，那麼他與死去寵物間的情感聯結，會危及他與新寵物間的健康關係之轉移。當人和寵物間的聯結被死亡所切斷，這個重大喪失感漸漸形成一種自然的悲痛。Avery Weiman 的觀察發現：「人和動物的情感聯結深度經常遠超過人和其親友間的聯結。」所以，寵物死亡的悲痛過程，應該被視為一種自然經驗，而且成人和小孩都是一樣的。

Jack Delano, FSA Collection, Library of Congress

圖 5-4　孩童對寵物可以感受到強烈的依戀；讓小孩透過儀式和談話的方式體驗到寵物的死亡，可提供一個因應喪失的方法。

父母親的死亡

在所有孩童所經驗的死亡事件中，衝擊最大的是父母親的死亡。父母親的死亡是安全、養育和感情的喪失，一種孩童過去所長久依賴的感情和心理的喪失。基於 Phyllis Silverman 和其同僚的研究結論，失去父母親之一的孩童，會建立起一套

記憶、感覺和行動，來重建其已故父母親的影像。這包含建立一個內在表徵，以允許孩童維持和已故父母的關係，而隨著孩童長大和悲傷減輕，這關係也跟著改變。孩童隨著時間的經過，一再地檢討此一喪失的意義，可以說：喪失是永遠而不變的，然而如何去因應卻不斷地改變著。

　　當父母親之一在孩童很年幼時死亡，傷悲的重要功能，包含悼念著因親人亡故而失去的早期關係，因為他們會徘徊在不知道親人已故的感覺當中。舉一個父母親在戰爭中死亡的例子來看，強烈的情感會深埋在心裡多年，直到某些刺激出現，或許是看到親人在報紙上的軍事報導，或者到軍事紀念館參觀，使喪失的記憶漂浮到表面來。與他人分享有助療傷：某些父母在越南戰死的小孩，長大後一起聚會分享共同的聯結，可以獲得安慰；與其他榮民談話，以及獲得一張原本記憶不全的已故父母親的照片，都有助於這種喪失感的理解。

　　孩童在他們努力理解至親亡故時，有時會假設自己負有責任。如果他們認為父母親的死，他們有些許責任，他們會感到罪惡和自我責備。例如，一個小孩記得他自己很吵，而犯癌症的母親正需要休息，他會想：「如果我能減少些噪音，也許母親會變好些。」父母死了，自己卻還活著，這事實就會引起「生還者的罪惡感」。有一個四歲小孩，他父親死於白血症，他所畫的圖可以說明這種感覺。當他父親死後不久，他玩弄著紙筆，問母親一些字怎麼拼。母親發現原來在圖中畫著的是，他父親生氣的對著他說：「我在生你的氣！」驚訝於先生為何對兒子生氣，母親於是問道：「父親為何對你生氣呢？」小孩的答覆是這樣說的：「因為你和我可以一起玩，但是父親就再也不能和我們玩了。」從父親的死亡當中導致的困擾感覺，小孩企圖找出他自己生還的結論來。

　　和小孩同是生還者，這位母親的做法很好，她說：「請你解釋這幅畫的意思。」她用這種開放性問題引導小孩說出他的感覺，因此直接回應到小孩的關切。自然隨意的圖畫和其他的藝術療法，對孩童是很好的方式，可以幫助他們探討和表達，可能深藏其內心且持續干擾他們的感覺。使用藝術療法幫助孩童處理其悲傷的這種做法，藉著提供一種安全和專注的環境來協助孩童表達其關切和感覺。

這一課

「你父親走啦！」我的光頭校長說。
他頭上閃亮的天花板和棕色的蒸盒
頓時在我的淚滴裡破碎。不是悲傷；
我哭泣著理解什麼較為苦痛

當我學到這一課，正好十歲又一個月：
依舊記得，在學校的大禮堂裡，
悲傷來時，噪音如何化成寧靜
幾隻金魚安靜地在魚缸裡划著

比起悲傷。然後我知道
那個悲傷——利用了父親的死
綁住小流氓的拳頭一、兩個禮拜；
然後，我為罪惡感哭泣，也為了解脫

繞著，在架上閃亮的牢獄裡。
牠們對這一切漠不關心。所有他人的
眼珠都轉向著我。在我心裡某處的
驕傲，如同金魚般，瞬間搖動了鰭。

Edward Lucie-Smith

兄弟姊妹的死亡

　　和父母親不同，兄弟姊妹的死亡很少是一種安全喪失。然而，這種親人的死亡影響，會讓小孩對死亡感到易受其傷害，尤其是年齡接近的兒童之死亡。Betty Davies 指出，對這種兄弟姊妹的死亡相當少人關心，當一個小孩過世，多數情況是注意到父母親，而未去注意到他生存的兄弟姊妹。然而現在的家庭成員變少，兄弟姊妹的死亡會使孩童變成唯一的孩子，失去了兄弟姊妹，變成是一個非常孤單的經驗。正如孩童這樣形容：「父親和母親可以相互擁有，但我就是沒有一個伴。」兄姊可以是保護者、照顧者，而不只是玩伴。生存的孩童悲傷於他們失去的特別關係，導致他們害怕不再有的保護和照顧；然而有一種解脫和喜悅，因為沒有兄姊之後，他們變成家庭關注的重心。這種混雜的感情，會使兄弟姊妹的死亡，產生一種罪惡感和困擾情緒。

　　對於失去兄弟姊妹的青少年，他們的努力因應會伴隨著一種個人生命意義的發展任務，這一種任務包含著強烈質疑其宗教信仰價值和上帝存在。David Balk 指出：兄弟姊妹的死亡粉碎了「良性的信任」、「無罪的宇宙」，和懷疑「自然之生與死」、「好與壞」，以及「個人的生命意義」。這一因應過程也帶給青少年更大的成熟，包含認知發展、社會推理、道德判斷、個體形式和宗教理解。的確，失親的青少年引用宗教作為因應喪失的資源，作為找尋悲劇後果重大意義時，提供安慰的來源。他們會繼續和死去的兄弟姊妹談話，以表示他們和兄弟姊妹的聯結仍舊存在的感覺，而且自然從容地把生活事件納入其談話內容之中。

　　孩童們很典型地依賴父母親的協助，以了解親人死亡的重大性，和因應此事件對家庭的影響。父母親的反應方式也是小孩因應的決定因素，有時父母的反應，在修復生存孩童應變能力的同時，也啟動了不適當的家庭因應模式。這些不當反應，包含公開對生存孩童表示怨恨，和企圖在生存孩童身上重建過世孩童的個性特質。父母的這些反應，甚至在成功因應的家庭，也或多或少的可以發現。父母在總結孩童之過世時，可能無意中減少對生存兒童的接觸，因為生存者可能成為痛苦的

提示者；不過相反地，父母也可能過度地保護生還者。

　　失親孩童應該被給予機會去理解和表示他們的傷痛。如果小孩談論到罪惡感時，父母可以問：「你覺得原諒你自己會怎樣？」罪惡感常來自於正常的鬩牆之爭，一個小妹妹早上被生氣地罵著「我恨你」，但在下午卻因騎車意外被送進停屍間；這對孩童來說，生氣的對象和後來導致的死亡，變成一種因果關係。

　　這種假設的責任感，有時是因為被「應該」的觀念所占據。一位 5 歲的小孩和弟弟在街上玩時被卡車輾死，他後來告訴母親說：我應該如何，我應該要如何如何。他把自己看成是弟弟的保護者，要負責弟弟的安全。母親就問他：「你應該怎麼樣？」他答覆：「我就是應該要。」母親於是問：「你說你應該，是什麼意思？」孩子於是答道：「我應該要注意看，我應該要知道，我應該……」作為弟弟的護衛者，他有一連串的應該。母親於是擁著小孩，接著說：「親愛的，我知道，爹地有許多應該！媽咪有許多應該！我們都有許多應該！我們可以擁有這些應該；我們也可以知道在那一刻每個人是可以做不同的事，還有如果他們可以選擇的話，他們會作出不同的選擇。」

©Karen Saltzman

圖 5-5　兄弟姊妹共享特別的關係，一種競爭和共同的情感與愛，因此其中一人的死亡切斷了此一獨特關係，使存活的人感受到強烈的喪失感覺，存活的孩童體認到，他們亦不可能免於早年死亡的威脅。

　　讓小孩成為與家庭共同歷練的參與者，有助於克服其危機。舉例說明一個5歲小孩描述弟弟死亡的經驗，這畫名叫「弟弟死亡的一天」，圖中顯示其最大壓力的時刻落在他被安置於鄰居家中，在那同時，父母則待在醫院裡。他最恐懼的不是弟弟被車輾過腦袋的情景，而是他單獨一個人的感覺，那種被家庭其他成員隔離，完全不知道他父母或弟弟發生什麼情況的那種孤單感。

　　這小孩的父母親不僅鼓勵他表達他的感覺，並且幫他尋找額外的支持，以對抗悲劇。就在他隨意畫圖，以發洩隱藏在內心被隔離的憤怒之同時，雙親也與社區中一樣有經驗的人共同分享，以獲得他們的支持。對一個10歲上下的青少年，喪親經驗中最有助益的是感受到「有人與我為伴」。

孩童的支持團體

　　社區支持是家庭自己內部支持系統外的重要額外力量，許多組織對家庭成員，包括孩童，提供重病和喪親危機的心理支持。美國各州有各種不同的支持團體，針對不同年齡提供不同的支持和服務。

　　例如：The Compassionate Friends and the Bereaved Families of Ontario 的雙親和青少年喪親服務，The Dougy Center for Grieving Children in Portland, Oregon 的訓練和全球刊物，The Hospice of Frederick County in Maryland 的兒童喪親服務，Camp Jamie 的兒童休閒活動和同伴座談。

　　甚至對年幼的孩童，當他們失去雙親之一，他們就會感覺與其他小孩的不一樣。在 The Dougy Center 的小班裡，都是3～5歲的小孩。路克在外面遊戲攀爬時傷到手指，大人就帶他進來擦藥包紮，一個小兄弟名叫馬力歐，跟在後頭。他們兩個的父親都在他們學前時，不幸因開車意外而亡故。當把路克手指擦好，也包紮完畢後，馬力歐說他也有「噗！噗！」，他也要包紮，義工就問他，你的「噗噗」在那裡，他說：「它是看不見的，我們所有在這中心的小孩，都有看不見的噗噗，因為我們都有某一個人去世。」他知道，雖然他只有4歲，他和其他小孩還是不一樣的。

Donna Shuurman, *Never the Same: Coming to Terms with the Death of a Parent*

　　還有其他團體對嚴重病童提供社會支持，創立於1982年的HUGS（Help, Understanding, and Group Support for Hawaii's Seriously Ill Children and Their Families）提供

許多廣泛的服務，而且是免費的。服務內容包含：24小時緊急支援、醫院和家庭訪視、赴醫交通支援、休閒活動，和喘息服務等。孩童和家庭成員只要有空，就可接受輔導，以便學習如何控制恐懼、生氣和心痛。對家庭有小孩亡故時，則提供喪親支持。HUGS由專業成員和志工網路所組成，提供的服務是：「幫助家庭結合在一起，以對抗衝擊性的不幸。」

電話線上服務團體，是另外一種社會支援形式，有效地使用在不同人口群上。在倫敦的Samaritans地方，於1953年首次利用電話對外執行自殺防治服務。最近，Pediatric Branch of the National Cancer Institute 創立一個電話網路，提供愛滋帶原孩童的服務。這個組織發現電話可以提供「不宜作面對面團體支持的私密感」，因此可以提供創意的治療方式，來幫助愛滋帶原者的孩童和他的家屬，因應疾病帶給他們生活上的不便。成員之間的交流，包含大量的自我表露和恐懼心情及關切問題的分享。他們更建立一個電腦網路，提供虛擬情境的互動線上社區，讓嚴重病童及相關人等一起分享共同的關切，以獲得社會心理上的支持。

另外，我們還發現其他形式的支持團體，他們能對有限預後的不治病童兌現他們的特別願望。創立於1976年的 Sunshine Foundation 和創立於1983年的 Starlight Foundation 就是兩個例子。透過這些團體的努力，嚴重病童和其家屬能夠一起去度假，或者完成其他如果沒有外力幫忙是絕對無法得到的願望。

幫助孩童克服變動和喪失

作為父母親或者照顧者，如何幫助小孩終結喪失之痛？家庭溝通模式是如何影響孩童面對喪親之痛？在喪親之後，我們又能給予小孩什麼協助？

在家庭成員有人罹患重病，甚至死亡的過程中，孩童若能參與其中的體驗，通常較能輕易面對他們的喪慟。若他們被排除在外，或他們的問題未能得到解答，他們心中的不確定感會令他們更為焦慮和困擾。假使成人自己也在巨痛中掙扎，他們更難以向小孩解釋這種心痛的情境；由於這種危機的特性，成人的觀念裡認為小孩鮮有能力去理解這些，他們便會忽略小孩子們的感覺和關切。就算成人們同意，孩童有權利知道真實情況，他們仍舊對告知悲痛和困擾的信息呈現極大的不安。他們或許自問：小孩知道真實情況，到底是有傷害呢？還是比較好呢？不過，在許多情況下，小孩子的天生好奇特性，有效地減少信息的閉塞。

信息分享的指引

對於小孩子的天生無所不問和關切，並不表示成人們要隨意把所有細節全部丟給孩童們，讓他們難以招架；或者以為他們反正聽不懂，所以對小孩加以訓示。雖然如此，父母和照顧者如果想幫小孩渡過難關，應考慮到孩童的理解力、經驗和因應能力。也就是說對於小孩的問題和關切，必須基於他們可以理解和因應的能力。與孩童談論死亡的基本原則是：給他們的解釋必須簡單、陳述基本事實，以及確認他們是否聽懂。

在危機發生前談論死亡

不論孩童受到同儕多少影響，在教室裡學到什麼，在家庭之外又如何見聞，父母親的態度對孩童的死亡態度還是影響重大。父母親自然會關心，該告訴小孩什麼？小孩子能懂什麼？我如何開始跟他說明？可是不論父母是否告知他們，甚至把它當作禁忌，孩子們還是會自己建立他們的死亡觀念。孩子們就是想知道死亡是什麼東西，正如他們想知道日常生活中發生的事物一樣。一個小孩這樣寫道：「親愛的神啊！你死的時候是怎樣？從沒有人告訴過我，我就是想要知道；雖然我不想去做。」

首先，誠實是對孩童解釋死亡時最重要的。注意到父母親總是立下公開和誠實的立場，但當小孩要談論死亡題目時，大人總覺得疲倦而逃避討論。如果你認為談論死亡是日常生活的一部分，而非危機處理，那麼隨機而談不如選擇好時機。

第二，不要拖延對死亡議題的介入。當親人過世不久，父母馬上要面對和小孩在危機中解釋的必要。這種不便的情形之所以發生，在於先前認為「這種事不會就真的發生」而拖延下來，直到來時「它就是發生了，我必須要告訴小孩了」，在這種情況之下想對小孩解釋，可是成人們心中充滿情緒，使得清楚溝通變得很難以達到。所以有一個好主意，就是利用在日常生活活動之中出現的一個「教導時刻」，來和孩子們討論死亡的議題（請參考第二章）。

第三是界定在孩子能理解的程度內加以說明。針對特殊情況，在孩子的興趣和能力範圍內給予適當的解釋。在與孩子討論死亡時，確認他所想的是否是你所說的，要他們告訴你，他們聽到什麼和學到什麼。

孩童總是用已知的觀念去解釋新的信息，因此導致很字面的解釋，尤其年幼兒童會用具體的東西來強調。所以記得不要造成令人困擾的聯想，用隱喻解釋可形

成小孩圖像，有助其理解；但是除非能分清事實和想像，否則小孩常會捉住想像的細節，而非你要傳達的事實。底下的故事可以說明：一個5歲的女孩，她的祖父得到癌症，她聽到的是祖父身體裡面長著一粒種子，這種子越長越大，直到不能在祖父身體裡容納，然後祖父就死了。父母親也沒注意到，直到她長大，她都不吃種子，一粒也不，黃瓜或西瓜都不。最後，在她21歲時，有人問她：為什麼你不吃種子？那不是有點怪嗎？種子有什麼不對嗎？她立即的反應是：「你吞了它，你就會死！」這麼多年之後，她才知道不吃種子的荒謬。如果在她5歲的時候，就有人問她：「你如果吃下種子會怎麼樣？」或許比較好些。

> 他活在很遠很遠的地方，離開這裡
> 路易的媽媽，解釋著。
> 你從沒問過
> 所以我也絕不會告訴你
> 公公死了。
>
> 我想要他回來，
> 我想念他，路易說著。
> 我一直等著他
> 而且我特別想念他，今天晚上。
>
> 我也是
> 路易媽媽說。
> 那你就讓他回來
> 就在今晚，為我
> 傾述，你所記得的。
>
> Charlotte Zolotow, *My Grandson Lew*

當家庭成員罹患重病

　　當家庭成員中有人罹患重病時，家庭生活常規會受中斷。如果這個孩子並不知道這項事實，他會為家中生活模式的改變所困擾。他會感到被拒絕，被家庭活動所遺漏，或者沒有理由地被忽視：「為何父母對妹妹那麼好，但卻忽視我？」或者「我任何小事都有麻煩，為什麼我兄弟不論做什麼，都不會受罰？」當家庭成員罹

患癌症，兄弟姊妹會為患者的症狀或者其後遺症造成的改變所驚慌。當成員罹患愛滋病，則會有更多的喪失，包含成員的死亡、不可預期的生活安排、更換學校就讀，還有汙染、私密和羞惡的感覺。

　　雖然開放地溝通有助於孩童因應危機，但解釋必須符合其認知能力。對很年幼的小孩，或許母親可以這樣告訴他：「母親肚子裡有一個很大的唉啊，得找醫生來幫忙。」對學齡兒童可以解釋得複雜些，或許告訴他「母親肚子裡有個從沒見過、一直長大的怪東西」。孩童對父母或兄弟姊妹生病的焦慮，各有不同。小孩可能因為母親消失不見而生氣；他可能想像地以為是自己所導致的而感到罪惡；為了平衡這些矛盾的感覺，可以鼓勵他們參與適當的照顧工作，例如讓小孩呈上一束花，或者畫一張圖畫。這樣的活動使得他們得以表達他們的愛與仁慈。

小男生：「動物死後都跑到哪裡去了？」

小女生：「所有好的動物都到了天堂；至於不好的動物呢，
　　　　　牠們都去了自然歷史博物館。」

Caption to drawing by E. H. Shepard, *Punch,* 1929

©Lawrence Migdale

圖 5-6　舉例說明由老一輩口語傳遞文化給下一代的古老傳統，這個美國原住民和她的孫子分享回憶和故事，讓小孩得以知道他祖父的死亡和他在家庭傳承的位置，在生活互動中自然出現和小孩談論死亡的機會；但是，成人在談話中最重要的貢獻是簡單地做一個傾聽者。

孩童在調整其生活過程中，可能感到被忽略和忿恨，為了對抗這些感覺，應

幫助他們使其感受到自己是家庭中完全參與的成員。鼓勵他們參與治療的程序，把他們納入家庭溝通和生活常規的推動。如此一來，雖然我們不能保護他們免於面對死亡的事實，但親人的敏銳和支持，使他們的經驗較不會太難過。

喪親之後

我們都假設我們和其他人共同分享同一個經驗世界，事實上每一個人體驗的世界都是唯一的。理解他人心目中的經驗需要傾聽的藝術。目標是能夠發現他人的思想、感覺和信念：「他們心中認為最重要的是什麼？他們的關切、恐懼和希望又是什麼？如果能夠提供協助，他們需要的是什麼？」這類問題甚為重要，可以幫助孩童克服他們的喪失感，因此我們要有足夠的意願去傾聽和接受孩童的真實經驗。

當親人亡故打亂了生活的熟悉模式，結果令人困惑和矛盾，因而產生一種情感和思維的糾結，很難加以清理。在這期間，孩童可能被要求保持「不看不聽」，因此阻撓他們對改變所衍生之情感和思維自然地進行探索和纏鬥。注意小孩的行為，可以搜集到他們對危機經驗的資訊，舉例說：哭是孩童在重大喪失之後的自然反應。告誡他們：「要勇敢！」或者「做一個小大人，要能提起精神！」這些都否認了小孩子們呈現人類天生情感的正當性。

在協助孩童因應喪親之慟時，成人必須誠實而正確地回答他們的問題。解釋必須合乎事實並盡量地具體，告訴小孩說：金魚「上了天堂」可能導致小孩努力構思天堂的大門，還有天堂的不同隔間：這裡是金魚的天堂、貓的天堂，那裡是人們的天堂。因為小孩有小孩的邏輯，我們得小心謹慎，以免小孩把我們灌輸給他們的觀念，產生不對的功能。

一個婦女回憶當她3、4歲時，一隻小狗必須「去睡個長覺」，直到她7歲時，她才知道狗並不會去哪裡睡什麼長覺。如果牠只是離開去睡覺，那麼跟牠說聲再見就可以了；可是如果當時她知道事實上她心愛的狗是死了，她會感到非常生氣，而且又沒有機會給牠一個應有的告別式，實在是令人相當沮喪的。

宗教信念在許多家庭裡是理解死亡一個很重要的部分。在這種家庭裡，家庭成員有人死亡時，父母通常會和小孩共同分享這種信念，這樣子，小孩也的確因為這些信念而覺得安詳；不過要小心地討論它，以避免額外的困擾。舉例說：父母對於來生的觀念可能和小孩能夠理解的相差太遠，若告訴小孩說：「上帝把爹地帶到天堂。」小孩可能覺得上帝並不仁慈，因為祂是如此反覆無常和不善理解作為一個小孩的感覺。

　　同樣的原因，講故事、說比喻和其他方法都要小心或避免，因為小孩會把這樣的解釋當作字面意義接受。有一個4歲的幼童聽他9歲的哥哥告訴他說：爹地已經上了天堂，他回頭告訴他母親說：「我們爹地在屋頂上。」母親問：「什麼！是誰告訴你的？」「是哥哥！」原來哥哥說：「我們從窗戶看出去，我告訴他爹地就在那天空的上面。」可是對4歲的他，最高的地方就在屋頂。如果你向一個4歲的小孩說，某人上天堂，而且你又剛好告訴他聖誕老人從屋頂下來，那麼他可能認為他們兩個是好朋友，然後編個故事說他們一起在工作、製造玩具、餵食馴鹿等等。

　　有一個婦女的例子可以用來說明年幼孩童對於死亡觀念的具體化。她第一次面對死亡的經驗是當她三歲半時，她母親過世，對她來說母親突然地就不見了，她不知道是什麼原因。不久之後，她開始體認到她母親已經死了，然後開始發問；有人告訴她，母親被埋起來了，她想：「那為什麼不把她挖出來呢？」又有人說她母親上了天堂，以後她就一直看著天空找母親。這兩種觀念都在年幼的心裡轉動著，她更想像出：「那怎麼可能！母親被埋在天空裡面？」

　　當被問及死亡逼近的經驗時，孩童都認為對他們最困難的事，就是不知道發生什麼事。一個小孩被診斷出重病之後，家裡沒有人告知他，後來他說：「我們總是一起生活，所以知道發生什麼事；突然間，一切都不一樣，那種驚慌遠大於發生在我身上的病，因為我的家人都變成陌生人了。」家人間溝通模式之突然改變，會造成對小孩的驚嚇，大大地提高對危機的焦慮。一個小孩不被允許參加親友的葬禮，會因無法參與生命中重要親人的活動而感到焦慮。有些小孩選擇不參加葬禮；但是有些孩童選擇參加，參加葬禮本身有助於他們對死亡的了解，能夠提供一個機會對死者表示尊重，也讓他們更容易接受到社會支持和安慰。

　　小孩面對重疾會導致溝通的嚴重中斷，一個女孩對醫院人員說：「我知道，我即將死去，我想要和我母親說話，但是她不願意；我知道她心裡傷痛，但是要死的是我啊！」當醫院人員轉述這件事後，這位母親卻氣憤地說：「她不會想到死亡這件事的，除非你們跟她談論。」這對母女的溝通越來越糟，做母親的仍舊不願與女兒談論其感覺，後來母親轉成孩子氣地說：「她今天感覺不好，……她不想談。」缺乏開放的心，阻礙了正常人類對感情和安全需求的滿足。

　　到底小孩是否準備好接受悲痛信息，最好的判定是小孩自己的興趣，通常從他們發出的問題可以判斷。以這些問題來導引，照顧者可以給予直率的答案，而不要給他們不相關的事實，增加其負擔。最重要的是，在此危機情境中的孩童，他們需要的是確定有人愛著他們。

　　小孩子能很靈巧地指出，你所告訴他們有關死亡中不一致的地方。一個小孩的3歲玩伴過世，他的母親解釋說，耶穌下來把他朋友帶走。他的回應是：「這很可惡呢！我要跟我的朋友玩，耶穌不存善意，他怎麼可以下來把我的朋友帶離開。」在與孩童談論死亡時，很重要的考量是他的信念系統，以及他理解這世界的思維方式，所以注意你自己要說的第一句話：「如果我用這種方式來說明，小孩子會懂嗎？」

利用書本當作因應工具

　　讀書療法，用書當作工具，來促使大人和小孩共同分享感覺經驗的方法。許多書店都有各種談論瀕死、亡故或失親的兒童書籍，小說或非小說類的都有，其主題包含父母、祖父母、兄弟姊妹、親友，甚至是寵物的死亡。選擇一本書給小孩讀，主要是你得先自己讀過，以確認它的文字功能和如何呈現死亡相關的信息。舉一本圖畫書為例，「當恐龍死亡時」可以被拿來幫助小孩，當他所喜愛的親人死亡時，他如何理解死亡。當幼稚園老師過世時，他會拿著這本書一讀再讀，並且問他父母，有關老師之死的許多問題。

　　選擇一本書給小孩的另外一個重要注意事項，是作者用來描述瀕死、亡故和喪親的術語。一些委婉的用詞，如：終止、果斷、轉移、超越等，可能表示作者對一些傷痛的原理、實務和洞察並不熟悉。將死亡稱作睡眠的故事，可能顯示其不適宜對小孩溝通。相反地，直接地明說，死亡、亡故、悲哀和葬禮等，反映出作者使用了誠實和正確的術語。有一些適合成人和孩童一起討論的書本，提供他們機會來相互探討各別的經驗（部分書單附表如下）。

　　成人們總是擔心小孩子碰到死亡情境時，他們做得對不對？他們熬得過去嗎？死亡這種事情對他們是不是太難以應付了？他們可以從這種重大喪失中活下來嗎？一般來說，小孩們應付得很好，正如 Erik Erikson 所說的：「健康的小孩不會對生命存著恐懼，如果他們的父母具有完整觀念而非對死亡恐懼。」

書單附表：兒童和青少年書單

Arno Bohlmeijer . *Something Very Sorry*. New York: Putnam,1997.

- 車禍意外的真實故事所改寫，描述一個女孩以愛去面對和克服母喪的意外悲痛。

Penny Colman. *Corpses, Coffins, and Crypts: A history of Burial*. New York: Henry Holt, 1997.

- 從古代中國歷史上，因戰爭死亡士兵的防腐處理，到今天的網路紀念和獻禮，主要描寫各種文化和宗教如何尊重亡者，把死亡當作接觸他人的一種經驗。

The Dougy Center. *After A Murder: A Workbook for Grieving Kids*. Portland, Ore.:The Do-
ugy Center, 2002.

· 從體認過謀殺致死的孩童經驗中學習，鼓勵他們從事不同的活動，以表達思想
和感覺，包含畫圖、猜謎、填字遊戲、講故事和相互規勸等。

The Dougy Center. *After A Suicide: A Workbook for Grieving Kids*. Portland, Ore.:The Do-
ugy Center, 2001.

· 和上一本書形式基本上相同，只是主題是兒童自殺身亡的體驗。

Paula Fox. *The Eagle Kite*. New York: Dell/Laurel-Leaf,1996.

· 一位高中生在父親死於愛滋後，他體驗到罪惡感和隱私的曝光，然而經過他努
力面對真實，最後找到方法可以癒合他和父親之間的親子關係。

Barbara Snow Gilbert. *Stone Water*. Arden, N.C.: Front Street, 1996.

· 祖父遭受巨大的撞擊後無意識地躺在床上，14 歲的小孩知道他祖父已經準備好
死去，這本書描述他內心如何地掙扎，以協助祖父自殺。

Kevin Henkes. *Sun & Spoon*. New York: Greenwillow, 1997.

· 一個 10 歲小孩在他心愛的祖父去世後的第一個夏天，如何地與悲傷奮鬥，並且
找到思慕心愛親人的治癒力量。

Davida Wills Hurwin. *A Time for Dancing*. New York: Puffin, 1997.

· 這本小說描述不治之症如何影響朋友和其周遭人們的生活，兩個十多歲的女性
至友，從小長大到面臨永別的歷程，其中之一罹患淋巴癌而死。

Hadley Irwin. *So Long at the Fair*. New York: McElderry-Macmillan, 1988.

· 描述一個高中男生如何用回憶和工作，面對他女友的自殺身亡並和過去終結。

Jill Krementz. *How It Feels When a Parent Dies*. New York: Knopf, 1981.

· 一本搭配孩童經驗描述的寫真集。

Madeleine L'Engle. *A Ring of Endless Light*. New York : Farrar, Straus & Giroux, 1980.

· 一個 10 歲女孩因應不治之症和悲傷之餘，發現到心中的精神靈性和道德深度。

John Mayled. *Death Customs*. New Jersey: Silver Burdett, 1987.

· 綜論世界各國對死亡習俗的宗教和文化議題。

Joyce McDonald. *Swallowing Stones*. New York: Delacorte, 1997.

· 一個奇異的美國國慶意外，讓一個無罪的人死亡，但卻把四個十多歲的少年孩
子聚在一起，並大大地改變他們的生活，讓他們討論罪惡、焦慮和傷痛。

Donna Jo Napoli. *Stones in Water*. New York: Dutton, 1997.

· 透過一個納粹戰爭中活存的小孩，逐漸揭露二次大戰中如何面對各種殘忍事件。

Ann Novac. *The Beautiful Days of My Youth: My Six Months in Auschwitz and Plaszow.* New York: Henry Holt, 1997.

- 一本大屠殺紀念集，尖銳描述希特勒集中營的生活、死亡和生還過程。

Katherine Paterson. *Bridge to Terabithia.* Illustrations by Donna Diamond. New York: Harper Trophy, 1987.

- 一個男孩的鄉居生活，在他遇到頑皮女孩之後大大地不同，他們結為好友，並創造一個神祕世界，可是在女友淹死之後，他得永遠地和喪失之後的悲痛奮鬥。

Elizabeth Richter. *Losing Someone You Love: When a Brother or Sister Dies.* New York: Putnam, 1986.

- 訪問失去兄弟姊妹後的年輕朋友的經驗談。

Gary D. Schmidt. *The Sin Eater.* New York: Dutton, 1996.

- 母親死於癌症後父親自殺，祖父教導他如何從過去找回現在，並和愛人長守。

Yukio Tsuchiya. *Faithful Elephants: A True Story of Animals, People, and War.* Illustrated by Ted Lewis. Boston: Houghton Mifflin, 1988.

- 一本尖銳描述戰爭的恐怖故事和其對人類和動物的影響。

Alan Wolfelt. *Healing Your Grieving Heart for Teens.* Boulder ,Colo.: Companion Press, 2001.

- 一本收集表達悲傷的格言和理念集（行動取向）。

Kazumi Yumoyo. *The Friends.* Translated by Cathy Hirano. New York: Farrar, Straus & Giroux, 1996.

- 普遍而富含文化氣息的故事，三個小孩面對死亡的迷惘，意外造成和老人變成朋友，並從老人處學到面對恐懼，和愉快地接受不可避免事物的體驗。

延伸閱讀

David W. Adams and Eleanor J. Deveau. *Beyond the Innocence of Childhood.* 3 vols. Amityville, N.Y.: Baywood, 1995.

Myra Bluebond-Langner. *The Private Worlds of Dying Children.* Princeton, N.J.: Princeton University Press, 1978.

Betty Davies. *Shadows in the Sun: The Experience of Sibling Bereavement in Childhood.* Washington, D.C.: Taylor & Francis, 1998.

Kenneth J. Doka, ed. *Children Mourning, Mourning Children.* Washington, D.C.: Hospice Foundation of America, 1995.

Robin F. Goodman and Andrea Henderson Fahnestock, eds. *The Day Our World Changed: Children's Art of 9/11*. New York: Abrams, 2002.

Donna Schuurman. *Never the Same: Coming to Terms with the Death of a Parent*. New York: St. Martin's, 2003.

Phyllis Rolfe Silverman. *Never Too Young to Know: Death in Children's Lives*. New York: Oxfrod University Press, 2000.

Barbara M. Sourkes. *Armfuls of Time: The Psychological Experience of the Child with a Life-Threatening Illness*. Pittsburgh: University of Pittsburgh Press, 1996.

J. William Worden. *Children and Grief: When a Parent Dies*. New York: Guilford Press, 1996.

Leigh A. Woznick and Carol D. Goodheart. *Living with Childhood Cancer: A Practical Guide to Help Families Cope*. Washington, D.C.: American Psychological Association, 2002.

© James Van Der Zee

圖 6-1　抱著他們死去的嬰孩，這對哈林區夫婦在承認他們第一個孩子死時，靠著分享回憶和分擔悲傷而得到安慰。大多數人感覺，在成人時期最痛苦的事件就是孩子的死亡。

第六章
成年期的死亡事件

　　正如人類的發展並不因為兒童期結束而停止，人們因應失去親友的模式也持續改變。也正如我們不同年齡的孩子有不同的發展課題，成年期也有不同的發展階段。在第二章中，我們討論了 Erik Erikson 提出的心理社會發展的最初五個階段（到兒童期和青春期階段），最後三個階段是在成年期。正如在兒童期一樣，成年期每個階段都建立在前一階段的發展基礎上。

　　成年前期（young adulthood）的特徵是親密和孤離之間的衝突。這一個階段包括各種不同形式的承諾和互動，包括性別、友誼、合作、合夥和加入團體。因為成熟的愛需承擔承諾的風險，摯愛的人死亡可能是這一個階段和下一個階段衝擊性最大的。

　　依照艾瑞克森的理論，下一個心理社會的階段是成年期（adulthood），此階段的危機是發展為精力充沛（generativity）或頹廢遲滯（stagnation）。這一個階段的特徵即是日益增長的承諾，要去照顧他人、事物，還有個人學會去照顧的想法，這可以解釋為什麼孩子的死亡如此痛苦。孩子的死亡在象徵性和實際上都與成年期撫育的心理社會任務相牴觸。

　　當我們到達第八個階段——也是最後一階段——成熟期（stage of maturity），此階段的危機是發展為整全或絕望。因為各階段是建立在前一階段的發展基礎上，將各階段發展連續來看時，此階段的危機是特別有影響力的，此階段顯示我們「被給予的生命旅途的一段」將要結束。成功地完成此發展階段的任務將帶給我們智慧的力量，艾瑞克森描述為「面對死亡時對生命本身的了然和超然態度」。

　　無論在小時候或是成年時，你所碰到失去親友的經驗，你可能發現都是有益處的。它們如何不一樣？在什麼地方是相似的？當你變得比較年長時，對失去親友的態度如何改變？其他人在你失去親友時是否給你支持？帶你成功經過此經驗的因應機制是什麼？這些問題形成一個架構，可檢視成年期失去親友時典型的情況。

喪失子女之悲慟

為什麼孩子死亡會是高度傷痛的？對大多數的人而言，孩子的死亡代表未完成之未來永遠的損失。我們期待一個孩子比他或她的父母活得更長，在老年的死亡可能被視為合理的，但是孩子的死亡強調了沒有人可以免於死亡。這種關於孩子死亡的態度，與過去幾世紀來健康照護進步而減少嬰兒和兒童死亡率有關。在早期和今天世界上的某些地區，一個新生兒或嬰兒在他或她已經活到足以展現繼續生存的可能性之前，並不被當作一個「人」看待，在現代社會中，孩子的死亡通常被認為是最不尋常的死亡事件。孩子的死亡顛覆了老人先死而且被年輕人取代的期待，父母成為一個過早死亡事件的生還者。當養育的基本功能被視為保護且教養一個孩子時，這職責因孩子死亡而挫敗，而可能造成罪惡感。

父母親想像小孩參加足球隊、從學校畢業、結婚、養育他們自己的孩子——這些都是產生生命連續感的里程碑。小孩的死亡使計畫及希望破滅，一個孩子將父母帶進未來，甚至是在父母死亡之後，孩子的存在給了父母一種不朽的感覺，然而當孩子死亡的時候，這些也被帶走了。

在父母親和孩子之間的互相依賴使孩子的死亡成為一種很深的失落經驗。傷痛可能集中在父母親責任的議題上，父母親的養育通常被定義為保護和教養一個孩子，直到他或她能在世界上獨立。因此，孩子的死亡可能被認為是因缺乏保護和教養，使得「好父母」的角色徹底失敗。在北美的科瑞人（Cree）給嬰兒穿著「避鬼」的鹿皮軟鞋，這鞋的底部有洞，可保護嬰兒免於死亡。如果祖先的靈出現而且召喚，嬰兒可以拒絕跟去，他或她可以說「鞋子需要修理」。

許多喪失子女的悲慟議題跨越了不同的成人階段，它們發生在30歲的父母也發生在80歲的父母，他們有些孩子大了，有些則是嬰兒。一個65歲的離婚或守寡的婦女，當她35歲的孩子突然死亡時，可能感覺失去安全感。有一個婦女如此說：「當我年老的時候，他將要照顧我，現在沒有人照顧我了。」是否她的兒子真會承擔這責任並不可知，但她兒子的死亡代表她想像的未來已失去了。

喪失子女是一種極大的傷痛，它可從社會生物學和心理學加以解釋。對於家庭系統中連結關係和心理動力學的研究，提供了父母親傷痛的周延模式。喪慟的母時常透過記憶及宗教信仰在他們心裡面回憶孩子。在仔細觀察父母─孩子關係的獨特性時，我們才能了解孩子死亡所帶來的悲傷。

夫妻一同因應子女死亡的悲慟

在與喪失子女的父母諮商時，經常會發現他們感到「整個人一片混亂」。在這種創傷事件中，父母期待能（而且被期待）彼此支持，但是在因應他們個別悲傷時花費的精力，已剝奪了相互支持所需要的情緒資源。一些喪失子女的父母說，除了失去孩子之外，他們也感覺失去他們的配偶。研究指出，孩子的死亡有可能改善或破壞婚姻關係。孩子的死亡可能產生弔詭性結果──即父母之間同時有疏遠及緊密的感受。

雖然他們同樣失去了孩子，但父母通常有不同的傷痛模式，這會讓他們兩人有被對方隔離且不被支持的感覺。價值觀、信念和期待的個別差異可能造成因應模式的衝突，因此減少夫妻面對傷痛時的「合一感」。雖然丈夫和妻子並非總是以不同的模式面對傷痛，喪失子女的父母發現彼此在面對傷痛時，經常是不同步的。

夫妻面對傷痛時的「合一感」也受到他們如何看待自己的配偶關係而影響。在他們的孩子死亡後，他們可能對於重獲生活意義和安定感的方式難以達成共識。雖然雙方都期待一起「走過傷痛」，但對於配偶是否以適當的方式表達傷痛，會因兩人的傷痛模式不同而產生衝突。

衝突可能是因配偶對彼此行為的詮釋而引起。一個丈夫可能抑制其傷痛，將其傷痛放在心裡，希望能給妻子支持，卻可能被認為是冷漠無情，而他希望關心及保護對方的渴望，可能遭到誤解，如此造成了衝突而非安慰。對於怎樣才是「適當的」哀悼（mourning）行為，即這對夫妻對外的哀傷表現，也常有意見不合或產生誤解。

要減少衝突而且促進正面的互動，需要雙方有意願以開放和誠實的方式溝通，一起哭泣也有助於解決衝突，而且共同走過失落之情。有些夫妻說他們因為對彼此的關係採取正面的態度而減少了衝突，接受彼此角色不同而且保持彈性，對於共同面對傷痛亦有幫助。

配偶能重新以正面方式看待彼此的傷痛行為，將有助於彼此的和解，例如，丈夫原來將妻子嗚咽啜泣的表現視為「崩潰」，可以改變想法，將哭泣視為情緒抒發的方式，妻子這樣做便是值得重視的。當先前視為情緒不安的行為被看成是情緒抒發的時候，配偶會支持另一方的表達行為，而非嘗試勸配偶不要表達，常常是一些「小事情」使配偶感覺被支持及被愛。

生育的失落

懷孕通常是成人的一個主要生活轉變，且期望生下有活力又健康的嬰兒，自然流產（miscarriage）、死產（stillbirth）、新生兒死亡（neonatal death）並不是被預期的結果。在最近一年中，在美國有 63,153 名胎兒和嬰兒死亡，其中 45% 為死產，34% 為新生兒死亡，其餘 21% 為新生兒後期死亡。

依照醫學定義，死產是指在懷孕第二十週至出生之間發生的胎兒死亡，新生兒死亡是指出生後的最初四週發生的嬰兒死亡，新生兒後期死亡（postneonatal death）則是在出生後四週到 11 個月之間。

前述統計不包括來自流產的死亡，這是在懷孕第二十週之前發生的。自然流產也稱「自發性終止妊娠」（spontaneous abortion），是指「在具備生存能力前胎兒的死亡」。與自然流產不同的是「人工流產」（induced abortion）（有時稱為治療性墮胎），它是以機械方式或藥物來終止妊娠。

廣泛而言，生育失落（reproductive loss）也包括不孕症（infertility）和完全不孕（sterility）。不孕症是指「欠缺生育後代的能力」，完全不孕是指「完全無生育後代的能力」。雖然不孕症的治療已有進步，許多夫婦仍無兒女。

生育失落的另一個例子是將孩子給人領養，雖然是經過選擇，仍會產生傷痛。心理學者指出，雖然孩子給人領養的傷痛並不被重視和支持，對生父母而言仍有很深的情緒效應。見到一個孩子在遊戲，或沿街道步行，會使生父母想知道自己的孩子可能是什麼樣子。

> 社會對女人的定義是母親、準母親或沒有孩子，在這樣的社會中，將孩子給人領養被認為是難以理解的。簽署放棄關於孩子的法律權利，她時常被認為是一個拒絕孩子的母親，但是母性的感情卻不會因簽署放棄孩子的權利而結束。

生育失落也包括生下嚴重疾病的孩子，像是先天畸形或智能不足，父母可能因失去他們所期望的健全孩子而傷痛，這些失去的期待需要被承認而且哀悼。

這些不同的生育失落都是因未存活的生命而傷痛，茱蒂·賽維基（Judith Savage）說：「生育失落不但是為過去發生的事傷痛，而且為那些可能已實現的事傷痛。」不只對於實際的失落傷痛，也對象徵的失落傷痛。父母對那「原是他們自己的一部分，現在似乎沒有可能實現的孩子」傷痛，從一個容格學派心理學者的觀點，賽維基（她在 33 歲前即失去生父母、養父母、兩個兄弟及一個男嬰）說：

藉由揭開這段想像關係（也就是把自己投射到未出生的孩子）的謎團，可以看出人類主要的關係並不只是由可互換的功能屬性和角色構成，而是一種人與人之間獨特的情感聯結，這是由內心深處產生，也是個人與他人心靈的真實反映。

親子連結關係中，「真實關係」（actural relationship）和「象徵內涵」（symbolic nature）兩者是不同卻相關的，傷痛的父母時常談論失去的陪伴關係、失去的夢，如此的討論與真實關係的失落有關，象徵內涵的失落與真實關係背後的意義有關。一位喪子的父親說：「我不只失去一個可跟隨我腳步的兒子，沒有他，我等於沒有腳一樣。」對這位父親而言，能承認並且為失去自己的兒子哀悼是很重要的，已死去孩子的影像能激發力量使喪失子女的父母回復健全的人生。

> 當我們埋葬老人時，我們埋葬的是已知的過去，有時我們想像的過去，會比實際的情形更好，其中有一部分是我們會常回想的，但是過去的一切仍然是一樣的。回憶是不可抗拒的主題，也是最後的安慰。
>
> 當我們埋葬嬰兒時，我們埋葬的是未來，未來是難以捉摸的，充滿了希望和可能性，這結果被我們樂觀的希望強化了。這傷痛沒有止境，小嬰兒的墓地雖有範圍，但每個墓地都不夠盛裝這種傷痛。某些悲傷是永久的，死去的嬰兒不是留給我們記憶，他們留給我們夢想。
>
> Thomas Lynch，《殯葬業：不吉祥職業中的生命探究》（*The Undertaking: Life Studies from the Dismal Trade*）

碰到孩子死亡時，可能會認為是自己的過失，也可能認為是外在的原因。父母可能問：「難道我不想要這個孩子嗎？」關於悲劇的疑問有一大堆：「是那杯酒嗎？是阿斯匹靈嗎？」一個沮喪的母親甚至說：「是我在燕麥片中加的肉豆蔻嗎？」甚至不合邏輯的行為也可能被仔細檢討。

憤怒可能集中在死去的孩子身上，造成困惑和混亂的情緒。畢竟，哪個人可以對一個無辜的嬰兒生氣呢？然而憤怒是對失落的一個自然回應。一個母親說到她死去的女兒：「她為什麼僅僅偶然造訪又離開我的生活？她為什麼不喜歡來到這世界呢？」情緒的反應可能伴隨聽覺或運動知覺的幻覺：一個嬰兒在夜晚哭泣，叫醒睡眠中的父母；嬰兒在子宮裡踢，事實上並沒有懷孕也沒有孩子。

雖然沒有了孩子，母親可能因實際的事物而想起失去的孩子，像是開始分泌乳汁時。一個母親說：「我想要到我女兒的墓園去，將乳汁流到她的墳墓上。」而

父親可能受文化上的束縛，必須表現得「勇敢」，以便他能支持母親。結果，父親傷痛的需要可能無法得到滿足，他的情緒被壓抑下來。

失去孩子之後的傷痛也可能受到別人不了解而影響，失去孩子的父母聽到冷淡的回應，如「你不要想太多，日子會比較好過一些」。好意的家人和朋友可能嘗試安慰父母，說：「你還年輕，你還能生另外一個孩子。」殊不知這樣的意見雖然可能成真，但卻不合宜，因為沒有其他的孩子可以取代那個已死的孩子。這樣的安慰對於較晚才有孩子的夫婦而言尤其不宜，反而使他們感到時間的壓力。

遭受失去子女痛苦的父母可從一些計畫得到幫助，如俄亥俄州 Toledo 醫院 Reuben 婦幼中心贊助的計畫。此計畫有多種傷痛輔導指引，包括傷痛支持、攝影技術（為嬰兒攝影）、醫院牧師、志工支持團體、有關喪親和哀傷的書面宣導單的分發、各種不同的葬禮和紀念儀式的選擇等，對員工也提供教育計畫和相互的支持，這樣，對家庭、員工和社區皆提供支持系統。

面對傷痛時的表達方式和經驗各人差異很大，這點必須謹記在心。對於失去孩子的父母而言更是如此，Irving Leon 指出：

> 不久前嬰兒的死亡在醫院中仍是一件不能明說的事件，迎接死產嬰兒的是一陣肅靜，在父母可以見到而且抱住他們的孩子之前，嬰兒已被迅速送離開。他們被告知忘記發生的一切，並且盡快生一個孩子。如果母親傷心過度，醫院會給她鎮靜劑。

今天，在大多數的醫院中情形已不同，對於失去子女者的傷痛也會尊重。然而我們一定要記得，人是不同的，不應期待失去子女的父母採取所謂「正確的方法」面對傷痛，社會的支持應該考慮個別的差異，而且提供真誠的同理心。

流產

許多人認為在懷孕早期流產引起的是失望的感覺，而不是傷痛的感覺，但對甚至在懷孕之前已經夢想有孩子的父母來說，流產引起了痛苦和困惑。別人可能告訴父母，流產只是淘汰遺傳基因異常的「自然法則」，如此的說法不會給悲傷的父母安慰，因為這是他們的嬰兒，當父母經歷一連串的流產時，失落感就更增加了。

父母可能不容易精確地知道他們的失落感，或是了解發生的事有什麼意義。一個年輕的母親在流產之後產生複雜的傷痛情緒，因為她沒有什麼可埋葬的，她說：「我不知道我的嬰兒在哪裡？」即使流產可能發生在許多年前，對於未誕生嬰

兒的傷痛仍會由一些重要生活事件所引起，舉例來說，在下一個孩子出生時或面臨更年期時。

人工流產

雖然人工流產也可稱為「選擇性流產」，在許多情況下它不是選擇而是醫學上的需要，有些人認為選擇終止懷孕的女人不會經歷傷痛反應，但不一定是這樣。選擇性流產後的傷痛與非自願性的胎兒死亡相似。這與個人對懷孕的認知有關：她認知自己只是懷孕或是將成為一個母親？相似的疑問亦適用於參與決定選擇性流產的男人身上。

因人工流產引發的情緒反應各有不同，在一些案例中，影響要在很久以後才能感受到。有一對夫婦在年輕時曾經墮胎，當他們發現不能夠再有其他的孩子時，妻子感到極深的懊悔，她哀傷地說：「那可能是我們唯一的機會。」後來的流產被認為是早年墮胎的「報應」。除此之外，個人和社會的態度能影響傷痛的表達，當缺乏社會支持的時候，人們就比較少有機會表達他們失落的感覺。

在日本鎌倉的長谷寺和東京北邊的修濟寺，有數以千計被稱為「水子」的小石雕像，它們代表了受孕但未出生的孩子。這些之中的一些「水子」穿著圍兜和長襪帽，在他們旁邊放著玩具奶瓶、娃娃、旋轉的紙風車，連同贊助者（選擇墮胎的婦女）寫的紀念文字放在一起。每一個雕像約數百元，這些雕像被認為是那些未誕生嬰兒靈魂居住的地方。在長谷寺有超過 50,000 個水子，它們被一個 30 尺高的「仁慈女神」（保守嬰兒安全出生的女神）保護著，即使墮胎在日本很普遍，「水子祭拜」見證了日本人希望承認未誕生胎兒的強烈渴望。

Kenneth Doka 指出對於墮胎的矛盾看法會使失去子女者陷入一個困境：相信失落已經發生的人可能無法在良心上認可此行為，然而在良心上認可此行為的人可能無法接受表達和正當化（legitimize）傷痛的必需性。當社會的安慰和支持來源不充足時，傷痛的併發症可能更加惡化。

死產

一個女兒在生產時死亡的母親說：「我不是生一個孩子，而是死了一個孩子。」墳墓代替了搖籃；壽衣代替了毛毯；死亡證明書代替了出生證明書。在一個死產事件之後，家庭的希望和夢想——關於生活應該是什麼樣子的想法——很快地被事實打破。對於遇到死產的父母而言，諮商專家強調承認小孩出生的重要，醫院員工可

以鼓勵父母看看並且擁抱他們的嬰兒，而非盡速地將死產的嬰兒移開。承認嬰兒的出生和死亡的事實有助於健康的傷痛，一張嬰兒死後的照片在傷痛過程中是有幫助的。父母可能為死產的嬰兒舉行一個追悼儀式，這不只承認已經發生的事實，也藉由與其他人分享傷痛，而提供一個發現意義和尋求安慰的機會。

有些醫院會給父母一個資料袋，裡面有一張承認嬰兒出生和死亡的「死產證明書」，紀念品像是一把頭髮、一張相片和一條嬰兒毛毯，都能對父母有所安慰。在 John De Frain 的研究中，將近 90% 的死產嬰兒的父母為小孩取名字，藉此承認這小孩的確是家庭的一份子，取名字似乎有助於向別人顯示這孩子真的存在且是重要的，而不僅僅是被丟棄而且遺忘的東西。傷痛可能隨著時間消失，但記憶卻不消失。

新生兒死亡

當一個嬰兒活著出生，但是由於早產或先天缺陷，嬰兒存活的不確定感對父母而言可能是一個惡夢，當醫療措施被討論、實施或失敗時，父母可能經歷巨大的挫折感和無用感。有時一個具有多重疾病的嬰兒，需要在生與死之間掙扎數個星期，在這期間，父母可能必須作困難的倫理抉擇，以決定嬰兒繼續生存或死亡。同時，維持嬰兒存活的費用繼續增加，如果嬰兒死了，父母可能對醫院及醫療人員感到忿恨，好像他們通過一個疼痛和無用的嚴酷考驗後，只是為支付經驗的帳單而已。

當新生兒處於一個危急重病的情形下，任何的決定都可能使父母感到困擾，他們會重複問他們自己是否作出了正確的選擇。對於需面對困難決定的父母而言，若醫療照護者重視父母面對的是困難的倫理困境，將可提供父母適切的照護及支持。當一個危急重病嬰兒因為特殊的醫療措施而繼續存活時，決定結束人工維生系統也需環境允許才可，這些決定對醫療人員和父母都是令人困擾的。一個年輕的新生兒科專家評論說：「對我而言最困難和最重要的學習之一，即是把嬰兒交給父母，使它可以死在他們的手臂中。」

嬰兒猝死症

嬰兒猝死症（Sudden Infant Death Syndrome, SIDS）是指「突然和無法預料之嬰兒或年幼兒童的死亡，而經詳細的驗屍亦無法找到適當的死因。」由於無法預料的特性、兒童和父母的年齡（通常是年輕父母，而且可能是第一次碰到孩子死亡事件）和死因的不確定性等因素，嬰兒猝死症造成整個家庭很大的失落。

© Albert Lee Strickland

圖 6-2　在這個夏威夷的嬰兒墳墓周圍，放著汽球、花、嬰兒食品罐等東西，表達父母失去了孩子，也顯示了即使短暫但永久的關係。

　　因為死因不確定，父母可能受到刑事調查，由於虐待兒童的可能性備受關心，警察和其他的司法人員可能會調查父母是否應負責任。悲慘的是，有些父母的確謀殺他們自己的嬰兒，而且試圖假裝是自然或意外死亡的。嬰兒猝死症的死因通常不明確，甚至對於專家也是如此。因為死因不明確，而且嬰兒猝死症支持團體已經宣導，有關於錯誤地指控父母的不良結果，警察和其他的調查員通常在調查時會謹慎處理。雖然如此，父母也會嚴肅地問他們自己：是否因為他們做了什麼或未做什麼而使孩子死亡？這可以避免嗎？嬰兒猝死症死因不明的性質使生還者著手尋找答案，而卻可能無法得到答案。由其他曾經遭遇嬰兒猝死症父母提供的同儕支持，將是可靠資料和情緒安慰的一個來源。

較年長子女的死亡

　　前述討論的許多議題亦適用於有較年長的小孩或青少年死亡的父母，然而這類死亡事件的意義通常更複雜，因為父母和小孩之間的關係經過比較長的時間，且有更多的記憶。對父母而言，一個小孩代表許多事情，正如 Beverly Raphael 提醒我

們，一個小孩是「自身的一個部分，和摯愛的伴侶的一個部分；過去世代的表現；祖先的基因；未來的希望；愛、快樂甚至是自我陶醉高興的來源；束縛或負擔；而且有時是自身和另一半最壞部分的象徵」。當共同的生活經驗越多時，在父母和小孩之間的連結就逐漸複雜了。

去年一個 14 歲的男孩突然在街道上昏倒，被緊急送到我們醫院的急診室。即使臨床上已沒有生命徵兆，至少六個醫師瘋狂地嘗試復甦術。在急診室房間外面的走廊中，我偶然碰到一對被嚇呆的父母孤獨地站立著。沒有一個醫師想要離開現場去問病史，更不用說提供任何的安慰了。我也不想去，因為那男孩死了（可能是心臟傳導缺陷，甚至以後屍體解剖也未找到原因），但是當他們談到他們的希望和他們兒子願望的時候，我強迫自己坐在隔壁的房間而且聽他們說。我習慣於和孩子死於嬰兒猝死症的父母說話，但這次不同，我受不了，然後我在辦公室哭了。後來我認為應該讓實習醫師和住院醫師看到我哭的樣子，以了解專業性並不排斥表達人類情感。

Abrham B. Bergman，《嬰兒和兒童意外死亡的心理面》（*Psychological Aspects of Sudden Unexpected Death in Infants and Children*）

在 5～14 歲兒童的主要死因中，意外事故是第一位。事故傷害是人類前半生最重要的死因，被視為「年輕人最後的主要瘟疫」。雖然因事故傷害而死亡的兒童和青少年，比因疾病死亡者為多，但身患重病兒童的情況通常被看得特別慘痛。也許我們感覺，不管正確與否，一個意外事故僅僅「發生」，因此是不可預防的，然而我們期待醫療可治癒一個疾病。

當小孩的生命被重病威脅的時候，它影響家庭生活的整個層面。父母和兄弟姊妹，連同其他的親戚，都一起面對疾病。目睹疾病令人衰弱的結果可能是非常心痛的，當父母和其他人尋求避開引起痛苦的情形時，有時會導致心理上與孩子疏離的感覺。

從疾病診斷到小孩死亡的過程中，很少家庭能夠對孩子在疾病末期的事實完全開放。有時，一個生病嚴重的小孩可能功能相當正常，醫療程序變成家庭生活的一部分。有時，其疾病需要父母和其他家人密切和果決地處理孩子狀況上的改變。家人在面對痊癒希望及接受疾病末期之間的調適時，會感到這是一件具挑戰性的事。

當父母不單從父母的角色獲得個人肯定時，父母似乎比較容易因應，換句話說，雖然養育兒女是他們生命中重要的部分，但不是他們自我形象的全部，自我形

象也包含其他的成就和價值。

> 我們一直等候，苦惱地整晚和整日沒睡，幾乎任何聲音都會驚嚇到，不想吃，只是盯著我們的餐點看，突然在幾秒間一切結束了。我的大兒子——那小孩、學者、傳道人、唱歌又微笑的男孩、兒子——這一切都過去了，他的出生曾帶給我好大的喜樂，我在產房外的走廊上高興地跳，甚至還碰到了天花板。而艾比尼澤是如此地安靜，教會所有的人知道發生什麼後，眼淚奪眶而出，但是幾乎一切都是安靜的。
>
> 黑人民權領袖　馬丁路德・金（Martin Luther King, Sr.）

有些父母不僅設法應付及平安度過孩子死亡的失落，而且也從經驗中成長。這些父母能夠「以比較成熟的方式再評價他們的生命，而對有價值的事物產生更真實的看法」。Jerome Schulman 觀察道：「他們的生命變得更有意義、更踏實，他們只活在當下，但是他們學習使每個新的日子更豐富。」

成年子女的死亡

一個青年或中年人比他父母早死亡，這似乎是一件很不自然的事，它是一個「不按順序」的死亡事件。雖然成年子女和他或她的父母之間已有某種程度的分離，但父母的傷痛並不一定就比較不強烈。如果是獨生子女死亡，「親職身分的喪失」可能變成一種「永遠的傷痛」——終其一生希望了解子女死亡的「意義」。

年長的父母在成年子女死亡後，同時也失去了一個照護者，因這孩子可能是一個安慰和安全感的來源，但現在失去了。因為與已死孩子的配偶或兒女「競爭」誰是「最傷痛者」的角色，使得適應更為困難，如誰有接受照料和安慰的優先權？成年子女的死亡有時也使父母須承擔照顧孫子的責任，造成情緒上及經濟上的損失。

遭受成年子女死亡的父母，可能在調適傷痛時發現他們自己實際上很孤單，與失去年輕孩子的父母或者失去配偶的人相比，很少有社會支持的資源可以幫助父母適應成年子女的死亡。然而，任何年齡子女的死亡總是一個重大的損失。

對於失去子女之父母的社會支持

對於子女重病或失去子女之父母，有很多社會支持團體可提供資訊及幫助，有些支持團體針對所有失去子女之父母，有些則有特定對象。Compassionate Friends 在全國各地都有分會，提供許多範圍的支持給失去子女之父母。另一個團體是Candlelighters Childhood Cancer Foundation，則把重心集中在提供支持給患有癌症的孩子、他們的父母和其他的家人。另兩個團體：Mothers Against Drunk Driving 及 Parents of Murdered Children，則將社會支持和政治支持結合。失去子女的父母組成了所謂的「情感社群」（communities of feeling），在此分享他們的傷痛。

除了這些組織外，失去子女之父母的親戚和朋友有許多方法可提供支持，包括傾聽、送弔唁卡片或信件、送食物、做家事或者其他的瑣事、照顧其他的孩子、與他們分享他們自己的傷痛、給父母獨處的時間等等。對於失去子女的父母而言，那些願意開放地與他們談談失去子女的傷痛的人，是社會支持的重要來源。

父母的死亡

許多人說父母死亡是他們人生最難熬的事之一。即使父母已生病一段時間，當父母死亡時，仍有多種傷痛情緒：因失落產生的悲傷；因父母不再受苦而解脫；失去象徵「抵擋死亡」的父母，產生了焦慮；對於已故父母的回憶等。父母的死亡代表失去一份因養育和無條件支持產生的長期關係。父母時常被描述為「無論情況多糟，總是站在我們這邊的人」。

對中年人而言，父母的死亡是一個重要的象徵事件。它可能開始一段時間的劇烈轉變。大多數人說父母的死亡改變他們對生命的觀點，刺激他們更認真地檢視他們的生活，開始改變他們不喜歡的事，且更看重目前的人際關係。任何的死亡事件使我們想起我們必然會死，但是父母的死亡可能使人（也許是第一次）了解他或她已經是一個成人了。因此，父母的死亡能促成「發展上的推力」，使他們不再認為自己是孩子，而以比較成熟的態度面對人生。

當雙親都死亡時，兒女會有角色的改變，因他們再也沒有可「倚靠」的父母了。當父母活著的時候，他們可能代表一個精神支持的來源。因我們認為，如果有真正的麻煩，兒女是可以向父母求助的。而父母的死亡使這種安全感不見了，兒女可能感覺當他們要求幫助時，將不再有任何人願意無條件地回應他們了。

You Don't Miss Your Water

我母親在家醒來後，一天中有些時間會對著我父親的空椅子說話。

在佛羅里達州，我的姊妹偶然會夢到我父親回家，他們在聊天。

他已經離世超過一年。如果能再一次聽到他未曾錄下過的聲音，那將是多麼

使我高興的事，現在這些只有在還記得他的人心中活著。

　　如果我能像在招魂術中那樣，可以與另一個世界直接聯絡，我會打電話給他，告訴他我這星期在一個離特霍湖幾哩的滑雪勝地教詩歌文學的收穫，像是在充滿想像力的文學樂園中。

　　我要如何使他相信我已經得到的，這棟現代的公寓，在我窗戶前的池塘，全部都是從寫作一些詩得來的，而我的父親從不信任他無法抓住的事物。

　　很有可能，他將會聽，然後問我，由於安全感的緣故，他總是會問，我的太太是否仍然擁有她那個待遇很好的工作。

　　我無法告訴你為什麼，但是今天下午，我並不會對他的關心感到不愉快和無聊，認為他是一個「老糊塗」，且回答他：「我當然還在大學教書，現在是夏天，你知道嗎？」

　　今天下午，我想念他那令人不舒服的語氣，如果他問：「他們對你好嗎？」（他總是會這樣問）我會回答說：「很好，爸爸，他們付錢給我寫你的人生故事。」

Cornelius Eady

　　一位婦女在她雙親都死亡後說，雖然她知道朋友和親戚都關心她，但是她感覺來自父母的愛是獨特且無可取代的。面對父母死亡的調適包括「保有」（holding on）和「放手」（letting go）兩方面，兒女可同時接受死亡的事實且將美好的回憶珍藏起來。

　　也許在傳統上母親是主要的養育者，許多人相信母親的死亡，要比父親的死亡更難於調適。另一個因素可能是，以統計上來看父親的平均壽命較短，父親通常比母親早死亡。因此，母親的死亡通常代表已失去雙親，所以同時也產生了對父親死亡的傷痛。

　　在親子關係不良的情況時，父母的死亡使得建立一個好關係的希望破滅了。一個中年婦女在她酗酒的母親死後說：「由於她的死亡，她將會接受治療及家庭傷口被醫治的夢想都死了，我因不再受她酗酒的傷害而解脫，但我希望是不一樣的結局。」

　　通常，對於成年子女而言，父母的死亡比較不會像孩子死亡時產生那樣強烈的傷痛。理由可能與成年子女已有自己的生活，對父母親情感的依賴已經移轉到其他人，像配偶和孩子身上有關。然而，當父母死亡的一方感到配偶沒有提供需要的情緒支持時，會對婚姻關係產生壓力。當喪親的子女哀悼失去與父母的特別關係時，親子關係有獨特的象徵意義，而且父母死亡的衝擊可能會一直持續。

喪偶悲慟

在成雙成對的關係中，兩個人之間的關係通常是緊密地交織著，正如貝芙麗‧拉斐爾說的，伴侶的死亡可能「影響另一方生存的意義」。即使我們知道配偶之一將比另一方早死亡，生還者將獨自生活，但我們平常不會太在意這想法。每天繁忙的生活占據了我們的注意力，直到有一天這可能性變成不能被忽略的事實為止。

喪偶的悲慟被描述如下：「每天發生的事都使你想到失去了伴侶，坐下吃早餐、晚餐、打開一封信、聽一首特別的歌、上床睡覺，從前是快樂來源的事件變成痛苦的來源，每天充滿了挑戰和心痛。」

配偶的死亡使人需要適應從身為夫婦到單身的過程，當生存者也是一個父母時，這種情況尤其艱難。因為還有孩子要照顧，加重了單親父母的負擔。一個人適應喪偶角色的方式，與許多社會文化、個人和環境因素有關。

影響喪偶悲慟的因素

雖然對於配偶死亡的問題已被深入地研究，但研究重心大多在喪偶之後的短時間之內；只有少數研究探討配偶死亡的長期效應。而值得注意的是，這些研究通常是研究異性配偶關係而未探討同性伴侶關係。在同性伴侶關係中，由於伴侶父母對其子女的性別喜好無法認同，而加重了伴侶死亡的傷痛。一位同性伴侶說：「如果我以前對他們而言是不存在的，在我的伴侶死後，我就真的消失了。好幾年來，他們否認我們彼此的承諾；現在他們好像要完全地驅除我一般！他們主張有權利要求每件事：屍體、我們的家，甚至我悲傷的權利。」失去伴侶的傷痛，與這關係是否受到法律或社會認可並無相關，這點認識是很重要的。

配偶之間的親密度和互動關係的模式，是影響失去伴侶時如何因應的重要因素。某些夫婦從共同的活動中獲得滿足，另一些夫婦則喜歡獨立生活。在某些關係中，焦點集中在孩子身上；另一些關係則以伴侶關係較重要。此外，每一段關係常會隨著環境而變動。

現在來看看老年夫婦和年輕夫婦的差異，老年夫婦通常已經歷了許多共同經驗，而年輕夫婦則剛開始建立一個共同的生活，當配偶死亡時，另一方必須重新定位原先的共同目標。從年輕到老年的期間，個人的生活水準和整體生活品質也可能改變，這也影響失去配偶所代表的意義為何。

Jack Delano, FSA Collection, Library of Congress

圖 6-3　Andrew Lyman 夫婦是住在康乃狄克州溫德斯洛克（Windsor Locks）附近的波蘭裔菸農，他們的表情顯示了親密關係的特質，當這種關係因死亡而結束時，對存活一方的影響會遍及生活中每個層面。

　　在喪偶悲慟上不同的行為，反映了不同文化所認可的性別角色之差異性。在某一個文化中，一個鰥夫可能避免在別人面前哭泣，因為這麼做將會被看成「懦弱」和可恥的。相反地，在另一個文化中，一個鰥夫可能以痛哭流淚表達他的傷痛，因為不如此做將會被認為缺乏愛的能力。

　　在傳統性別角色中生活的人，可能覺得喪偶後生活較難適應。學習在傷痛之中處理不熟悉的角色責任是一件困難的工作，因此加重了無助的感受。對於從未寫過支票的寡婦、從未準備過晚餐的鰥夫而言，不但要面對喪偶的傷痛，也要調適新角色。喪偶的人如果扮演多重角色（如父母、職員、朋友、學生、玩家，或社區、政治、宗教組織的參與者），將比那些角色投入較少的人容易適應。

　　喪偶之後的第一年，配偶的疾病率及死亡率都增加，老年人的危險性更高。可能的解釋（至少部分）是，老年人在照顧生病的配偶時，可能較疏忽健康的問題，因此比較容易生病和死亡。除此之外，在照顧生病的配偶時，因為與外界的關係較少，而增加了喪偶後寂寞的感受。

最近一個針對超過55,000個喪偶婦女的前瞻性研究發現，喪偶一年內的婦女，比其他喪偶較久的婦女，在憂鬱及社會功能、整體心理健康、一般健康不良方面，都有顯著較高的比率。經過三年之後，這些婦女有顯著的進步，研究人員歸納原因是「老年婦女的回復力」（resilience）和她們重建社會關係的能力。

喪偶的負面效應在男性較普遍，也許是因為存著傳統性別角色的男性較不會處理家務事，因為這些事多是女性在處理。男性喪偶者也可能比女性喪偶者少尋求幫助，這是一個與性別角色有關的「自信」特質。正如茱蒂・史第倫（Judith Stillion）指出的，如果男性因社會化的關係使他們難以尋求幫助、表達壓力，甚至與專業人士討論他們的感受，他們可能不易調適喪偶後的身體和心理的問題。

在配偶死亡之後獲得解脫，是許多長時間照顧生病配偶者的情緒感受。在這種情況下，死亡被視為結束了生病伴侶所受的痛苦。而當配偶死亡而結束不滿意的關係時，這樣的感受比較不會獲得社會的接受或認可。

以統計上來看女人比男人活得久，估計每四個已婚的婦女中，有三個將會成為寡婦。想要再婚的寡婦不只要面對社會的壓力，也會面對只有少數適合男性的情況。一般而言，寡婦喪偶後的生活，與退休後的男人比較，可能後者較為困難。這是因為有許多其他的寡婦可以分享休閒時間和活動，因此，女人的心理狀態可能在喪偶後提升，然而男人的心理狀態通常隨著退休而降低。

對喪偶者的社會支持

伴侶的死亡使得社會互動的主要來源失去了，並且改變了個人在社區的社會角色。而穩定的社會支持網絡，在決定喪偶者如何適應角色轉變方面是很重要的。因為友誼是基於共同的興趣和生活方式，和親戚以外的人維持關係似乎尤其重要。和朋友參與休閒活動，可以幫助喪偶者在困難的生活改變中適應角色轉變，而且維持活力感和積極的士氣。

相對的，家庭關係可能對年老的喪偶者造成潛在的心理威脅，因為在成年子女及年老父母之間含有「角色顛倒」（role reversal）的關係，此種關係暗示或需要年老寡婦或鰥夫轉而依賴其子女。此外，成年子女對於失去父母一方的感受，與失去另一半的喪偶者的感受並不相同，喪偶者可能比子女將失去親人這事看得較為嚴重，他們可能更強烈感覺到失去親人對於身體和情緒健康的影響。

> 在葬禮隔天早上，我問我女婿說：「傑克，你要吃什麼早餐？」他回答說：「一個煎蛋就好。」
>
> 只是一件如此簡單的事。然而，我從不曾煎過一個蛋。
>
> 哦，我們時常在週末吃煎蛋；但是我的丈夫是早餐的廚師，而我則是跑上跑下地把衣服放進洗衣機，拿吸塵器清潔家裡，和忙著其他所有等著家庭主婦去做的工作。
>
> 我站在那裡，一隻手拿著煎鍋，另一隻手拿著蛋。
>
> 將來會有多少次我會這樣站著？有多少事情是我從未做過的？有多少事情是我一直視為理所當然的？
>
> Maxine Dowd Jensen，《冬天漸暖》（*The Warming of Winter*）。

對於剛喪偶者最珍貴的資源之一即是與喪偶的同儕接觸，在適應未來的生活上，他們是很好的角色模範。在這些人的支持態度下，剛喪偶者學習面對痛苦和困難的感受，並從他們身上看到人生遠景。

繼哈佛大學醫學院 Phyllis Silverman 的先驅工作之後，1973 年起，「喪偶者服務」（Widoweed Persons Service, WPS）開始對喪偶者推展相互幫助的觀念。WPS（隸屬於美國退休人員協會，American Association of Retired Persons, AARP）透過同樣也是喪偶者的志工提供幫助，此計畫成功的關鍵是強調同儕支持和一對一的拜訪。

朋友的死亡

親密朋友的死亡是一個重大的失落事件，它所引起的傷痛與親戚死亡後的經歷很相似，然而很少有機會可以公開地哀悼朋友的死亡。當員工家屬死亡時，大多數雇主會給一段時間喪假，然而當一位親密的朋友死亡時，不太可能會有喪假，即使死亡者曾是長達數年之久「最好的朋友」。我們通常認為最重要的人際關係是在家庭裡面，但是友誼也有相似的連結。隨著家庭結構、社會和地理的流動，和其他心理或文化因素方面的改變，友誼對許多人逐漸地重要。

「朋友」一詞包含許多不同類型的關係。大多數的人有普通的朋友、親密的朋友和最好的朋友，也有因特別目的認識的朋友，像是同事、事業夥伴和點頭之交。許多人認為配偶是他們最好的朋友；當婚姻關係因死亡而結束時，它產生了雙重的打擊，因為它也意謂著失去了最好的朋友。朋友不一定時常碰面，但是當他們聚在一起的時候，他們的友誼「在我們離開的地方重新恢復」。

對於老年人而言，友誼有時比家庭關係更重要。舉例來說，雖然許多老年婦女獨居，但她們常說她們並不孤單，因為她們已經與一群朋友發展而且維持了互相支持的關係。

無論如何，在任何的年齡，友誼對人都是重要的。當一位朋友死亡的時候，傷痛應該被承認。即使社會傾向於剝奪這種傷痛的權利，然而付出時間哀悼朋友的死亡仍是重要的。

老化與老年人

老化並不是從 50 歲，或 65 歲，或 85 歲開始的。就在此時此刻，我們也在老化。一個慶祝 30 歲或 40 歲生日的人，可能發現這些生命中的里程碑促使人嚴肅地省思人變老的意義，而在選擇某一條道路時，同時也失去了選擇另一條道路的機會。有趣的是，大多數人對於老化或成為老人的預期想法，與真實的經驗並不相同。年輕人所想像的老年人問題，通常比實際情況更嚴重。Bernice Neugarten 說她第一次開「成人發展與老化」的課程時，「通常會這樣呈現人生：人到達稱為成人期的人生高原，且在這高原上生活，直到你到達 65 歲的人生懸崖。」

人們對於老年人外表的刻板印象是乾且皺的皮膚、禿頭、灰頭髮、視力和聽力衰退、關節僵硬和體力衰弱。的確，老化在身體上顯現的徵候，正是與人體器官的老化有關（老化可以從以下觀點來看：易受傷害性、疾病或傷害的致命性隨著年齡增長而增加）。許多疾病和失能（同時也伴隨著生活中其他方面的損失）最常發生的年齡是在 70 歲或 80 歲或年齡更大時（然而，對某一個別的人而言，僅以年齡單獨一項因素預測結果並不佳）。當我們年齡漸長時，我們不只看到其他人死亡，我們自己也越來越接近死亡。老年人認為死亡比繼續活著要好的一些理由，如表 6-1。

表 6-1　老年人接受死亡的一些理由

死亡比沒有活力更好。
死亡比損失當有用的人的能力更好。
死亡比成為負擔更好。
死亡比失去心理機能更好。
死亡比身體健康逐漸惡化且身體不適更好。

資料來源：Victor W. Marshall, *Last Chapter : Sociology of Aging and Dying* (Monterey, Calif.: Brooks/Cole, 1980), pp. 169-177.

在已開發的社會中，公共衛生的推動提升了生活品質，降低了疾病率，而延長「積極的」平均餘命。縮短疾病衰弱的期間，使人們可以享受良好的健康，而且在他們人生的晚期仍能保持活力。老年人健康狀態的改變，在國家老化委員會（Natioal Council on Aging）的用詞上可以看出，他們稱 60～75 歲的人為「年輕老人」（young-old），75～85 歲的人為「中年老人」（middle-old），85 歲以上的人為「老年老人」（old-old），最後的這個群體是老年人口中成長最快速的一群。他們是一群通過重重考驗的存活者，似乎並不符合我們認為老年人是衰弱、依賴的刻板印象。

與對老年人刻板印象相反的是，老年人之間個別的差異性，可能比任何其他的人口群都大：他們有更多創造獨特生命歷史的歲月。Neugarten 說：「人是與他們周圍的人互動之『開放系統』，他們所有的經驗都留下痕跡。」互相尊重、信心、與他人情感交流、關心生活中的生存議題，對老年人的健康安寧是很重要的。

我們社會為老年人透過社會安全（Social Security）和醫療保健（Medicare）等制度提供身體照護服務。我們似乎對於在社會中為老年人提供一個「住所」比較不感興趣，社會的希望似乎只是老年人「優雅地老化」。正如 Daniel Callahan 觀察到的，我們希望擺脫關於老年期刻板印象的衝動卻產生諷刺的結果，這反而使我們「遠離關於老年人多彩多姿而健全的概括印象、及重新了解老年生活在生命周期中的地位的努力。」Callahan 說：「當承認老年人之間有個別差異的時候，我們也應該重視老年人生的共同特徵，這些特徵使我們將老年人視為一個群體談論，且將老年人生當作個人生活固有的一部分。」在探究克拉漢所謂老化的「公共意義」方面，有幾個重要的問題需要討論：

1. 老化通常伴隨著因生理和心理衰老所引起的「私人痛苦」，這種痛苦如何能變成生命中有意義和重要的一部分？

2. 有哪些心智優點（舉例來說，耐心、智慧的鍛鍊、面對改變的勇氣）應該適當地與預備老年生活及過老年生活產生關聯？

3. 老年人的道德和社會義務是什麼？老年是追求個人快樂和安寧的時間，或是積極參與社會公民生活的時間？

4. 有哪些醫療和社會的補助是應該給予老年人的？如果我們不能夠滿足每一個醫療需求，或期待醫療服務趕上醫學研究的速度，我們如何能達成公平水準的服務？

©Carol A. Foote

圖6-4　在美國護理之家有超過100萬的病人，女性人數是男性的三倍。他們大多數是白人、喪偶且失能者，很少有人去拜訪，且只有20％返回家；大多數人將會死於護理之家。

　　正如Callahan建議的，我們對此類問題的答案反映在「我們希望我們自己成為什麼樣的老人，和有哪些我們希望達到的理想的品格特質」這兩方面。在思考自己未來的老年生活時，嘗試要避免老年人一定會碰到的問題，尤其是那些免於疾病和衰老的想法，這是沒有用的。克拉漢說：「明顯的事實是，要達到這樣的需求是不可能的，而社會上總是存在著盲目的觀念，希望尋找方法消除老化和衰弱這種無法避免的過程。」

　　當我們將老年視為一個病理狀態或無可避免的痛苦時，有關老年人生正面的想法和意義就被侵蝕了。在某些社會中，老年人擁有社區的「長老」這種特殊地位。舉例來說，在非洲裔美國人的社區中，老年婦女在口頭傳遞文化意義給後代的傳統上，仍持續占有特別的地位。對年長者的尊敬同樣地在美國的原住民之中可以看到。

　　變老不一定是個「醫療問題」。Robert Butler說：「我們沒有一個人知道我們是否已經擁有生命中最好的時光，或者最好的時光還在後頭。但是人生最大的可能性在生命晚期仍然保持著──即愛和情感、和諧與決心的可能性。」老年是人生的最高階段，這時期把重心集中在這些課題上是很適當的。Butler說：

　　當一個人過了一個有意義的人生之後，死亡可能失去它大部分的恐懼性。我們最

害怕的不是死亡，而是無意義和荒謬的人生。我相信大多數的人，如果他們不是在消磨中度過他們的一生，他們對於每一個世代在這世界輪流出現，這種基本的公平性是能接受的。

延伸閱讀

Robert C. DiGiulio. *Beyond Windowhood: From Bereavement to Emergence and Hope.* New York: Free Press, 1989.

Sharon R. Kaufman. *The Ageless Self: Sources of Meaning in Later Life.* Madison: University of Wisconsin Press, 1995.

Dennis Klass. *The Spiritual Lives of Bereaved Parents.* Philadelphia: Brunner/Mazel, 1999.

Donald M. Murray. *The Lively Shadow: Living with the Death of a Child.* New York: Ballantine, 2003.

Therese A. Rando, ed. *Parental Loss of a Child.* Champaign, Ill.: Research Press, 1986.

Paul C. Rosenblatt. *Parent Grief: Narratives of Loss and Relationship.* Philadelphia: Brunner/Mazel, 2000.

Catherine M. Sanders. *Grief, The Mourning After: Dealing with Adult Bereavement.* New York: Wiley, 1989.

Debra Umberson. *Death of a Parent: Transition to a New Adult Identity.* New York: Cambridge University Press, 2003.

Helena Znaniecka Lopata. *Current Widowhood: Myths and Realities.* Thousand Oaks, Calif.: Sage, 1996.

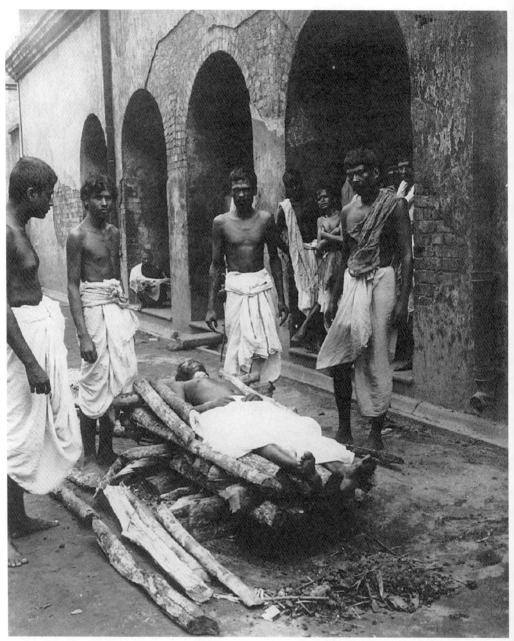

圖 7-1　這些人將屍體放在材堆上，準備火葬。火葬是印度傳統的慣例，印度人相信火葬就像是一個人捨
　　　　棄破衣，穿上新衣，即是具有形體的自我捨棄殘破的形體，進入另外新的形體。

第七章
超越死亡／來世

人在死去之後是什麼呢？

有人對這個問題已有了答案：「當人死亡，就是死了，如此罷了！」或是「人歷經輪迴而轉換成另一個形體再出世」，或者「人死後上天堂」，任何答案皆反應出對於人存在意義的一種看法。關於來世的信仰範圍很廣，從相信死亡即結束生命，到相信「靈魂」或「本體」死後以另一方式持續活著。自從人有意識開始，「我死後會怎樣？」的問題就已在心中盤旋。

關於不朽的問題，即身形死去後的存在，與生命的意義和生命之後自然的結果──「如何活著及應該活著嗎？」就像剪自同一塊布的兩個問題。回答這些問題能反應個人對於人類經歷和真實的本質之價值觀和信仰。Andrew Greeley 說：「我們與生俱來患有兩種無藥可醫的疾病：一是生命，有生必有死；二是希望，即是希望死亡不是結束。」我們的生存哲學影響我們的死亡哲學。相反的，我們對死亡和其意義的理解，影響我們的生活方式。

依據蘇格拉底所說的：「沒有經過檢驗的生活不值得活。」這種自我審視包含發現個人相信死後的結果。

> 每次塵世的母親為小孩的出生而微笑時，靈魂的母親卻為失去孩子而哭泣。
>
> Ashanti 格言

Bertrand Russel 所述的一件軼事，很適切地描述出了相信人死後依然存活的矛盾想法。一位最近死去女兒的婦人被問到她認為女兒的靈魂變成什麼？她答：「喔！我想她正在享天福，但是我希望你別談這個不愉快的話題。」

探索個人對靈魂不朽的信仰，並不表示個人可以輕易或必須接受死亡。畢竟，關於靈魂不朽的期望並非總是被贊同的。雖然如此，這樣的探討仍能夠引導我們將生與死作連貫，使期望和理解之間有一致的可能。即使當我們強力發表這種信念時，其他觀點的發表同時也可拓展我們對生命必死的了解，藉此評論自己的信念。在這章裡我們會審視古代和現代文化探討必死命運的意義，以及找到東、西方人對

於「人在死去之後是什麼呢？」這個問題的答案，這些答案提供穀物，讓我們沉思的磨子磨輾，沉思這個人們最終關注的重點。

關於來世的傳統概念

生命在死後以某種形象存活著，是人們最早的概念。在某些最早知名的墳墓裡，考古學家鬆開手腳被綁得像胎兒狀的骨架，這也許象徵相信死後會重生，進而以另一種形式存在。在傳統社會中，死亡代表死者狀態的改變——從生之地到死之地。

某種形式的審判，是對於很多信仰死後接著發生的事的一個主要特徵。舉例來說，在傳統夏威夷人對死後來生的多種概念中，就有一種想法——相信冒犯上帝或傷害他人會遭到永無止境的處罰，這樣一來，無用的靈會變成迷途的亡靈，永遠無容身之處，也永遠受飢餓。神明有權力懲罰或獎賞解放的靈，甚至可以將此靈送回人間。不幸可能降臨在一個既沒有近親可以照料屍體，也沒有家族祖先監護的人身上，其中，家庭祖先是可以幫助亡離靈找到靈的境地的。因此，那些活得有價值意義的人得以受歡迎進到永恆之地，而那些犯下罪行沒有悔過或悔改的人，會受懲罰。幸福生活的報酬是讓這些喜愛家族的夏威夷人和他們最親近的人，也就是與他們的祖先重聚。

要了解不朽概念的起源，必須先將來自於西方文化的自我本位觀念暫放一旁。不同於西方對個人化及自我的強調，請想像一個群體意識超越所有的心理狀態，整個家族、部落和族人—這些社群團體是代表社區意識的場所，而個人的思考和行動則包含在其中。如此一來，傳統的信仰就較重視社區的延續及祖先流傳的事物，而較少考慮到個人的存活問題，個人的命運是大團體命運的部分，共同擔負起團體的存亡，超越個人生死。

猶太人對死亡和復活的信仰

《聖經》裡的神學沒有提到死亡及來世，但也未忽視死亡。《聖經》文學裡提到死亡是歷經一段長時間的發展。《聖經》的故事中形容專注在其社群命運的一群人，個人是一齣劇裡的角色，它的結局預言耶和華的允諾，戲裡特有的主旨是強調信仰——信仰在與耶和華有相同的命運和信念的以色列人心裡。耶和華的允諾將實現神的神聖旨意。當亞伯拉罕長老死時，他留存給現世子孫的思想包含了希望，所以這允諾也會實現。《聖經》裡的英雄在不同場景裡，皆重述著亞伯拉罕長老的

圖 7-2　上圖：William Hodges 作於 1770 年代庫克船長第二次的南太平洋之旅中，所描繪的是大溪地酋長
　　　　被埋葬於平臺上。

　　　　在肉眼看不見的世界裡的形體，能對人施行好和壞的影響力，在這樣的世界裡，酋長或其他重要
　　　　人物的逝世，可能會有大規模的追悼儀式，此儀式由主悼者主持，而主悼者通常由祭司或死者的
　　　　近親擔任。

　　　　下圖：主悼者穿著的服飾非常精緻，衣服上面鑲有珍珠貝殼和來自熱帶雨林的鳥羽，走動時，貝
　　　　殼會發出嘎嘎響聲，手上揮舞的木棒上嵌的是鯊魚齒。主悼者由另一位同樣攜帶武器的人陪伴，
　　　　這個人為了開路，可以攻擊擋路的人，讓追思儀式順利進行，才不會冒犯死者和其家屬。

觀點,他們同時也堅信以色列人的命運。對共同命運付出貢獻、富有正義感的人,從未停止成為持續進行中的《聖經》故事中的一角。

當猶太教思想持續發展,也有對了解必死命運及其意義相符合的轉變,在約伯(Job)遇到惡運及死亡的故事中,形容人的處境荒涼「像是一片雲消失,然後不見了,走入墳墓就不會再出來」。另一些智慧書也對死亡的順從態度作回應,分別是《舊約》〈箴言〉、〈傳道書〉和一些聖詩,提到古代希伯來聖哲關於人類命運的思想,忠告人們要有正義的行為,因為有正義的行為才能有現世的安寧,並不是因為正義的行為可以保證未來給個人報償。以下兩段詩文中,可略知猶太人如何看待死亡:

> 樹木永遠有新生的希望:
> 當樹木倒了,可以讓生命重新;
> 枝芽不斷長出。
> 殘幹在土裡枯萎,
> 但是一有水的香氣,就會重新長芽,
> 伸出枝幹像新的一棵樹。
> 但是人呢?死後就沒有生氣,
> 吸完最後一口氣,然後呢?
> 海水可能會消失,
> 所有的河川可能會乾涸枯竭,
> 而人一旦在他的安息地,將無法再起。
> 在他醒過來之前,在他從睡夢起身之前,
> 天堂將漸漸逝去。
>
> 《聖經‧約伯書》14 章 7-12 節

13 歲時,我認識了前夫的父親 Kurt,雖然多年前離婚,他依然如同我第二個父親。Kurt 在德國出生,在 Kristallnacht 那天前往荷蘭,離開時身無分文,現在則是一位非常成功的商人。來到荷蘭,他離開所有的家人;除了舅舅,其他家人全死於希特勒大屠殺。在死去的兩年之前,他一直以機警的猶太人身分生活著,也很少論及大屠殺的事情,他不知道他的父母、姊妹和其他所愛的人何時離世,但會在贖罪日遵循祭祀禮。在兩年前的猶太新年時,他變得非常虛弱而住院。依照歐洲傳統,在猶太新年那天,他在猶太教會取一個新的希伯來名字,這樣當死亡的天使來找他時,就不會被發現。我去探病時,他的神智不清,我懷疑他是否還記

得我是誰。但我確定他沒有知覺，當他說話時只說德語。我向他道別離去，他在此之後活了整整十天（被稱為敬畏日），我相信他在贖罪日會和他愛的人相會。

Barbara J. Paul

在約伯時代和近來的先知出現期間，猶太人已從對死亡的順從，改變為面臨死亡時抱持著活過來的希望。在啟示錄中，或是先知但以理和以西結的有遠見的預言作品，我們發現有些思維，最後則和肉體的復活觀念結合。但以理預見正在「睡覺中」安息的人，未來會醒過來：「有些安息的人會永垂不死；有些安息的人會永遠活在罪惡中。」這是希伯來思想的重要發展，而且對基督神學影響很大。簡要地說，基督信仰就是安息的人最後會從墳墓復活而重生。

這種改變的暗示，在希伯來字「亡府」（She'ol）的意思裡也很明顯。「亡府」最早用來解釋地下的死人世界，脫離肉體的鬼魂住的陰暗地，很像希臘神話中的「冥府」。在一個古老故事中的巫術記事裡，所羅王要求印鐸兒巫師召喚死去的先知撒母耳，所羅王問女巫她看到什麼，印鐸兒巫師回答：我見到鬼魂（超人類）從亡府起來。其實，亡府底下的陰暗世界分為兩個明確區域：地獄和天堂。

大致上，猶太先知所提及的對亡者復活的說法，視人類為不可分割的精神物體。Wheeler Robinson 說：「希伯來人認為人是被賦予生命而不是被賦予形體的靈魂。」換句話說，不是靈魂進入身體，而是身體有了生命，這些對人的整體理解的概念，就是身體或靈魂不能被抽象化。

《聖經》作者所表達的一般見解，似乎是：「我們現世的存在是因為神，來世是神所賜的禮物。」為何要因為死而焦慮不安，做什麼才算是活得正當？歷久不變的關注就是不應錯失手中的任務，神的出現主要是來關心眾生，而不是逝去的人。以色列人的信仰是透過習俗——例如 minyan 來維持，需要少數幾人來實行完整的禱告服侍和詳述祈禱文——kaddish，即一種以色列為逝者作的祈禱文。實行以色列祈禱儀式 shivah，即是在人去世時，作一段正式的哀悼儀式。祈禱文 kaddish，是一種為逝者作的阿拉姆語（Aramaic）的祈禱文，基本上，是在世者誓言要奉獻自己的生命，過屬神的生活。哀悼者在逝者死後的 11 個月，在逝者的周年或稱 yahrzeit 的時候朗讀，在猶太教傳統的哀悼儀式中，幫助喪失親人者面對死亡的事實，表達對死者的尊崇，並約定證實生命。

希臘傳統的永生觀

在古希臘，對死後有很多觀點，一般說來，來世無論如何並不令人期待。冥府是死者的境地，一個住著無血肉幽靈的陰暗地方，喚起絕望的景象。希臘戲劇中的英雄人物，常被描寫為頑強對抗死亡的角色。在雅典的民主時代，最重要的就是城邦的存亡和城鄉的共存問題，而個人不死的問題，唯有在影響社會的範圍內才會顯出其重要性。下方短文說明：一個人完成身為國民應盡的義務後，也就是履行公共利益，才能永垂不死。社會大眾記得英雄的行為，而英雄則贏得終生的名望。

> 全世界都有名人的墳墓，豎立在墓地的紀念碑上的墓誌銘，不僅是紀念他們，未寫出的事蹟也深記在人們的胸中，植入人心，勝於石碑上的刻記。
>
> Thucydides，《伯羅奔尼薩半島戰爭》

> 請別平和地談死亡，我懇求你，喔！享盛名的奧狄賽（Odysseus），寧願在塵世間當他人的奴隸，也好過在王國裡當沒有身形的幽靈的唯一首領。
>
> 荷馬《奧狄賽》

對那些不止想追求象徵性的永生的人來說，要確保死亡後能得到幸福，則要靠參與這些神妙宗教中的一種，這些宗教的教派源起久遠，已不可查。藉由獻身在葬禮儀式中，神奇的教派啟蒙，改變了死後世界可怕的景象，取代而之的是單純而美妙的天堂。

古代希臘哲人認為生死是不斷改變的恆流，雖然他們相信靈魂是死後繼續以某種方式存在的一個很重要的元素，但通常他們並不認為存在的是清楚明確的實體，某些特質的靈持續介於瀕死，消沒成為宇宙中的物質。

畢達哥拉斯曾告訴人們生前的所做所為，能決定死後靈魂的命運。靠這樣的教條和淨化，影響人的轉世，一連串的生死循環，引導靈與神聖或宇宙整體融合為一。這樣的信仰，引起古代歐菲斯神教，回溯到戴奧尼所司（Dionysus，酒神與戲劇之神）的派別，人們生前的行為影響來世的處境，這樣的觀念與不論行為如何皆能永恆不死的觀點相牴觸，儘管如此，畢達哥拉斯和他的追隨者的觀點，在前基督教的時期有了些改變，而正義行為與永恆不死之間的關聯，在早期基督教的信仰中也更加精練。

在蘇格拉底的思想中提及個人解脫在社會生活中不朽的名聲至死後永生的可

能，蘇氏的思想給人的概念並不是那麼清楚，雖然他較偏向人的身體死去，而靈魂永在的信仰。

> ……蘇氏，貴為一位聖哲，在將死之時絕對有理由可以覺得欣慰，在死後他也希望能得到最大的幸福……我認為哲學最真的學理是……永遠追求死和瀕死；假如我所認為的是真的，那麼終其一生皆渴望死亡的人，難道該在始終渴望的一切來臨時感到憔悴心傷嗎？
>
> 柏拉圖，*Phaedo*

> 請相信死對我們來說並沒什麼，因為善與惡並存在知覺裡，但是死亡會剝奪知覺，因此理解死亡對我們無所謂，會使我們更樂於接受必死的生命，並不是因為增加無限的時間，而是它帶走我們渴望的不朽，因為對理解死後沒有任何可怕的事的人來說，活著期間也沒有任何事值得害怕。
>
> 伊比鳩魯，〈給 Menoeceus 的信〉

在蘇氏臨終時，他形容一種期待感——與來世的偉人交流思想情感的景象。在 *Apology* 中，它形容死亡如果不是永久的祝福，就是無夢的安眠！在 *Phaedo* 中，柏拉圖提出許多證明靈魂是永久的，且死亡時從軀體解放出來，強調身體和靈魂二元論。身體和靈魂各有其不同命運，因為肉身必死，會腐敗，而靈魂能永垂不朽，因而不死。

在柏拉圖思想的繼承者中，明白死亡的事實是所有人的命運，這成了一個寶貴的提醒，提醒人們如何有智慧地選擇如何生活在現世。西元第二世紀，羅馬斯多葛派哲人 Marcus Aurelius 回應這個想法說：「對死亡不變的記憶是對人們行為舉止的考驗。」

基督教對來世的信仰

《新約聖經》中很多有關瀕死和死亡的敘述，主要是依耶穌之死和復活（具猶太人文化背景）來做詮釋的。猶太教和基督教的中心思想皆有兩個主要前提：第一，人類是受造之物，用泥土捏造再由上帝賦予呼吸；第二，人是照著上帝的形體和容貌而造的，帶著高貴品格的天命，克服他們有限的處境。較早的基督徒像是保羅認為：耶穌基督復活，擊敗了死亡。William Barclay 說：「就像保羅所說，基督徒確信來世是從基督救世主死而復生的事實。耶穌得生命、逝去和復活是基督徒根

本真實的模範，事實上，耶穌是典型的來自死域的僕人，服從信徒，並在這之中分享祂的重生。」

第一批基督徒期望基督不久返回，能改變萬物，進入天國。經過一段時間，與日俱增的信徒開始重排假設的天國年代表，及他們所了解的復活，例如保羅所寫：復活呈現的是一種特別形體的存在，但是也有它象徵性或精神性的意義。

> 看呀！有奇妙的事要呈現給你，我們不應該全都沉睡，但是我們應該都被改變！瞬間，一眨眼的時間，最後的喇叭聲齊響，那死去的人甦醒且沒有腐朽！此時我們將改變，因為這些貪污的必會假裝廉潔，腐朽的必會假裝為不朽，所以當貪污的都假裝廉潔，腐朽的假裝為不朽，就如格言所寫的：死亡被勝利吞沒。喔！死亡，你的痛苦在哪裡？喔！墳墓，你的勝利在哪裡？
>
> 《新約聖經‧哥林多前書》第 15 章 52-55 節

希臘宇宙二元化的觀念對早期的基督教思想有持續的影響力。在生死二元化的觀念中，靈魂被視為不朽，是人的一部分，在死後以非化身的形式存在。在基督教早期發展時期，希伯來傳統和古典文化的哲學遺產之間，不斷的產生交互作用。

爾後，漸漸發展更強調個體靈魂的命運，更加關心個人在生活行為的後果。教會的教條開始調整對於錯誤行為處罰的觀念，處罰可能會發生在死後和復活之中間期，在這中間期，人們所知的「煉獄」提供洗淨的機會，除去人身的阻礙，邁向最終的喜樂——與神重聚。

在但丁和湯馬士‧阿奎那（Thomas Aquinas）的作品中，早先對死亡的概念，將重點放在最終肉身的復活，但這種想法仍次於對靈魂不朽死後的強調。即使如此，這兩種想法皆呈現於基督教義中：

> 古典基督教觀點，表達在無數的教義解答和告解的內容中，均是有關於死後受祝福的靈魂立刻進入神聖的境地，享有直接見到神、參與天使的禮拜儀式、出席世人需求的代禱。他們等待基督的回來、死者的復活、天地創造物的更新。這些善行之後靈魂所得的天賜之福是完美的，直到他重得肉體，完成基督之身，對這樣完備之人，有一種似是而非的描述是——未完成的作品（unfinished work）。

在美國康乃迪克州的新天堂墓地中，找到殖民時期的兩塊墓誌銘中，可說明復活和永恆不朽概念的交互影響，一塊墓誌銘上寫著：「安息，有一天會見到他的創造者。」另一塊寫著：「達到他所應得報酬的境地。」

圖 7-3　但丁的喜劇《神曲》，船夫凱農運載有價值的靈魂，經斯特克司河（River Styx）到天堂，沒有價值的靈魂無法到達天國，在河中載浮載沉，沮喪的掙扎著。

死亡→一個喪禮的寶訓

別哭泣，別再哭泣，

她不是死去；

她是在耶穌的懷裡休息。

心碎的丈夫，別再哭泣；

受悲傷之苦的兒子，別再哭泣；

> 極為寂寞的女兒，別再哭泣；
>
> 她只是回天家了。
>
> James Weldon Johnson

　　第一個墓誌銘反應身體的復活在喪禮時會發生，第二個是以靈魂永恆為背景，雖然肉身死去，但是靈魂永存。這兩個墓誌銘都是描寫一對夫婦，但是內文的意義有明顯的差別，尤其是在當你想像同是結為連理的夫妻，最後同葬在新英格蘭墓園，一個是「安息」，另一個卻是「走了」！在這兩個墓誌銘中，我們發現關於來世的概念相左的妙例。

　　的確，關於來生的這些想法都同時存在於現今的基督教徒中，雖然僅有少數人相信：死者之死是睡眠或等待在世界末日時，能得到他們天國的報酬。對基督徒來說，死亡總是涵蘊分離，它不只是物質性的狀態，也是一種精神表現。身為「朝聖者」，其信念在基督死後立即升天和明白天國的存在，在此二者間保持平衡，基督徒認為他們自己是「希望敘述」（narrative of hope）的一部分，認為人的死亡只是回到「天家」。

傳統伊斯蘭教對來世的看法

　　早期亞伯拉罕第三大傳統宗教即是伊斯蘭教。像猶太教義和基督教義一樣，伊斯蘭教也有一部分閃族傳統的一神論、來自預言的神之啟示、倫理責任，和審判日當天對人的所作所為之說明。伊斯蘭教的內涵是「平和」和「順服」（平和來自順服超凡的神），因此，回教就是人順服，然後在神裡得到平和。回教接受伊斯蘭為一種超凡入聖的生活方式，同時擁抱現世的生活和另一種神性的生活。

　　伊斯蘭的信條來自穆罕默德，他在西元前610年接受天命成為一位先知，當他40歲。《可蘭經》（the Qur'an）（可蘭的意思是「閱讀」，在西方拼法是 Koran）。根據回教教義，並非廢止或失去效用，而是由猶太和基督團體保存它修正後的經文。Frithjof Schuon 說：伊斯蘭教義的宣示有兩個，一是「除了真神阿拉之外沒有其他的神」，第二「穆罕默德是使者」（或說是代言人、中介者、顯聖）。

> 水滴的幸福是最後的旅程能流入河水中。
>
> Ghazal of Ghalib

　　《可蘭經》對死亡訓示的前提是：神決定人活在世上的年歲，「神造人也能致人於死」，死後，阿拉會審判此人在世的行為，到時會打開這本記載著善行和惡行標準的「行為之書」（The Book of Deeds），指出此人應得永久幸福還是永受折磨。Huston Smith 說：「伊斯蘭教認為，人在世的生活所為是未來死後的苗床。」

　　伊斯蘭教的永生觀是包含精神和物質的，John Esposito 說：「最後的審判日和身體復活相隨，此時也體驗天堂的喜樂和地獄的痛苦。」天堂裡有永久的安寧和祝福，有流動的河水、美麗的花園、和配偶們在一起的歡樂（回教贊成一夫多妻），有美麗且眼睛深邃的多位伴侶。

　　一些回教徒相信人死後，兩個名叫 Munkar 和 Nakir 的黑面藍眼天使會來到墓前，審問死者生前的信仰和行為，根據答案來決定享安樂或受處罰。因此，在回教葬禮中，哀悼者會在死者入土前接近他講悄悄話，像是在審問並聽其回答，部分回教徒也相信：「沒有人可以走在喪禮儀式之前，因為前面有天使引領著。」

　　當死亡接近時，旁人會朗讀《可蘭經》，幫助死者確保公義的心，並得到抒解，之後有洗禮或齋戒沐浴，殉教者就不必洗禮，才不會洗掉身上受難者的印記。衣據傳統，喪禮以簡僕的儀式進行，死者身上裹白布躺在簡單未標記的墓地，身體和土地之間並無棺木阻隔。他們認為墓地應該深到足夠讓死者坐起，最後審判回答問題時，頭才不會冒出地面。墳墓是南北向，死者臉朝東，面向麥加，像是在請頭。人在死後也應盡快埋葬，聽到某人去世，習慣上會說「阿拉可仁」（Allah Ka-in），在信徒的認知裡，人生的目標是死去，人們甘受超凡，死亡代表通過人生的試煉，死亡的那一刻是祈願。

　　我們出生之前沒有情感，我們是宇宙的一部分，這叫作「唯心」、「心的存在」或「偉大的心」。一旦因出生而離開這唯一，就像瀑布傾瀉而下的水流，離開了風和岩石，然後有了七情六欲，人有難處是因為有七情六欲，人被賦予情感，也不知道這樣的情感是如何產生？當人沒有發覺自己是河水中的一滴水，是宇宙中的一部分，就會有害怕，不管河水是否是眾水滴集結而成，水就是水，人的生死也是相同的道理。了解這一點，我們對死亡就不再恐懼。在生活中也不再有實際的困難。

鈴木俊隆禪師，《禪者的初心》

亞洲宗教裡的死亡和永生

在此脈絡中，生和死是相反的，死是生的敵人，生是被肯定的，死是被否定的，死是邪惡的，生是美好的。在亞洲的文化裡，生死觀點的特徵強調整體完美無缺，這表示東方思想為「兩者皆是」（both/and）的整體論，而非區別各個組成成分，然而西方思想是非生即死。

這種對真實的看法反應在東方很多聖教上，在中國傳統裡，例如：《易經》主張世界的經驗是不斷改觀的，生和死是真實世界不斷改變的顯示。像「道」所象徵的，這種真實中明顯的差異彼此貫通，死生並非完全對立，而是相互依賴的一體兩面。揭示生老病死無情的循環，像鐘擺轉動的弧度，走完一圈預報另一圈的開始。中國的哲人莊子在下文說明傳統中國人對死的態度：

> 生死是宿命，像夜晚及黎明循環不變，是上天的事，我有生命是因為時辰到了，
> 我失去生命是因為事情會逝去的定則。

觀察這樣的過程，東方哲人發展了賦予靈魂化身或轉世的觀點，某些人了解化身是自然的真實：「我會以另一形體重生，而接續今生的形體。」

其他人則避談對化身的物質性理解，而說事實上並沒有所謂的「我」可以重生。在經歷不斷的起起落落間，某些事情從一情境帶往下一情境，但這所謂的「某事」是不具人格的、沒有形體、無法形容的。

印度教對死亡和重生的教條

印度教中釋義死亡是「時間的化身」，是宇宙道德的根基，在著名的印度傳統特徵中，是對靈魂轉世的信仰。也就是說，靈魂通過死亡後從一個身軀到另一個，這過程稱作輪迴，像是「旅程」或「通過」一連串成為人形的經歷，將這些經驗串連起來的稱為「因緣」（karma），是「因果的道德法則」。因果是過去的思想和行動決定現世的生命，現世的選擇也影響未來的狀態。這種因緣的過程處於從現在時刻到下一時刻不斷改變的洪流，如同死去和重生連續的循環，每一時刻制約下一時刻，宿命管控人們化身之流，在 *Bhgavad-Gita* 書中，Krishna 告訴 Arjuna 說：

> 人們一出生就走向死亡是必然，

死去的人獲得重生也是必然，
因而對無可避免的事就不應悲傷。

　　這段注解中，Nikhilananda 補充：去為承受因果的人悲傷是不必要的。
　　根據印度教，在個人差異性的背後是單一的現實，就像海洋是由數不盡的水滴組成，其實並沒有差異的個人卻在人類經驗中展現出分離的自我。Huston Smith 表示，印度人的認知「潛藏在人格後面和賦予生命的是生命的儲藏庫，永不死而且不會枯竭，而在知覺和天賜之福中沒有極限。這個無限的生命中心，這個潛藏的自我（或稱為 Atman）與神性（Godhead），即婆羅門神（Brahman）相去不遠」。
　　印度教告訴我們：我們可以不受分離自我的幻覺拘束，也不受這個幻覺所帶來的苦。我們將自己視為是分離和與他人有區別的概念，導致我們在今生受苦，而且在生與死的輪迴中持續存在，生與死的輪迴也稱為業（karma）。要從個人的命運和歷史之輪之中解脫（moksha），牽涉到認清生與死是超越自我認同這種錯誤概念的。「得到解脫的人，可以在短暫中見到永恆，在永恆中見到短暫。」*Bhagavad-Gita* 說：

軀體脫下了破舊的外套，
居於其中的人則脫下了老舊的軀體。

　　Nikhilananda 說：「放棄舊的身體，或進入新的身體，真實的自我並未經歷任何的改變……婆羅門，經由深不可測的幻想，創造了形體，與形體合一，而視自身為一個體或是化身的靈魂。」
　　死亡是無可避免的，也是有條件存在的自然結果，有生必有死。然而，一個人的內在能沉穩地知覺生死是很自然的事，就沒有什麼理由可讓他因生而喜因死而悲，要掙脫死亡就是放下對現象世界的依戀。
　　印度教提供人們多種死亡時如何放下情感束縛的協助，透過儀式和作法幫助人認清事實。例如：其中一個作法牽涉到包含使個人專注於某一時刻和不斷改變的自然現象——轉世的每一階段。另一種作法，包括讓人想像個人死亡和身體最終的命運，回歸成為墳土中的物質或融於葬禮的柴堆裡；還有一種作法是去謁見屍首或置身葬禮或墓地，藉由面對死亡的事物，個人可以再去適應真實環境中超越物質世界的面向。以跳脫自我的方式去面對死是對有條件存在的割捨，「是一種克服死亡的死」。

圖 7-4 印度神明濕婆的宇宙舞
　　　印度教神明，濕婆（Shiva）的宇宙舞，表現出創造和毀滅兩股不斷改變的潮流，具體成形於生死
　　　的平衡中，含蘊的真實潛藏在外觀之後。身為舞之神，這雕像呈現濕婆的形象是一腳踩在無知之
　　　魔上，一腳正要踩下一個步伐。

佛教對死的見解

　　禪的大師道元（Dōgen）在日本成立宗派，他說要界定生和死，對所有佛門弟
子來說是最重要的問題。雖然佛教有很多種不同的修行和信仰，但死是佛教教義的
核心，最終的目地是涅槃（nirvana），字面上的意思就是滅絕，就好像失去燃料而
熄滅的火焰。Philip Kapleau 說：「涅槃是超越生死不受條件拘束的狀態，只有當所
有的無知和渴求被消滅，以及導致重生的因緣也被解除之後才能得到。」

　　在這種觀點中，死後沒有本體存在也沒有重生，每件事都是短暫和非永久的。
持續處於不穩定不得休息，沒有實質存在。在佛教的觀點，因緣似乎是強調精神物
理學，事件在宇宙間因果關係的原則。道元禪師說：「生命每一刻、每一階段都一
直在變動，不管我們要不要變，因緣沒有一刻暫停，造成人們不停的轉世。」

　　這種轉世可比喻成蓋印章在蠟上，或在撞球遊戲中能量的轉換，當主球撞擊

一群球後所形成的另一股新的能量。Kapleau 又說：「重生不代表質量的轉換，是過程的延續。」從佛教的觀點來說：死有兩種——延續性和常態性——前者是現象經驗的過程，時時刻刻都上演著生與死，後者是具體的，生命功能的物質在生命的最後停止運作。

> 因此，你應該這樣來看待這個瞬間即逝的世界：
> 黎明的星星、河川的泡泡；
> 夏天雲朵透出的一線曙光，
> 都是一個幻影、幻覺、夢。
>
> 佛陀，《金剛經》

如印度教，佛教也教導我們：必須放下欲望和渴求，當所有的情感放下了，宿命之輪，不斷輪轉的生死之輪，就沒有燃料再運轉，人就會在現實中覺醒而超脫。道元禪師說：「簡單地了解超脫了生和死，對生死就沒有怨恨，期待極樂世界，然後人在此時擺脫生死。」

道元似非而是的說明生死，視死為覺醒現世的重要工具。白隱（Hakuin）的文字中對這樣的說法有了回響，成為臨濟宗（Rinzai，是日本另一個偉大的禪宗佛教派系）教派的振興者。那些希望檢驗其真實本質的人，白隱建議思考「shi」這個字，此字代表死的性格。為了做到這一點，他也建議「koan」，即一種教導的問題：「在你死後和火化之後，你的主要人格去哪裡？」白隱寫道：

在所有教訓和指示中，死這個字擁有最令人不悅且討厭的涵義，假如你曾突然去了解死，你會發現不再有比這個訓示更適合的指導，它是通往超脫生死之地的鑰匙。那是毀滅不掉的地方，在那裡，你會成為永生的神，永遠年輕不死。死這個字是生命的要素，戰士必須因死而首先為自己作決定。

死亡發生後的時刻正是具有洞察力的時刻，在佛教葬禮上的僧侶在此時直接對死者解說訓示，可以喚醒處在中界的靈到實質的存在地。Philip Kapleau 說：「葬禮和後來的服務，照字面上的意義是「一生僅有一次」的機會，喚醒死者從人類被生死捆綁的鍊中解放。」

西藏佛教的來世觀

根據 W. Y. Evans-Wentz 說：「佛教徒和印度教徒皆相信死時最後一刻的思想，

圖7-5 夏威夷歐胡島的日本人墓地,墳墓葬著社區逝者的骨灰,上面裝飾佛教像達摩符號的法輪及蓮花座。

能決定來世化身的人格。」就這點而言,佛陀說:重生有兩個原因——前世最後的想法,因為它是重生的支配原則,以及前世的行為,因為這是重生的基礎。

最後的思想停止即是去世,最初的思想出現即是重生。像《中陰得度》(*Bardo Thödol*),或稱《西藏度亡經》(*The Tibetan Book of the Dead*),這類為西方人熟知的經文,試著想要在生——死——重生之轉變期間中,影響逝者的思想。的確,《中陰得度》也被稱為是「自然解放之書」(The Book of Natural Liberation)。

bardo 這個詞語可被解是為「缺口」或「暫停的時刻」。雖然此字通常譯為死和再生的中界期或轉換期,Chogyam Trungpa 提議:這個詞指的不止是死後期間,也是生者暫停的狀態。《中陰得度》和其他相似的經文通常皆說明人歷經死亡的歷程,但它們有更廣大的用處,這些經文可為生者和逝者的指引。Chogyam Trungpa 說:

《中陰得度》處置生和死的原則和逝者再回到現世的事情,的確,從這個觀點來看,bardo 經驗是我們基本心理補償的一部分。

有關《中陰得度》裡描述的狀態，他們是意識的中界狀態。《中陰得度》可提供如何使用這些經驗的諮詢，這些經驗中有一些令人恐懼、有一些卻可喚醒更多受到教化的化身。

雖然蟬將很快死去
但它的叫聲
卻聽不出這個前兆

　　　　　　　　　　　17 世紀日本詩人　松尾芭蕉

雖然此書承認這些經驗對 bardo 旅行者來說近似真實，但是書中強調神及惡魔都只是妖怪，這是經歷者自己的推測。他們並不代表極限或超凡的完美狀態，只代表正朝向這個方向前進的步伐（一些學者如 Christopher Carrargues 相信現代的瀕死經驗〔NDEs〕，最多只描述最先的死亡經歷，然而《西藏度亡經》形容了整個死亡的過程）。

近代對不朽的世俗化概念

在現代東西方以科技為主和經濟繁榮的時代，關於探討生之目地與死之本質的傳統宗教和哲學信仰，在面對更有凝聚力的社會和社群時，就不再容易被接受。現代社會中，宗教的信仰、履行實踐、和宗教機構在面對科技和其他資訊時失去其原有的影響力，這是世俗化是一個過程，對現今的很多人來說，死亡對他們來說已與宗教和神話脫離。傳統的信仰，在目前講求合理和科學方法的社會環境裡，不再同以往般有相等的份量。然而，傳統生死和來世觀念，部分仍繼續留存在我們的知覺意識中。

以亞伯拉罕的傳統宗教──猶太教、基督教和伊斯蘭教為例，呈現一連串人類歷史之演進過程，描述從創世開始到最後解釋宇宙故事的結果。這樣的根源，引起人們對末世學的興趣，即終極狀態之景象。身為猶大基督教傳統和希臘思想的後裔，西方人對來世的景象架構是人類過著獨自的生活，靈魂從死裡逃脫、受審判，由生前的行為作為審判的標準，之後的結果不是地獄般的拷問就是享有極大的幸福。現代西方人對生死的想法則是對這種觀點的挑戰。

多種現世思想中，最有影響的是人文主義和實證主義。人文主義（拉丁文的意思是以人為本位）寧願強調人類智慧和文明的成就，而不願說是神的介入和超自然宗教的幫忙，著重科學的理性主義，傾向反宗教，甚至持無神論的觀點，其立場

是認為人可評估任何事。實證主義——與科學相關的學派,相信宗教或形而上學的模式是不完美的,實證的知識根基在於可由自然與人互動中去做觀察。存在主義也影響世俗對生死的態度,它探詢人類存在的意義,推翻宗教或社會習俗給人安樂的答案,取而代之的是重視個人的責任,個人有責任為自己將成為什麼樣的人做決定,選擇我們存在的形式。

> 我們是有自創力的人,我們可以選擇我們要的,且去完成它。在選擇的當時,我們存在,兩個不變的重點是:我們來自空無的狀態,死後也再回到那裡。榮耀來自自我定義的選擇,最大的痛苦是我們要成就它。

人要掌握住多種來世觀不容易,能融合從小接觸的宗教信仰,及上述世俗之觀點和態度就可以了。

世俗觀或無宗教觀,對回應來世的問題常反應出某種不朽的象徵,這些觀點包括生物的延續性,像是生養小孩,傳後代以維持人類基因。相較於個人的不朽,小孩也象徵留傳個人不朽的方法之一,包括透過藝術創作品的製作、對某一領域的知識的貢獻、甚至英雄式等的行為。如果人們死後,捐出遺體作為醫學研究目地,得到的是一種「醫學貢獻的不朽」,或透過訓練新醫生,或用其他法增進醫學科學。事實上,我們都是同種人類,我們做好事及有益他人的貢獻,甚至可延伸至死去仍有貢獻,像是一種「共有的永恆不朽」,因為我們的善行,持續對人類有正面影響,而產生不斷的共鳴。今日,除去無信仰的選擇之外,大部分的美國人都堅持信仰上帝,將近80%的人相信有來世。研究公布,來世的想像可能是包含與上帝融為一體,平和而寧靜,也和親人相聚。很明顯的,宗教的觀點在個人的和社會的思維裡,持續扮演一個重要的角色。

雖然宗教提供的保障能安撫信眾,Simone Weil 則提出他相反的看法:別相信靈魂的永恆不朽,看看整個生命像是命中注定為死而做準備!別相信上帝,但要永遠愛這宇宙,即使身心上感受到極度痛苦,把宇宙當作我們的家一樣的愛——無神論會帶領我們走出信仰,而這種信仰和許多宗教象徵所發出的光芒是相同的。

有關永恆不死和來世的問題,持續占據人的心中,當宗教的解答不足,人們則尋求「來生事物」的科學證據。人們對關於追求來世令人滿意的答案,可在人們對瀕死經驗的興趣中看出。

瀕死的經驗──在死亡的門檻上

我們可以在各文化裡找到有關到另一個世界「旅行」的故事，旅者可以是英雄、巫師、先知、國王或普通人。通過死亡的入口，給在世者一個訊息，這種旅程的例子包括：先知穆罕默德對天堂的回溯、看到天堂景象的以諾（Enoch）及使徒保羅（Paul）、奧狄賽（Odysseus）和吉格麥徐（Gilgamesh）的史詩，描寫到地下世界的冒險及女神依娜娜（Inanna）的地獄行。Carol Zaleski 說明另一世界旅程的三種形式：(1)到達地下世界；(2)攀升到較高的世界；(3)令人驚奇的旅程。查列斯基說：這些「旅程」的共有線索是故事，這故事不只是由象徵經驗的普遍法則塑造，也由特定文化的特殊經驗塑造，而相信來世的生命是基於宗教經驗。現今，瀕死的經驗多被人援引為相信來世生命的理由。瀕死經驗的定義是「帶有轉世和神奇元素的深刻心理事件，發生在接近死亡或身心處於強烈危險情況的個人身上」。

1975 年發行的 Raymond Moody 的書《死後的生命》（*Life After Life*），開啟了當時對死後世界的興趣。更特別的是瀕死的經驗，包含從死亡邊緣走回來的人，吸引人進入超自然的或科學無法解釋的領域。存在的法則似乎超越生物性的生命，某些人似乎認為瀕死經驗像是證明人類的人格，在歷經死亡之後仍能存活。其他人則給予瀕死經驗較多物質心理的或神經生理的原因解釋，稱它們為面對生活壓力危急時的自然反應。下面我們會提到典型的瀕死經驗是什麼。

瀕死經驗：混合的景象

雖然很多研究者對瀕死經驗的解釋都不相同，但他們的研究都有相似的景象：假設在一場恐怖的意外或急性醫療危機中，你發現自己要面臨死亡，可能失去意識，你覺得自己不行了，快死了！

就像一場夢，但經驗似乎比平常清醒的意識還真實，所看到和聽到的近乎是真的，感覺接收力增高，思想過程歷歷在目，頭腦清楚，好像不受限於自己的身體，開始與現實沒有連結的感覺！發覺自己與身體分離而自由的飄浮，你看著損壞或受苦的身體，然後發現那是你自己的身體。

也許你覺得有些孤單，轉換了一個空間，雖有一種普遍的寧靜感，身體體驗到少有的安寧，時間和空間的緊迫，但似乎不相干也不實際。當現在死去的身體從曾經熟悉的世界離開後，你進入黑暗、一個隧道、一個人生旅程中轉換的階段。

在這階段中，你注意到光，比你在世時能想像的還要亮，它向你點頭示意，吸引你前來，金色光預示你要接近另一方，你在經歷整個人生往事的倒敘，從在子宮開始，你前世生活、事件、地點、人物的印象，回顧你的生活，投射在你知覺的投影片上。

當你要進入那光，你瞥見一個無法想像和說不出來的亮光和美景，有人在歡迎你，可能是愛你的人，可能你感覺到耶穌或繆斯，或其他有著難以形容的優雅之人，但是你現在知道你並不能完全進入那道光，時間未到！

瀕死經驗的重要性

很多人從瀕死經驗脫出，對生命有極大的感謝，決定好好利用面前的機會。通常這些人較具信心，較能夠應付生活中的困難，人際關係變得非常重要，物質上的舒適較不重要。心理學家和瀕死研究的專家 Kenneth Ring 說：「典型的瀕死經驗是：他知道在生活中什麼是重要的，努力根據他所了解的事情過生活」。歷經瀕死的人分享很多轉變的故事，包括改變生命的宗教經驗。再者，有瀕死經驗的人，主要描述在經驗之後減少對死的害怕和焦慮。

大致說來，我們對瀕死經驗的想像來自真有此經驗的人的描述，瀕死特質已可辨別為以下四個中心元素，當一個人：(1)聽到快要死去的消息；(2)與身體分離；(3)遇見重要他人；(4)回歸本體。無論如何，這些典型的瀕死經驗是很多不同個體所經驗的，在一個樣本中，僅有33%的回應者經驗自己與身體分離，23%經驗到進入一個黑暗的隧道或轉換的階段，16%的人經驗到看見明亮的光，10%的人經驗自己真正進入那光（透過偷窺看那超自然的環境）。瑞發現：因為生病而瀕死的人比發生意外而瀕死的人，較能完整的經驗到這四種情形；超過一半瀕死的人和意外有關，只有16%的瀕死者和死亡或蓄意自殺有關。

生命全程的回顧，令人驚奇的瀕死經驗，瞬間個人一生或重要的景象清楚可見。可能按照時序出現，或全部一起同時出現，或者出現的經驗是意識不能控制的。有時還會出現未來的景象，甚至閱歷死去時親友的反應及葬禮的情形。

瀕死的經歷和隧道經驗——見到死去的親友或神的形象，以我們的了解，這種景象出現「高層自我」，但並不常發生。William Serdahely 形容，一位 8 歲男孩死前，看見家裡之前死於意外的寵物來安慰他，這些影像有時和決定結束瀕死狀態相關。一些經驗過的人相信，起死回生是被決定的，有的是來自他們自己的決定，是因為有未完成的事情或責任必須在他們死前做完。

圖 7-6　Hieronymus Bosch「登上最高天」的畫作——中古世紀宇宙學裡的天堂最上層,靈魂在此洗滌它的
罪惡,來到它長途旅程中的終點,和神融為一體。

　　大部分的瀕死經驗是快樂的、安寧和諧的結合,有一些是令人受挫及害怕的,
像是歷經酷刑的景象和聲音,及遇見凶惡的人。在一開始是驚恐的階段,繼之而來
的是和平解決。另外,有例子是說瀕死的經驗結果帶來空寂和沮喪感,但也會有一
種溫暖的指引,陪伴人度過不愉快的經驗。有些學者認為,那些可怕的瀕死經驗,
可能是典型短暫反應瀕死的影像,即可怕的瀕死經驗是未完成的瀕死經驗。其他將
瀕死經驗解釋為有很多品德高尚和神祕的人〔舉兩個人名為例:聖泰瑞莎(St. Teresa
of Arila)及聖約翰(St. John of the Gross)〕在祈禱的時所宣告的可怕景象!聖約翰

形容：可怕的瀕死經驗因此可能是「淨化的經歷」，一種「靈魂黑暗的夜晚」，而我們又怎麼說和如何解釋瀕死經驗呢？

解釋瀕死經驗

瀕死經驗是很奇幻的，有些人堅信它是祈求來世或永垂不朽的可能性，有些人認為瀕死經驗告訴我們一些人類知覺的本能，是一種心理狀態。當本體面臨靈肉即將毀滅時，所發生的精神力學過程相關。不論人是否靠近死亡，瀕死經驗預測了人將死去。表7-1為解釋瀕死經驗的理論。

早期夏威夷人觀察死亡或靈魂離開肉體，和信仰祖先有關，每個島上有一個特別的海角監視整個海，稱作「飛躍的地方」，是靈魂或精神前往祖先國度的旅程點。

假如在前往海角的路上，靈魂遇見祖先帶他回去，身體就甦醒；否則，祖先會帶你安全的通過海角，靈魂在祖先那兒得到安適。

表 7-1　瀕死經驗的理論

---

1. 神經生理學理論

　(1)顳葉疾病發作，或四肢葉症狀：顳葉或四肢如發作般神經放電。

　(2)腦中缺氧症或氧氣被剝奪：腦中缺氧。

　(3)內容礦物釋放：釋放某種和鎮痛有關的神經傳導物質，使心理健康。

　(4)大量皮質非抑制：失去對腦神經系統漫無目的活動的控制。

　(5)幻象：腦內神經系統產生幻覺似的想像。

　(6)藥物：副作用。

　(7)感覺剝奪

2. 心理學的理論

　(1)人格喪失：生心理分開，產生對死亡的防禦反應，伴隨高度警覺性。

　(2)幻覺刺激：一種防禦性的幻想，經驗者有一種逃避死亡的感覺，因為他們希望逃過一死。

　(3)原型：和瀕死經驗有關的各種奇怪的想像進入腦中，像是一般人性中的神性。

3. 形而上學的理論

　(1)靈魂的旅程：靈魂或聖靈歷經傳統的歷程，到達另一種存在或真實的境地（例如天堂）證明來世。

　(2)超自然的想像：瞥見另一種真實，不必經由死後靈魂的復活來證實。

因為各種原因（並非總是與個人的行為有關），祖先可能延滯帶靈魂進入永恆安適的地方；例如：有人在工作未完成前就死去，祖先就會引導靈魂回到身體。Mary Pukui 說：有時候是死的時辰未到，祖先站在路中間要你回去，然後身體再次有了呼吸，此時身邊有人大吼：「喔！阿莫阿（*o'o-a-moa*）！」

瑞士地理學家和登山家 Albert Heim，是第一個有系統蒐集瀕死經驗的人。在 20 世紀早期，他訪問一些經歷意外而有超自然經驗的滑雪者和登山者。Heim 訪問的主題是瀕死經驗，像是與身體分離、全景的記憶，或一生的回顧等現象。

Heim 的資料，後來由心理分析學家的先驅 Oskar Pfister 再審視，他解釋瀕死經驗，是由於面臨逼近的死亡而休克和人格喪失。換句話說，當人的生命受威脅時，心理上的防衛機制開始作用，產生與瀕死經驗有關的景象。皮費絲特所言：已有當代的瀕死研究者做更詳盡的琢磨，希望有更令人滿意的解釋，而不用求助他人證明來世的種種假設。

根據 Russell Noyes 和 Roy Kletti 所言：當本體遭逢致命的危險時，防禦反應會引起人格喪失感，這是人們較易了解的心理學解釋的模式。有三個瀕死經驗是：(1)反抗；(2)回顧一生；(3)超脫。第一階段的反抗期，包括認清危急、掙扎，然後接受即將死去的事實，這種接受或屈服命運，也表示進入第二階段的開始，當本我與身體分離，人生全景的記憶出現，回顧一生的經驗伴隨著對自己存在意義的肯定，融合成為宇宙萬物秩序之一；第三階段的超脫，更進一步分離於個體存在，它的特點在於不斷超越或宇宙的知覺，以替代有限的自我（ego）或本質（self-idenity）。

平靜的分離，重點在於感官的覺知，一生的回顧或人生全景的記憶範圍和奇妙的知覺，皆是與面臨死亡的可能，而產生自我保護反應有關的現象。換句話說，死的威脅刺激各種心理的過程，讓自我或「經驗的本質」（experiencing self）逃離這個威脅，因為這些過程使「經驗的本質」與身體分離，感覺上死亡就只是對身體的威脅，而不是對「本質」的威脅。最重要的是：心理學上瀕死經驗的解釋，對精神上的任何可能意義並非全無價值，因為這些意義可能和瀕死經驗相關。

一些研究者根據 19 世紀末心靈學家查詢的線索，來尋找瀕死經驗的意義，研究者說：要透澈了解瀕死經驗，必須走出科學查詢的界線，即我們必須準備好接受非科學的證實。事實上，瀕死經驗似乎就是超脫身體之死的經驗知覺階段。

這個觀點告訴我們，瀕死經驗教導我們死亡的外顯現象，不同於死亡經驗。在進行跨文化瀕死經驗研究時，Karlis Osis 和 Erlendur Haraldsson 對來世的說法提出強而有力的證明，他們的報告表示醫藥、心理學、文化條件皆不能解釋臨終所見。

支持這樣結論的是一些臨終所見，包括與經驗者的預期相反的幽靈，像是「此人認為還活著，但事實上已死的人的幽靈」，還有與其文化刻板印象不同的幽靈，像是瀕死的孩童訴說：「很驚訝看見沒有翅膀的天使。」這些瀕死經驗強烈暗示或證實來世存在的想法，也得到很多人的共鳴。在國家調查中，大部分成年的美國人對「你相信來世嗎？」的問題，會回答「相信」！

> 自從天地創設至今五千年過去了，很奇妙的，還是無法確定是否曾經有任何人的靈魂，在死後出現的例子，所有的爭論都持否定態度，所有相信的人卻都支持。

　　總之，已有兩個解釋可以用來說明瀕死經驗，第一個解釋是，瀕死經驗證明死後的生存，死亡就像是進入另一種存在形式的轉換，瀕死經驗即是經驗死後的生命。這個解釋已受到一般大眾的認同。第二個解釋是：瀕死經驗是面對死亡和本體毀滅威脅的一種反應，和大腦或神經系統有關，結果引起對抗生命威脅時自我防禦的反應。

　　這兩種解釋各提供一種「世界如何運行」的典型或代表，Louis Appleby 在《英國醫藥》期刊（*British Medical Journal*）上說：用來解說瀕死經驗的這兩種解釋共同分享一個貢獻：每種解釋都需要其信仰方式，最適合於你認為事情是如何進行的解釋，你就有可能最欣然接受那個解釋。瀕死經驗有來世，也有心理現象，包括各種防禦機制——當人正在「協商」從一情境轉至另一情境時，人格內在有根本的變化。Carol Zaleski 的觀點：「我們必須在將瀕死經驗當作是『不過如此』的完全否認的解釋，和相信瀕死經驗的『證據』，在這中間找出一條中介路線」。

　　Raymond Moody 造「瀕死經驗」這個詞，現在較喜歡描述瀕死經驗為「超自然的死亡症候」的一部分，包括瀕死者提及的「臨終護送」的幽靈。Moody 的文獻雖已被用來解釋瀕死經驗好幾年，但是當人們討論瀕死經驗，好像提供對來世科學的證明或證據時，Moody 就會感到煩亂，他的觀點認為找到來世的科學證據是「無法想像」的。對 Moody 來說，瀕死經驗表示，集體走過進入被大部分人封閉的經驗範疇，直到近幾十年，由於有「復活」的發展和技術才被揭開，經歷瀕死經驗的人分享他們的故事，使我們能夠「前進並越過知覺的邊界」。如何解釋瀕死經驗，來看 Herman Feifel 中肯的說法！

> 讓人感到不安的說法是聲稱瀕死經驗是證明來世是存在的，但是宣告這樣的結論，則反映這是信仰的跳躍，而不是公平的科學評估。但這不影響宣告這些經驗

的人所發生事件的真實性。我只是想，在評估瀕死經驗的證據時，我們較客於用科學法則解釋這個現象。這使我想起這些「形體之外」（out-of-body）的報導，其中有很多，是有關在這個信仰動搖的世紀中，人們對意義和目的的渴望。

Robert Kastenbaum 提醒我們，要小心欣然接受大部分來世說法中所暗藏的「幻想性的旅程」，他說：

「來世永久快樂」的理論，很可能使將去世的人忽視了真實情況、他們深愛的人、在死前幾天、幾星期、幾個月中照顧他們的人。從生到死，這奇妙的轉變間所發生的一切，漸漸退到「背景」之後。畢竟，背景才是這些人在死來臨之前真正居住的地方。

最後，我們要考慮一位與瀕死者有廣大接觸的人——Charles Garfield 所提出的三個重點：

1. 並非每個人的死都是受祝福的，也非每個人都接受死亡。
2. 在隨時會改變的經驗中，事情發生的前後是一個很有力的變因，對於將去世的人來說，一個支持性的環境是很重要的因素，它可能決定結果是否會為正向改變的經驗。
3. 一個將去世的人，真正需要關心和擔憂的是證明自己目前的存在，「來世永久快樂」是對死的一種否認的態度。

不管人們對生死所抱持的是什麼信仰，Garfield 說：「讓我們有勇氣知道死常常是一種要吞下去的苦藥！」

死亡的夢境和迷幻經驗

除了典型瀕死經驗宣告的死後情境之外，「死亡之夢」和使用迷幻或改變心靈藥物的經驗，也可傳達來世的可能性暗示。

基於廣泛的閱讀容格對「死亡之夢」的看法，Marie-Louise von Franz 說：「相較於其他瀕死經驗，較傾向圖解式及強調文化束縛，死亡之夢的意象在圖像裡表現的是豐富而精緻的細節。」

在老年人眼中，夢境常常呈現的是身體正為即將到來的死亡做準備，「身體生命得結束，而心靈生命明顯持續著」的象徵，透過無意識的夢境當媒介，傳遞安慰人的消息，也就是，人是有來生的訊息。von Franz 主張：夢不能簡單地被解釋成

「希望的實現」，因為夢有時候也相當殘忍，預測生理性存在的結束：

> 面對死亡的人，夢裡不知不覺無意識的指示……有意識的準備，並不是為了
> 確定的結局，而是為了體驗奧妙的轉換，還有生命過程的持續，而這種持續是日
> 常認知所無法想像的。

死亡的夢，包含多種煉丹術和神祕學，其中還有和以下的事物相關：包括蔬菜成長或花的栽種；宇宙和靈魂的神聖婚禮；黑暗之旅，經狹窄的通道，或是通過水和火而到達新生；年老軀體的犧牲或轉變；自我或靈魂的改變及復活。

黑暗通道的旅程通往「隧道盡頭的光明」，不只是一個普遍的夢境和瀕死經驗的主題，也是無數神學的傳統說法。

對埃及人來說，太陽是靈魂通往死亡通道的目標，很多神學將通往太陽之道與神祕的生死做具體化的比較。von Franz由心理學來解釋：太陽象徵知覺的來源。她說：「在停屍間及墳墓邊點燃燭光的習俗，也有這樣的生命意義存在」，這是一種「類似使死者得到新生命和新知覺」的形式。

回到想像死亡與迷幻藥物的關係，雖然瑞士化學家Albert Hoffman在西元1938年第一個合成 LSD（lysergic acid diethylamide）藥物，但它在腦中的生化反應，還是不能完全被了解。雖然如此，它在內心的擴大反應和觸媒作用皆被引證，最早研究 LSD 的研究者發現，它能刺激各種人格深層未被知覺的物質，在人類存在性的某些爭論點上，它似乎開創一種「損毀性遭遇」。

這個遭遇經常引發深刻的情感和哲學危機，使服用藥物之人質疑存在和他自己在生命中的價值。這個遭遇似乎打開了宗教和靈魂經驗的領域，而這些宗教和靈魂經驗對人格有本質上的意義，卻又獨立於個人的文化或宗教背景。

在 1960 年代早期，芝加哥醫學院的學者 Eric Kast，就開始研究如何減輕因服用 LSD 和其他迷幻物質病人身上的短暫性痛苦之影響。除了減輕身體上的痛苦和不適的症狀，LSD的治療也降低情緒的症狀，像是沮喪、焦慮、緊張、失眠、心理上的退縮，這些成果的達成，似乎是藉著 LSD 來改變病人已習得的疼痛反應，也就是病人基於過去的經驗產生的對痛苦的期待，解除不適的症狀，病人更能適應現實。當經歷事件時也能夠對感覺有回應，較不會因為想像中的痛苦而越來越感到痛苦。Stanislav Grof 和 Joan Halifax 知道痛苦是合成的現象，包括神經生理的成因（痛苦的知覺）和心理的成因（痛苦的感覺），他們的結論是迷幻藥物的治療方法似乎可減輕心理學上的成因。

©大英博物館

圖 7-7　埃及 Hunefer 的紙莎草紙卷描畫審判大廳，有一個大的天平，死者的靈魂和事實的羽毛在天平兩邊秤重，刻度的下面是靈魂的吞食者，等著被審判為不正直者，而 Horus 正準備好要帶正直者去見冥界之神俄塞里斯（Osiris），享受來世的生活。

　　比減輕痛苦更重要的是病人對死亡和將死去態度的改變，在迷幻的階段之後，病人對死亡的恐懼減輕，對生命具威脅性疾病的焦慮感也較少，根據 Grof 和 Halifax 所言：有來世經驗的瀕臨死者，深深相信所有創造物最終是一體的；他們常常體驗到自身也是這一體的一部分，包括他們的疾病和他們經常要面對的痛苦情境。

> **讓淚水現在停住吧（讚美詩）**
>
> 讓淚水現在停住吧
> 別讓任何人再悲悼
> 耶穌的愛會帶給你平靜
> 耶穌的愛沒有止境
>
> 《新約福音》

　　很多病人對他的家人和環境表現出較大的反應。自尊和士氣增加，他們表現出對日常生活細微之處的感激。LSD 在隨意抽取的病人中，引發這些超脫經驗的事

實是有力的證據，證明這些經驗的母體存在於人的潛意識中，是人格的正常構成物。

和前面所討論的與瀕死經驗相關的景象一樣，迷幻的典型經驗，包括科學所無法解釋的景象。Grof 和 Halifax 指出：對人類學和神話學不熟悉的人，經驗了意象、插曲，甚至是完整有主題的連續情節，這些情節還和死後靈魂旅途以及許多文化中的死亡重生神話有明顯的相似性，和瀕死經驗一樣，結果常常是對生命和死亡的意義有重要的改觀。由瀕死經驗文獻和迷幻經驗累積的證明，已引起一些學者注意到，現代醫學應該增廣其角度去看人類知覺的本質。高夫也說：「現實通常比詳盡且包羅萬象的理論更為廣大和複雜。」

對死亡的信念：是一面牆或一扇門？

在最後的分析裡，我們要來想想有關人的不朽或來世的問題。什麼是我們應該相信的，死後的結果是否像瀕死經驗，談的是充滿歡樂和無止境經驗，或這些經驗只是心理上的投射？充滿期待和幻想，遮去個人面臨死亡的恐怖？再者，在傳統的宗教理解上，我們該如何說明死亡？宗教上各種對來世的觀點是否基於事實，或者我們應該採用科學方法去解釋這個問題？關於死和來世，用哲學的觀點來看：死亡不是一面牆就是一扇門！

關於死去時會發生什麼，我們可以上述兩個基本立場做很多變化，各種宗教的教條和解釋，有各種不同死亡經驗的超自然說法。例如：以基督徒的看法，死亡就是一面牆，在未來的某個時刻——復活之時——變成是一扇門。

印度教賦予靈魂一個新肉體的觀點，則是認為死亡是一扇門不是牆。佛教徒認為，死亡是門也是牆或什麼都不是！傳統心理學對瀕死經驗的解釋，可能較認同死亡是一道牆，但人類體驗時卻像是通過一扇門。超個人及超心理學的解釋可能認為：牆和門是體驗現實的兩種可交替的方法。

國際死亡、瀕死及喪親工作團體（International Work Group on Death, Dying and Bereavement）強調：「瀕死不只是生物現象，且是人類、社會和靈魂事件，但是病人的精神層面常常被忽略。」自古以來，宗教和健康就關係密切，關懷者照顧病人時，需要注意精神層面，會提供適當的資源給需要的人，實現這些目的時，必須尊重每人的精神信仰和喜好。

我們相信的死亡和來世的觀點，會影響我們自己或別人在去世時的行動。假如我們是唯物論者，看待死亡是一面牆，我們會堅持讓延續生命的努力持續到最

後。相反的，假如我們相信死後繼續存在，我們較喜歡利用剩餘在世的時間，努力準備另一種存在形式。簡單的說，一個將被剝奪生存的人，在他的信仰來世中找到安慰，視死亡是人生終點的人，證明苦難在死去這一刻都結束了！另外，相信人格存在但是形體逝去，也能帶給人安慰！藉著了解我們自己對死亡的信仰，當死亡來臨時，我們就能盡量地彼此關懷、安慰我們所愛的人，去面對它。

延伸閱讀

Paul Badham and Linda Badham, eds. *Death and Immortality in the Religions of the World.* New York: Paragon House, 1987.

John Bowker. *The Meanings of Death*, New York: Cambridge University Press, 1991.

Murray J. Harris. *Raised Immortal: Resurrection and Immortality in the New Testament.* Grand Rapids. Mich.: Eerdmans, 1985.

Allan Kellehear. *Experiences Near Death: Beyond Medicine and Religion.* New York: Oxford University Press, 1996.

Christine Longaker. *Facing Death and Finding Hope: A Guide to the Emotional and Spiritual Care of the Dying.* New York: Doubleday, 1997.

Geddes MacGregor. *Images of Afterlife. Beliefs from Antiquity to Modern Times.* New York: Paragon House, 1992.

Alister E. McGrath. *A Brief History of Heaven.* Malden, Mass.: Blackwell, 2003.

J. I. Smith and Y. Haddad. *The Islamic Understanding of Death and Resurrection.* Albany: State University of New York Press, 1981.

Richard P. Taylor. *Death and the Afterlife: A Cultural Encyclopedia.* Santa Barbara, Calif.: ABC-Clio, 2000.

Leon Wieseltier. *Kaddish.* New York: Knopf, 1998.

圖 8-1　攝影記者 W. Eugene Smith 的孩子們出現在他 1946 年的攝影作品「散步到天堂樂園」（The Walk to Paradise Garden）中，這是他在歷經了 2 年沉寂和多次手術後的第一件作品，這些手術是為了使二次大戰期間在太平洋受傷的多處傷口復原而進行的。Smith 說，他有信心這張照片成功地「表達了一個心靈純真的溫馨時刻，與我對戰爭時，所拍照片呈現的醜陋殘暴感到震怒，成為對比」。

第八章
前方之路：個人和社會的選擇

死亡是人類的終極挑戰。社會學家 David Clark 說：「分析到最後，人類社會僅僅是男人和女人共同來面對死亡罷了。」人們也許會低估死亡的存在，然而即使人們暫時否認了死亡這件事，但並無助於人們逃離死亡。在一個中國民間故事「臨死的國王」中，Allan Chinen 藉著這個故事讓我們注意到長生不死也有其缺點。故事是這樣子的：「有一天國王環視他的領土，他突然想到，有一天他會死，然而伴隨著死亡，他將失去他曾經所擁有過的一切。剎那間，他被這可怕的想法衝擊著。這位國王呼喊著：『我希望我們可以長生不死。這是一件多麼棒的事呀！』國王的這種想法一受到朋友的支持，他便開始幻想著，假如他和他的子民從此不再變老和遭受死亡，那麼他的國家從此將是如何的壯大呀！在國王所有的同伴當中，只有一位不因這樣的前景而感到欣喜。他恭敬的向國王解釋說：『假使我們全部的人像您所提議的那樣可以長生不死，那麼歷史上所有的偉人將現身在我們的生活中，試問和他們比起來，我們是不是僅僅只適合在這塊土地上耕田？抑或僅僅在這國境內當一位辦事員呢？』」

在我們與死亡的複雜關係中，我們同時是倖存者（survivors）與經歷者（experiencers）。在前幾章中，我們已經介紹過許多不同面對死亡和瀕死的態度。死亡也許被認為是一種威脅；或者，把死亡當成是一種催化劑，刺激我們對生活有更多的察覺和創造力。即使人們已經實現了最高成就，人們仍然厭惡遭受死亡這樣的結局；即使死亡可以使人們免於人世間生活的痛苦，它仍然不受人們歡迎。死亡掌控著許多意義。

> 死亡是一件神聖的事。你認為死亡是你生命中的神聖紀錄，或者你認為死亡是你生命中的一件憾事。你可以在這兩者中選擇其一。以帶著敬意、敬重、樂意的方式來接受死亡、面對死亡、戰勝死亡，這是多麼英勇的表現呀！
>
> N. Scott Momaday, *The Ancient Child*

在一門死亡和瀕死課程裡的一位學生說：「正視死亡，促使我和我的生命有了

聯繫。」承認死亡在我們生活中所帶來的衝擊，將喚起我們對生命的珍視。有了這一層面的理解，將促使我們更懂得鑑賞生命中所有的關係。學習死亡也可以使我們洞察到自身對於死亡的老舊觀念，因而提供人們作為超越自我的一種挑戰。

死亡和人類所有的經歷是不可分割的。死亡和瀕死的研究涉及過去、現在、未來，它考慮個人行為，也考慮整體社會的習俗。死亡和瀕死的課題使我們考慮個體行為時，就如同考慮整體社會的習俗一樣。死亡教育不只和社會關係有著密切關聯，也和人們在面對死亡時所展現的最私密、最孤獨的個人反思時刻有著密切關聯。

想想你自己和死亡的關係。在你的生命中，死亡出現在何處？死亡對於你的意義是什麼？死亡和瀕死是被區隔在另一個地方，還是將它們編織成人生經驗中的一部分？

在這個章節裡我們提到了一些方法，在這些方法中，我們將認識死亡對於個人和社會所造成的衝擊。我們的目標並非提供答案，而是刺激人們去探索、去提出問題、去思索如何繼續向前走。

探索死亡和瀕死的重要

上一門死亡和瀕死的課程，或者閱讀一本死亡和瀕死的書籍，將提供我們一個機會去帶領死亡遠離隱蔽（out of the closet），並且讓我們得以從不同的觀點去檢視死亡和瀕死。也許你正在你的生命中作出選擇，而這些選擇正來自於你個人探索死亡的結果。一位沉思死亡和瀕死課題的學生說：「想起死亡總是為人帶來許多害怕；但是現在我發現探索我自己對於死亡的看法，以及探索社會中有關死亡方面的事，是非常迷人的。」死亡的探究常常使我們重新去審視過去生命中的經歷。有一位婦女說：「在我家人的死亡經驗中，我看到現在仍然有一大批人否認死亡這個事實，並且藉由彼此相互虛偽的假裝來逃避死亡；死亡這個主題確實是個禁忌。」另一個人說：「我是訝異於我生命中竟然有許多事件，所帶來的情感衝擊，就如同死亡一般。離婚（divorce）、分開（separation）、生病（illness）、沮喪（disappointment）——這些都代表我們要用類似因應死亡的方式來因應悲痛（grief）、孤獨（loneliness）、害怕（fear）和悲傷（sadness）。」

© Jerry Soloway, UPI/Corbis-Bettmann Newsphotos

圖 8-2　死亡可能被看成是一個重擔，也可能被看成是一件幸事。死亡的意義隨著情勢的變化而跟著改變。當我們心中對死亡有一層新的領悟時，死亡對於生命的意義也會隨之改變。

　　當你思索著這本書所提到的各種主題時，你注意到哪些是你所了解的死亡呢？學習了死亡和瀕死的相關主題後，是否開闊了你對於死亡和瀕死的視野呢？或者，是否改變了你面對死亡的態度呢？當再度提及死亡和瀕死時，所引發的思想、情感模式，是否如同你剛開始學習死亡和瀕死時一樣呢？

　　一位學生說：「我過去經常關上死亡這扇門，當我習慣去思索我自己的死亡後，我想要在我有限的生命中思索所有有關死亡的事。現在，我變得較能夠平靜的面對死亡，變得較能夠和諧的和死亡共處。」另一個學生說：「在我涉及學習死亡之前，確實是沒有辦法面對死亡的，尤其面對我自己的死亡，即使我不曾經歷過和我有關的死亡經驗。現在我確實感受到正視我自己的死亡並不困難，就像我看待其他人的死亡一樣。」對於某些人來說，探究死亡和瀕死將促使人們對死亡和瀕死有一個較正確的看法，因而使自身得到保護。或者是，從對死亡和瀕死的認識中進而承擔其他的責任。一位父親說：「我學會了放手讓孩子們去他們想要去的地方。不管你是多麼的希望保護他們，事實上你並無法保護你所愛的人遠離每件事」。

禪的疑問

　　時間無情的前進，人們也反覆的經歷生與死的無常，生命中曾經經歷過生與

死的人們較能夠自在的迎接死亡進入他們的生命中。

　　禪宗大師對存在的整體如此熱中，所以認為對存在整體的部分，包括死亡在內，過於熱中是將其關注放錯了地方。他對那些向他請益死後生活的人們說：「為什麼你想知道死後的你將發生什麼事？先想想你現在是誰！」。

Philip Kapleau

　　一位學生有了這一層體認後，他說：「我學習到——感激身旁的人，是一件多麼重要的事呀！」當意識到死亡這件事時，可能幫助我們集中注意力，重新將重心放在生活中那些重要但還來不及完成的事，去說必須說的話，不再為「該說而沒能說出口的話」感到焦慮。一位學生說：「在死亡與瀕死這門課當中，讓我印象最深刻的是生命裡的無常。」了解人生的無常不只出現在像死亡這樣的重大變化，它也出現在每天較少被注意到的日常生活，你可以選擇去留意這些重要的人和事。Thomas Attig 指出：我們與我們的有限性和必死性達成協議，可以被理解為是一種憂傷過程（grieving process）。像這樣的自我哀悼（self-mourning）其實是一個與死亡本身固有的特性——短暫性（impermanence）、不確定性（uncertainty）、易受傷性（vulnerability）——達成協議的過程。

　　有更多的人願意去面對死亡和瀕死的相關議題，也有更多的人願意去檢視自己在死亡和瀕死上所作的選擇，這樣子的改變正發生在我們所處的社會中。設立安寧療護和自殺介入課程的本意，和成立支持團體幫助危機中的個人和家庭的本意是一樣的。當死亡不再被蒙上恐怖的陰霾時，個人和社會較易去獲取和死亡有關的知識，幫助我們採取明智和同情的方式來處理死亡。思索一下死亡和瀕死對個人和社會的涵義。你先前所作的那些選擇，像是安樂死（euthanasia）、葬儀（funerals）、軀體的安排（body disposition）、戰爭（war）等，還是如此的堅定不移嗎？還是隨著你對死亡和瀕死的探究，而有所改變呢？對有些人來說，當所愛的人死亡時，探究死亡有助於我們對死亡事件的理解，也因而有助於驅散、消除我們對死亡事件的內疚、指責。透過死亡的探究，可能啟發我們的視野和創造力，使我們能夠以較輕鬆的態度來看待死亡，也讓我們能夠以較自在的方式和生命共處。探究死亡和瀕死能夠幫助我們放下先前使我們感到不安的經歷和觀點。

　　我參加了你 5 月 10 日和 11 日處理死亡和瀕死的課程。在 5 月 11 日的 1 點鐘你准許我離開教室，讓我能夠參加一場我必須出席的聚會。我同意寫一篇關於癌症的文章，以彌補我所缺席的那幾堂課。

在我離開教室開車回家的同時，我媽媽因為癌症所導致的內出血被送到中西部的醫院。不久以後，我離開了海灣地區（Bay Area），來到了愛荷華州處理死亡這個事實。

對於癌症專題的評論，對我而言似乎並不重要。目前我想做一些其他方面的評論，它們是關於處理死亡和瀕死的困難。

假使不曾上過你的課，在處理死亡上我將遭遇到更大的困難。當我獲悉我媽媽過世時，課堂上所討論過的內容讓我能夠從悲痛中重新振作。在這段喪葬期間，我在這門課所學的東西常常伴隨著我的生活，它使我能夠重新振作，進而處理生活上的細節。受益於這門課，它讓我記得去確定我們想要得到的，也因此我們得到了我們想要的，我們被允許用我們想用的方式去跟媽媽說再見，以致當我媽媽離開了我們之後，我們不說「假如」（if only），因為我們不抱有遺憾。

死亡和瀕死課程的某位學生

當人們開始探索死亡和瀕死時可能浮現的一些想法，將陳述於下：

當我開始承認死亡的嚴重性時，我對死亡感到害怕，儘管我不了解我當時在做什麼。情感上，它比我所預期的更加難受。那時我感受到身為生還者所經歷到的那些失落，現在我終於知道為什麼他們被稱為生還者，因為他們走過了那段煎熬難耐的哀傷歲月，然後又重新活了過來。我也學習到許多關於我自身的事，然而並非所有的事都是愉快的。我學了許多介於逃避（avoidance）和驚恐（trepidation）之間的事。而這些事曾經被我忽略了一段時間……所有我對死亡的舊觀念，似乎形成了影像，被投射在地獄和老舊的恐怖電影當中。

有一個男人這二十多年來一直為他兄弟的死感到挫折、怨恨、內疚，死亡的課程提供他一個機會去對他死去的家人釋放未表達及未解決的悲傷。當壓抑已久的眼淚湧出時，他對探索死亡的優點作出了結語：「解除了心中的痛，感覺是如此的美好。」

對有些人來說，死亡和瀕死的課程所帶來的優點和專業上的成長有關。一位護理人員說：「當死亡在病房發生時，人們常常認為你是一位護士，你不應該為這件事感到困擾。但事實卻不然……我其實是想念這個病人的，我真的為這件事情感到失落。」對於死亡，一位急診室病房職員描述了一些可應用在生還者身上的新的、較有幫助的選擇：

我的辦公桌和急診室裡的死者、生還者共處在相同的一塊區域。我和他們感同身

受，我想要知道應該對他們說什麼。我想我應該能夠對他們說一些智慧結晶來安慰他們。然而現在我不喜歡這種方式。我學習到傾聽是一件多麼重要的事，就在他們身旁以傾聽的方式來支持他們，放棄對他說一些會令他們遠離你的陳腔濫調。

其他人則認為學術上的死亡和瀕死的研究是有趣的。死亡和瀕死的研究讓我們有機會去探索其他不同於我們的社會文化，它讓我們快速的理解到哪些東西對某個社會裡的價值和看法是重要的。例如，在日本這個君主制度國家中，學生們從鑑賞日常生活中日本文化的美學，以及從認識日本歷史上曾經發生過的重大事件，來學習日本文化中死亡的意義，死亡與瀕死的課程讓學生有機會去認識死亡意義在跨文化上所產生的差異。構成好死（good death）或者是構成不朽的概念，大量透露出一個文化的日常生活主軸，以及該文化力求實現的方向。

文化上面對死亡的態度反映出一個社會對年老的安排和對垂死的照護。當某個社會樂意為它的公民爭取福利時，透露出了社會上的某些共同人生價值。喪葬的習俗反映出社會上面對死亡的態度、以及社會成員間的親密關係。人們喜歡追根究柢去察覺多數人的信念與行為，而研究社會中死亡的人際關係可以使人獲得許多豐富的訊息。

死亡教育的新方向

死亡教育仍然是一塊相當新的領域。當一連串常見的傳統意義透過不斷的探索和提升後，神學和死亡教育的課程被重新架構，而課程的新方向也正在被發展。最近有一個計畫正在進行，那就是發展各式各樣對死亡、瀕死、喪親的思想，以作為統整死亡學和其他相關學科知識的基礎。這個計畫被提出時，Charles Corr 和 Kenneth Doka 說：「專業人員偶爾停下來仔細反思專業思想上概念的完善性和經驗的適當性，這對他們專業上的成長是有幫助，這對任何領域都一樣重要。」

死亡教育的目標與目的不斷地被討論。死亡教育上所遇到的問題是難以說明的，有一部分是因為死亡教育可能出現在各種場所，而隨著場所的不同，常常會伴隨著不同的教學目標。死亡教育的目標應該是減輕人們對死亡和瀕死的不安與焦慮嗎？假使接受死亡被認為比否認死亡好的話，那麼這種想法的正確性需要被進一步研究。如同這個例子一樣，為了處理死亡學或死亡課程的根本關注，我們需要更進一步的研究。

Robert Fulton 在幾年前說：19 世紀時期的悲傷模式有盛行的趨勢，這個悲傷模式認為，重大的悲傷應該被傾訴出來。從這個觀點來看，悲傷常被認為是直線式的運作，就像是一個步驟接著一個步驟的過程，而不被視為一個動態、脫序的悲傷過程（a dynamic process of unraveling the skein of grief）。自從 Fulton 提出了這方面的悲傷論點後，學者與理論家對直線式的悲傷模式做了一些修正，然而站在前線的工作者並不知道這些新發展的資訊，像是照顧喪親之痛、癌症的專業人員、諮商家並沒有掌握到這方面的新資訊。因此，未來死亡教育要極力擴展它的版圖，讓站在前線的工作者、及其所照顧的個案和病人獲得最新的相關資訊。

在我們努力改善瀕死者和喪親者的照護時，如果我們在他人提出問題之前就提供答案，專制主義（paternalism）可能會取代感性（sensitivity）。我們必須優先注意到照顧者的個人偏好，而不是一味的依據公正且最新的研究報導與評價來幫助他們。當照顧者認為解決紛爭是一個非常重要的死亡前準備時，他或她可能會無意地要求、期待，或希望他或她的客戶和病人也如此做。只有當我們能夠考慮到理論與實務之間的相互影響，進而建構一套適當的知識基礎時，才可能增長我們對死亡與瀕死的了解。

種族和其他少數的民族比較少出現在死亡教育課程中，作為死亡教育題材。儘管這種情況在最近的十年有些改善，然而許多授課的課程仍然明顯地偏向以中產階級的白種人作為研究題材。Darrell Crase 對當前的這種事態發表了一句誇張的言論，他說：「黑人也會死，難道他們不會嗎？」。處在今天跨文化（multicultural）和多元（pluralistic）的社會當中，這方面的問題應該要能讓不同（diverse）文化背景的人們所了解。當然，一些具有洞察力的研究結果與學說是源於最近十年來學者和醫師們較願意以更寬廣的跨文化觀點來面對死亡、瀕死和喪親的議題。

許多死亡學的研究和面對死亡的態度測量有關，尤其以測量死亡焦慮感（Death anxiety）尤多，與死亡所引起的焦慮和威脅、害怕的概念有關，另外也有許多研究涉及人們面對自己的死亡方面的議題。死亡焦慮的研究已經被視為死亡學經驗上最大的一塊研究領域。幾乎所有這方面的研究都編製問卷去收集死亡焦慮上的資料，有好幾個研究提出「死亡焦慮」（Death anxiety）和「死亡恐懼」（fear of death）方面的量表。值得注意的例子有 Donald Templer、David Lester 和 Robert Neimeyer 所發展的量表。

一般而言這一類的研究結果指出：「以性別而論，女性比男性有更高的死亡焦慮；以種族而論，黑人也比白人有更高的死亡焦慮；以年齡而論，青年人高於中年

© Robin Van Doren, Open Doors

圖 8-3　在巴里島（Bali）一年一度的火葬慶典（cremation ceremony）期間，年輕的男士扛著裝有村民遺物的紙老虎（papier-mache tiger），穿越過村莊的市中心，來到村莊外的寺廟，在那裡舉行火葬慶典。沿路上他們跑跑停停、吵吵鬧鬧的呼喊、不斷的旋轉轎子，藉此來擾亂靈魂，好讓靈魂離開人世去投胎。

人，而中年人又高於老年人。」宗教信仰似乎和死亡焦慮呈相反關係，這裡是指：自認為有宗教信仰的人們，比起那些不自認為有宗教信仰的人們，有較低程度的死亡焦慮。也有報導指出：具有高度自我實現（self- actualization）、內在控制（internal control）的個人，比起那些自我實現、內在控制較低的人而言，有較少的死亡焦慮。類似的研究結果也和個人的人生態度有關，也就是說：活在當下的人們比起那些總是在緬懷過去、惦記未來的人們有較少的死亡焦慮。

　　儘管有許多的相關研究，死亡焦慮研究仍然有許多重要的問題存在。Robert Neimeyer總結一些有待討論的問題如下：第一個問題，透過各種測驗工具所獲得的

© Carol A. Foote

圖 8-4　文化和個性塑造了我們面對死亡的態度。我們對死亡的了解和我們賦予它的意義，對我們與我們
　　　　生命中的死亡和瀕死經驗建構有意義關係的程度變得相當重要。這個墓穴（grave）的創立者在墓
　　　　穴上所陳述的紀念文字（memorialization），和死者（the deceased）及其遺者（survivors）的生活
　　　　方式（lifestyles）是一致的。

死亡定義是什麼？第二個問題，曾經被用來研究死亡焦慮的工具有哪些優點和缺
點？第三個問題，基於上述兩題的答案，對於未來研究的啟發是什麼？最後的問
題，回顧迄今所累積的研究資料我們真正知道了什麼？

我的死亡

　　唐璜（Don Juan）帶著嚴肅的語氣說：「我們永遠都離不開死亡這個朋友。
它總是在我們的身旁形影不離，直到我們死的那一天」。

Carlos Castenada

　　我的朋友「死亡」和我十分神似。它總是和我形影不離地相伴左右。它有和
我一樣的臉孔、頭髮、雙手。當它老了，我也跟著變老。

　　死亡總是在某些夜晚裡驚擾著我，要不然就是出現在我的夢境裡，我不知道
要怎麼描述它。

　　有時候，會突然有一陣風從不知名的地方吹進來。然後，我看到了「死亡」
的我。我在我的右手邊看到了「死亡」的我，那位「死亡」的我也在它的左手邊
看著我。死亡的我與活著的我左右相互對看著。

> 　　然而，往後我會將其他人的經歷寫下來。未來，我也許會成為一位鑽研死亡的詩人。
>
> Erica Jong

　　審視目前死亡學的研究和實踐情形，Herman Feifel 說：

> 對死亡的恐懼並不是一個單一的（unitary）、獨塊的（monolithic）變數……人們在面對自身死亡時心智明顯地在現實的多種層次上同時運作，或者是處在意義的有限領域裡運作，而且其中的每一個運作都是獨立的（autonomous）。因此，我們對於接受「表意識層次」的死亡恐懼程度時應該謹慎小心。

　　Robert Kastenbaum 在描繪死亡焦慮的研究裡，集合了所有死亡學上所提的特徵。他在部分的死亡研究中提到：「事實上，不管是研究死亡的研究員或讀者，都喜好鑽研死亡所呈現的幻象。」人們應該將這些研究資料應用在死亡教育、死亡諮商和死亡照護的實際議題上。「當醫師在醫治瀕死患者時，若伴隨者高度的死亡焦慮，那麼他會在醫療處置上做得不夠好。」如果我們所陳述的上述事件可靠的話，那麼它在醫療機構內會被當作是一門課來教育相關醫護人員。然而，我們還沒有準確地測量到死亡焦慮對現實中所影響的層面。「一些研究顯示女性在死亡焦慮測驗上的得分比男性高。」讓我們想想造成這件事的原因，是因為性別差異所造成的結果嗎？那是指，是因為性別因素造成女性對於死亡太過焦慮，而使得男性對死亡不夠焦慮嗎？這個問題是死亡焦慮研究上的典型難題，它有待於未來做進一步的探討。

　　不管怎樣，很少有開業醫師充分利用這類的研究結果或理論，在他們所要照顧的瀕死病人或家屬身上。

　　Kastenbaum 說：「似乎有許多醫師在末期病患和家屬的照顧上，既不能掌握最新的死亡學研究，也不能基於史實和理論上的依據來照顧病患和家屬。」Kastenbaum 的說法印證了現今死亡學研究、理論和慣例的寫照，他做了下列的陳述：

> 也許，從壞處想，我們做了這樣子的概論：當許多醫生不去閱讀死亡的相關文獻時，他們將無法從這些資料上獲得幫助。當醫生基於他們個人在醫療上的服務經驗，來撰取史無前例的假設時，這些史無前例的假設所呈現出來的事實，很少被人們檢測並任憑它們存在。……學者們也只能繼續踩著研究死亡的步伐，互相消遣著。

© Carol A. Foote

圖 8-5　我們對死亡和它的意義所做的沉思，將決定我們和小孩在往後數十年面對死亡情境時的想法和行為。

　　Myra Bluehond-Langner 對 Kastenbaum 的論述做了迴響，他說：「當研究出來的數量越來越多時，能代表我們所知道的更多了嗎？死亡學上的進展有和日前所出版的刊物齊步並進嗎？我們在照顧垂死病患和家屬時所做的努力和以前有哪些差異？我們在面對自己即將而來的疾病或死亡，所表現出來的反應和以前有哪些差異？」

　　在類似的評論裡，Herman Feifel 提到：「我們必須整合現存關於死亡和悲傷的知識，進入我們的社區和公立機構。」涉及死亡教育、諮商、照護的人們必須參與規劃公共機構的工作，以期能夠對人們所共同關心的事物營造衝擊與成長。認知到死亡學仍然處於新興領域（擴展為死亡覺醒的變遷期），此時有許多任務等待我們去面對它，Feifel 說：它可能已經被視為對我們的社會福祉有一定的重要貢獻——

死亡的變遷期形成一股主要的力量在擴展我們對死亡現象的掌握，促進人性化的醫療關係和健康照護，增進瀕死的權利。這個時期有一個強而有力的價值觀，支

撐著人們展現生命力來面對災難和損失。因此，這個時期有助於我們從分裂中重新進行整合。或許，更重要的是它使我們敏銳地察覺到在當前的世界中人性是被過度腐蝕的。也許是過於誇張的形容，但是我認為我們如何注視死亡、如何對待瀕死者及其生還者，顯示出人們心中對死亡的初步想法與理念。

　　Elisabeth Kable-Ross、Dame Cicely Saunders、加爾各答的 Teresa 修女提出了評論緩和醫療（palliative care）的文章，Fulton 和 Greg Owen 注意到這篇文章是將「基本的信仰和心靈上的價值觀」（essential religious and spiritual values）擴展到當前瀕死照護的目標上。他們指出死亡覺醒（death awareness）有助於富有同情心的服務行為，富有同情心的服務行為是基於對個體的認識和基於人的價值。

　　當死亡教育的學科和死亡學要繼續發展時，需要一個整體性的觀點來持續。雖然，與「死亡和瀕死」有關的個人經驗確實是死亡學和死亡教育關心的核心議題；不過，像戰爭、暴力行為、環境上的大災難等世界性的死亡事件，也如同個人經驗一般受到死亡學和死亡教育的關注。Daniel Leviton 和 William Wendt 提出「死亡的真實性」的概念以期改善人們的生活品質。根據這個概念，死亡教育不只有助於個人處理自身的死亡經驗，也有助於減少因為人為因素所造成的不必要的大規模死亡事件。李韋頓和威特以「可怕的死亡」（horrendous death）這個措辭來描述人們與死亡的對抗經驗，Leviton 和 Wendt 對於「可怕的死亡」這個措辭作了下述解釋：

> 由人為因素所造成的「不預期死亡事件」是令人害怕的，這類的死亡並不是必然的歷程，它不會為我們帶來任何美好的回憶，人們將這類的死亡事件視為缺乏任何的社會價值。這類的死亡事件是由戰爭、謀殺、大屠殺、恐怖行動、飢餓、環境上的破壞所引起。

　　死亡、瀕死和喪親的國際工作小組將理解（comprehensive）和死亡有關的事視為死亡教育的一部分，並適切地將它發表在一份正式的文件中：

> 死亡、瀕死和喪親是人類基本和普遍的經驗。藉由了解和欣賞這些實際存在的事物，使個體和社會能夠充分地實踐生活。缺乏對這實際存在事物的了解和欣賞，也許將使人們承受不必要的痛苦，並使人們過著失去尊嚴、疏離、下降生活品質的生活。因此，死亡、瀕死和喪親的教育不管是在正式或非正式的教育中，都是一個十分重要的教育歷程。

秩序的幻覺（*The Illusion of Order*）

　　這個世界並不是一個有秩序的地方。它其實是一個雜亂無章的地方，隨時都可能有事情發生在雜亂無章的世界。我們欺騙自己，認為這個世界是一個井然有序的地方。我們命令這個世界以某些形式存在，像是在早上起床、在夜晚睡覺，而它僅僅只是一個錯覺，這個錯覺使我們繼續前進。假如我們不以這種形式繼續偽裝，我們將不能正常運行。我們創造從晚上睡到早上、一天吃三餐的制度，好讓自己可以在這個美好的小世界裡工作。我們知道地心引力（gravity）、我們知道元素（elements），然而事實上，我們並不知道任何事。這只是一個圍繞著眾多分子、彼此撞擊的世界罷了。在任何時候，隨時會有偶發的隨機事件發生，像是地震（Earthquakes）、水災（floods）和其他上帝的旨意（other acts of God）。這些偶發、隨機事件的發生，可能是指：飛機撞毀了一棟公寓大廈，摧毀了所有房子的屋頂，也迫使小嬰兒與她的母親分離。你們構想中等待六年的小寶寶，也有可能因為偶發、隨機事件的發生，而完全變了調。在這些事件之後，重新回到以往正常、井然有序的生活是非常……非常困難的，因為我對秩序的幻覺已經破碎。

Julia

未來的死亡情景

　　想像五十年後死亡和瀕死的社會模式。回顧前幾章所討論的主要議題，仔細想一想他們在當前社會的真實性和可能性。假設我們與死亡、瀕死的關係將伴隨著21世紀中期的來臨而發生改變，什麼是你所想像的情景？對於未來，你認為有哪些和死亡、瀕死有關的問題將獲得個人和社會的注意？想想這些事情對舊時代人們的影響。美國評估2000年至2025年，65歲（含）以上的美國人口將由原來的35億人增加至62億人。未來，財團法人擴展他們的事業版圖成為年老和瀕死人們的代理照顧者時，「臨終照護」將成為一筆大生意？

　　想像今後的數十年會有哪些儀式（rituals）或典禮（ceremonies）存在我們的社會中。Ron Crocombe寫下關於南太平洋社會體系所出現的急速變遷，他指出：南太平洋的人們對於喪禮、婚禮、誕生，以及其他諸如此類社會慶典的從事情形有下降的趨勢。越來越多諸如此類的社會慶典被轉型為從白天進行到晚上，和從週間持續到週末。可羅卡門說：「多數的傳統社會儀式所需花費的時間比起現今人們所從事

的時間多出更多。一方面是因為多出許多事情需要被進行，另一方面是因為每一個人都從事著不一樣的事情。」雖然，我們個人的價值觀和看法決定了我們怎樣支配自己的時間，然而我們所作出的決定很難不受社會規範和常規的影響。舉例來說，除非死者和自己是親密的朋友，要不然當我們的工作行程和星期三要舉行的喪禮發生衝突時，我們也許會不情願地請假參加。隨著時代變遷的社群儀式（community rituals），有哪些喪葬習慣和服務是因應這樣子的改變進化而來的呢？

也許我們也要想一想，持續改變的情形是如何影響傳統上對死者的處置模式。未來是否有足夠的地方來實施葬禮？我們也許將看到高塔般的替代墓地（cemeteries），它聳立在我們所生活的城市土地上？事實上，這種情形已經發生在日本，在日本埋葬的地方是位在像東京這樣大都市裡的一個高優質（premium）地方。我們目前所採行的喪葬習慣在可預見的範圍內是不可能完全消失的。但是人們也將選擇採用改良式的喪葬儀式，像是為死者所作的安排，以及為死者所舉行的最後儀式和祈禱（last rites）將發生改變。在日本，這些變化已經發生在某些地方，在那裡有販售棺材的業者成立商店來促銷他們的器皿給那些不仰賴傳統葬儀社的民眾。

在未來的幾年，將出現哪些種類的社會服務型態來幫助我們處理我們所愛的人的死亡？在幾十年前，很少有人能預見到，命名為「被謀殺小孩的父母親」（Parents of Murdered Children）、「反對酒駕媽媽們」（Mothers Against Drunk Driving）的專業支援團體出現。以上述兩個團體為例，它們為特殊類型的喪親者提供一個支持他們、擁護他們的討論場所。在近幾年出現了社會支持的創新形式，像是在網際網路上可獲得許多關於學習「死亡、瀕死和喪親」的資源。在未來的幾年，在喪親、悲傷和哀悼上的形式將發生哪些改變？

近十年來，除了支持團體外，和喪親有關的諮商或治療團體有逐年增加的趨勢。在未來，也許可以成立悲傷診所來處理這些緊急事件？這類的診所很像當前的健康檢查機構（health institutions），它們會在重要的周年忌日前寄發通知單，邀請個體前來診所接受喪親之痛的檢查？當人們能更公開地談論死亡，並認知到死亡在我們生命中的地位時，也許距離「規範以某種專業來幫助人們處理哀傷」的時代已經不遠了。事實上，目前已經根據正常悲傷過程裡所呈現的症狀，著手制訂悲傷的診斷分級（diagnostic classifications）標準。

未來，當癌症和心臟病等威脅生命的疾病，已經變成醫療上例行的預防或治療程序時，會有哪些疾病取而代之地威脅我們的生命呢？在這個醫療快速革新的時期，你想像醫療在下一個短暫的十年內將發生哪些改變？某種疾病的預後在這幾年

內也許將由原本極差的預後轉變為出奇良好的狀況。同時，有可能以前所不清楚的疾病也許將引起新的威脅。這裡有一個很好的例子：是否有人已經預見了後天免疫缺乏症候群的可怕涵義？後天免疫缺乏症候群在民眾身上所造成的恐懼與不確定性可媲美於中世紀時期的瘟疫。迄今未知、不清楚的新穎疾病和威脅，在未來將引發相似的災難事件？

很難想像沒有疾病或不適的時期將會威脅人們的生命。迄今我們已經經歷過許多科技上的進展，科技上的進展使我們可能延長我們的生命，這些進展超越了以前所想像過的任何情景。在下一個世紀，有哪些醫療科技已經變為用於延長生命的普通科技？也許，當傳統的治療方法無效時，將使用現成的身體器官替代物來延長我們的生命。器官的替代物也許將取代器官移植。如果未來是一個生化人的時代，我們是根據哪些價值決定了此種的科技使用？而，未來是由誰來決定這些價值？Damon Knight的科幻小說中的戴假面具的人經歷了毀滅性的身體傷害，之後他被裝置了功能性的人造身體零件。他仰賴機械來延長生命，這不禁使他懷疑是什麼東西構成人類生活的成分。

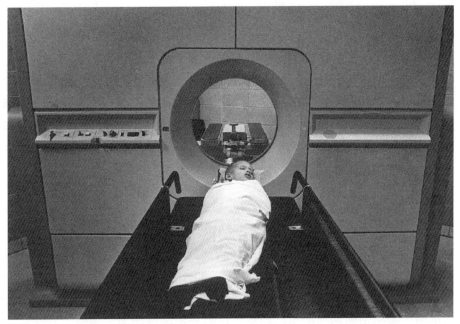

Burton Steele, *Times-Picayune*

圖 8-6　依目前的醫療科技水準推論，我們僅能模糊地預見這個小孩未來所要面對的死亡和瀕死問題和決定。

我自己坐在打掃乾淨的旅館內。此時，有一個嬌小的老女人走了進來，我邀請她陪我坐著。接下來，她告訴我關於她的一生。她住在旅館已經 20 年了。她擁有的所有都在這個小房間中。她有一個女兒，但是她的女兒住在遠方。她說她的女兒一個禮拜寫兩封信給她。她詳細地述說了一些細節，當我想到有一天這可能會發生在我身上時，她所訴說的事情深深地震撼著我，我從來沒有如此深的震撼。

死亡和瀕死課程的某位學生

天使的死亡

天使的死亡總是在我身邊。天使的牙齒像野花般遍地叢生，天使的身體像雪茄的煙霧般飄蕩過犯罪小鎮。

這一段時日，他有時像風一樣輕輕地掠過了，有時卻像火車的輪子輾過我們的生命。有時，他的步伐不停地在我的胸膛上踏步，而我的心靈深處也出現了一道小傷口，之後我就像一顆隕星消逝在天際；有時，他只是安靜地展開行動，然後安靜地離開，然而這片寂靜卻像一棵大樹般震撼著我。

那時，也許你正在觀察戰爭情勢；也許，你正沉溺於親吻的親密中；也許，你正在查閱生意合約的簽署事項。在那當下，你在意生活裡瀰漫在空氣中的每一分、每一秒。

也許，在那時你得知了這位老男人正在冰冷的死亡邊緣中奮戰。你聽到了，一位中年婦女每天對著她深愛的雙人枕頭哭泣，直到黎明從迷霧中破曉。在小巷裡打瞌睡的一位年輕男孩，他夢到了他們的孤寂，接著他也夢到了一位美麗的女孩，然而，他們都不知道自己只是一位年輕女孩一部分夢裡的角色，就像這位年輕女孩不認識她睡夢裡的中年婦女和老男人一樣。然而，所有的事都在陰鬱的寒風中伴隨著我們度過這一段難捱的歲月。

醫療上的科學家未來是否將發展新的科技，以期能夠更準確地預測人們死亡的時間？Clifford Simak 的《死亡現場》（*Death Scene*）和 Robert A. Heinlein 的《生命線》（*Life-Line*）皆從事這個主題的探究。似乎這兩個故事都暗示人們——清楚的知道人死的時刻也許是較好的。儘管這類推測小說的探索典型地發生在未來場景，發生在與我們所處環境不同的場景中，而且添入了幻想成分，但這類小說檢視的主題仍與「當前可能發生的事」以及「目前倫理選擇的兩難困境」有關。

未來健康照護體系將發生哪些改變呢？在未來生活和瀕終的品質是指什麼呢？在〈繁榮的土地〉（Golden Acres）這個故事中，Kit Reed 想像在未來將由醫療機構

的行政管理人員替住院的老人們作出生或死的決定，以迎接新病人的到來。在〈繁榮的土地〉這個故事的國度裡，這個地方幾乎為它的居住者提供任何東西，只除了讓病人在他們還活著的時候能夠依照他們所希望的方式生活以外。Reed 將故事重點放在──這個地方的居民拒絕去順從社會體系對老年人的忽略。故事裡的主角描述這個國度是一片寬廣浩瀚的墓園。是否在未來我們社會中的老人也會像這個故事一樣，淒涼地描述晚年生活呢？

> 很快地，我們忘記死者沉睡在「墓之都」裡，我們以堅強理性的方式接納他們已經死去的事實。我們忘記了那位美麗的女人經過歲月的洗禮，已經曬乾成一張羊皮紙，成為一堆灰燼。有時候臉上布滿的皺紋就像是臨近死亡的一種宣告，不再像小孩一樣，可以在夜晚挑選自己喜歡的那一輪明月。
>
> 我們怎麼能夠以微笑的方式看待像潮濕雪茄般龜裂的臉孔呢？當我們滿嘴說著灰暗的言詞、房間充斥著陰暗的灰燼時，我們怎麼能夠清醒過來，聆聽每天清晨在我們內心響起的朦朧聲響呢？
>
> 然而，生為一個瓶子仍是丟臉的。填滿了空氣，沒了，需要再次填滿；填滿了水，沒了，也需要再次填滿；最後，要用塵土填滿。
>
> 至今我還是很高興可以和死亡天使相處。他的步伐加速了我的腳步、他的沉默使得我發言、他的存在讓我每一天的生活更加有活力。也是因為他，我不再認為，我的每一次心跳都是內心一顆隕石的墜落，而是一片初次填滿的海洋。
>
> Morton Marcus

我們在我們生活中所經歷的死亡和瀕死事件中學習，我們學到生命學習是寶貴的也有風險的。我們也必須想一想：我們可以如何將我們得到的洞察慈悲地應用於地球上的所有生命。詩人 Gary Snyder 寫著：

每一個生命都只是這個相傳 40 億年地球裡的一個旅客，一個物種的滅絕是不可逆轉的損失。這首詩在最後寫著：有許多生物和我們一起旅行了這麼久的時日，我們和牠們長久一起感受深刻的憂傷與悲傷。死亡可能被人們接受，當人們接受死亡時，人們可能會改變原本看待事情的角度。然而，喪失家庭和喪失年輕有活力的人生，並不像某些事情一樣可以被接受。生命是和殘酷、智慧的對抗過程。

與死亡和瀕死共存

　　你所學到的各種死亡觀點，隱匿在重要時刻時你所採取的行為模式中，就好像是它對你有某種特定的價值一樣。檢視其他地方的死亡文化，你將從中獲得哪些啟示？你所學習到的小孩對死亡的觀點，和你自己所經歷過的有何差異？當你面臨死亡場景時，你將表現得像小孩一樣，還是你已經能夠以成熟的大人態度來面對它呢？你能夠了解哪些是你所表現的危險性行為嗎？對於喪葬的儀式、瀕死的照護、延長生命的醫療科技，你將作出哪些新的選擇？最後，問你自己：當我是死者的家屬，或是當我面對我自己的死亡時，了解這些觀點對我是否有助益？你是否變得比較能夠自在地與人談論死和死亡？

　　最近出現在時尚雜誌裡的廣告，習慣使用死亡的意象來展現產品的品質與魅力（見圖8-7）。然而，「推銷包裝盒」的廣告設計創意也是採用死亡的意象來促銷產品，卻使得廠商、廣告代理人及其他和這個廣告有關的企劃人員收到觀眾不悅的來信，他們表達使用死亡的意象來傳達產品的形象是冒犯的和庸俗的。你是否認為，假如來信者如果能夠以輕鬆自在的方式來和人談論死和死亡，那麼他們對於這個廣告設計的創意會有很大不同的迴響？

　　當你與人談論死亡、探索死亡時，你的價值觀也會跟著浮現，想想死亡和瀕死的學習是如何影響你的想法和情緒。你也許已注意到，探索死亡不只會對你自己造成影響，你身旁的人和環境也會跟著你受到影響，就好像是漣漪效應一般引起連鎖反應。當你對死亡有深一層的體悟時，它是否對你和家人、朋友、街坊、鄰居的關係帶來衝擊？當你體認到生命是珍貴的、卻也相當脆弱的同時，你是否能更敏銳地察覺你自己或其他人生命裡的需求？抑或是，你更能夠同情那些遭受痛苦的人們？Alfred killilea 談論這方面的主題時說：「死亡並非總是帶來威脅，或是剝奪生命中所有有意義的事。死亡能夠促使我們去欣賞生命，讓我們有能力去對其他人獻出生命。」

使死亡和瀕死人性化

　　許多人受到存在北美社會中公開、人性化死亡的激勵。有跡象顯示，圍繞於死亡身邊的事物漸漸被帶回與死者最親近的人的掌控權中。傳統的習俗和常規不斷以新的方式更新。

圖 8-7　廣告設計中的死亡影像（纏繞著迷人的鞋子）

不管怎樣，人們應該適當地去探究表面的公開死亡是否讓人們感受到它的虛假性。曾幾何時，死亡變成電視節目裡不經意談論（或是熱烈討論）的主題？是否它展現出死亡對人們所造成的衝擊不再那麼強烈？是否人們都贊成將死亡公開化？或者，它反映出人們對追求「沒有遺憾的死亡」所做的極致努力？驅策人性化的死亡和瀕死，讓人們能夠接受死亡，這原本是一件值得讚賞的事，然而，有時候它卻造成反效果，導致人們去否認死亡？

> 我說，「為什麼一個活人會感到驕傲呢？那時，我們就像迅速、轉瞬即逝的流星、快速飛翔的雲朵，經歷了變化多端的人生，直到安睡在墓穴中。」
>
> 他們問了我：「你覺得怎樣？」我告訴他們：「沒有特殊的感受。你做了這

些事情是因為它們應該被你完成。我不知道有什麼事情值得感到驕傲。在那短暫的瞬間，人們採取所有可能生存的方式活著，身為一個人，知道應該於何時感到驕傲，是相當困難的一件事。即使，我們曾經為某些事情感到光榮，但最終還是得將這些榮耀埋葬於墓穴中。所以死亡時，我們會說感到驕傲是非常困難的一件事。因為今天你在這裡，然而今天你也有可能離開。」

〈和高齡 91 歲的 James Van Der Zee 的長談〉，in *The Harlem Book of the Dead"*。

無論人們對所謂的善終設下了多麼瑰麗的計畫和夢想，死亡並不能夠充分地按照計畫行事。

就某種意義來說，沒有人能夠真正獲得人性化的死亡。在人生經驗裡，人們會強烈地感受到死亡的存在。我們可以做的是減輕對公開死亡的懼怕，讓我們從死亡的焦慮中得到支持。我們可以試著去了解造成悲傷背後的理由，然後留給失落一些空間，接著去改變我們自己和其他人的生命。我們沒有必要將死亡看成生命中的外來者或敵人，也沒有必要總是採取頑強的姿態去擊敗抵抗它。

然而，當我們對死亡有深一層的認識後，應該慎防對死亡的不察。除此之外，我們也許會發現我們所要面對的是死亡在我們心目中的影像，而不是死亡本身。顯然對死亡不察在現代社會中相當常見。像是，我們常常可以看到類似的死亡公告寫著——沒有計畫任何的宗教儀式。然而當人們失去親人時，很少有人不因此感到失落的。死亡到底是一個獨立事件，還是團體事件呢？或者，死亡不只對朋友以及生命中所愛的人有著重大意義，當死亡事件發生時，它同樣也會對生命裡偶然相識的陌生人有著重大影響？

何謂善終

對於善終的組成沒有一個單一定義。在古希臘，一位年輕人在一個富有創造力與活力的時期死亡，被認為是一件非常幸運的事情。在我們的社會，當死亡發生在年輕人身上時，我們認為這是一件不幸的事情。一位年輕人正要開始展開獨立生活，卻在生命的開始死亡，被我們認為是一件大悲劇。

人們以許多方式看待善終的定義。例如，站在宗教的角度，善終的主要特徵是指一個人死於恰當的神聖狀態。你怎樣來定義善終呢？想想所有可能的因素，像是年齡、死亡的方式、死亡的環境……等等，都將影響你對善終的界定。

你對於善終的概念和其他人一樣嗎？有些人也許會質疑，是否有善終這件事

存在？他們也許會說：「死亡絕非一件好事，它只會引起疼痛和悲傷。」

　　我爸爸和媽媽常常說：「生命稍縱即逝。」我最後了解他們所說的了。當你是 20 歲、30 歲、35 歲時，你並不會了解這件事。然而，這是如此的真實。當你到了我 72 歲這個年齡時，你將領悟到生命的飛逝。多麼奧妙的一件事啊！

　　在過去幾個星期裡，我感受到：「我只是剛到達，然而我必須要離開了。」多麼愚蠢啊！所以，告訴我：「為什麼我要在這裡呀？」就如人們所說的，為了延續物種、為了繁殖、為了有小孩嗎？這是多麼美妙的一件事呀！然而，如果能夠照顧他們、看護他們長達 200～300 年，會更加美好。能夠看到自己的小孩、孫子、孫子的孫子所做的事，人生將會更加完美。

　　　　　　　　　　　Marcello Mastroianni，「和一位著名演員的最後面談」

　　也許擁有一個適當的死亡概念對人們是有幫助的。哪些地方的死亡概念看起來比起其他地方的死亡概念更加合適？我們的答案也許會受到社會文化背景裡所傳達的死亡價值所影響。Avery Weisman 描述了當代社會對適當的死亡所下的定義。

　　首先，適當的死亡相當於解除疼痛；使痛苦減到最低；盡最大的可能滿足瀕死者在社會上和情感上的需要；以及讓瀕死者沒有遭遇到重大的資源貧困；盡可能的限制殘障所帶來的不便，讓瀕死者能夠自由有效率地運作生命，就如同一個個體能夠享受活動和自主性一樣。另外，適當的死亡也包含瀕死者能夠盡可能地認清存在於個人和社會間的衝突，並有能力去解除這些衝突；它也包含個體能夠達成自我實現，並獲得自尊和自我認同。

　　當接近死亡時，瀕死者能夠自由地選擇是否鬆開生命中的各種控制權，轉而將這些控制權托付給那些能令他們信任和依賴的人們。瀕死者也許會選擇去找尋有意義的人際關係，或者選擇鬆開這些對他們有意義的關係。換句話說，瀕死者會選擇一個輕鬆自在的社會互動方式。

　　Weisman 強調：想要實踐一個適當的死亡，必須先戒除「沒有善終這回事的迷失」。這樣的信念預見了自我實踐的能力。它讓我們盡可能地去開創「適當的死亡」的可能性。

　　為了讓適當的死亡成為一種可能，瀕死者必須免除不必要、失去人性化、有損身為人價值的醫療程序。當個體處在生命的尾端時，無論他選擇疼痛控制施予，或者選擇一個有意識的生命，或者渴求孤獨，或者渴求社交互動，人們都應該尊重瀕死者所作的選擇。Weisman 說：「適當的死亡也許是指瀕死者能夠選擇他自己的選擇。」

Charles Lindbergh 的死亡具有許多適當死亡的特徵，就如同 Weisman 對適當死亡所下的定義一樣。Lindbergh 於西元 1972 年被診斷出患有淋巴瘤。直到他死亡的前兩年，他仍然過著活躍的生活、抱持著旅行的目標。當化學療法不再對他有效時，Lindbergh 在他喜愛的茂伊島（island of Maui）上安排了屬於他最後一次的終極旅程。當病況更加嚴重時，Lindbergh 住院治療了好幾個月，即使他的外科醫師盡了最大的努力也不能改變疾病的結果和進程。Lindbergh 要求在茂伊島上擁有一間小屋，之後他坐了飛機回到茂伊島上的家。他用他生命裡最後 8 天的時間生活在他喜愛的環境裡，那裡有兩位護士、一位外科醫師，以及他的家人陪伴著他。

在 Lindbergh 最後幾天的生命裡，他對墓地的規劃、葬禮的儀式作了妥善的安排與指示，他要求人們穿著他們的工作服參加他的葬禮。Milton Howell 醫師是 Lindbergh 的外科醫師，他描述這段時期有著回憶往事的時間、討論的時間，以及歡笑的時間。

最後，Lindbergh 陷入了昏迷狀態，12 小時之後，他死了。如他所期望的，沒有多作任何醫療上的挽救舉措。Howell 醫師說：「死亡是他生命中另一件重大的事件，就如同他出生於美國明尼蘇達州般的自然，在這之前，他在明尼蘇達州生活了72 年之久。」

附言與告別

死亡教育有時候會對人們的生活產生立即的、實際的影響。在死亡和瀕死課程的討論中，有一位學生說：「它讓我和我的家人知道如何處理關於我媽媽的惡劣病情。」但是，對於其他學生而言，很少能夠立即將課堂上所學的應用於生活中。然而，另外有一位學生說：「在課堂上，我得到了許多很有用的資訊，也許我無法馬上將它應用在我的生活中，但是我現在知道——在我不知道以前，獲得這些資訊，對我而言是有幫助的。」

許多人在死亡和瀕死課程結束後，對探索他們的生命找到了答案，這也許不是當初他們選這門課時所預見的結果。有一位學生說：「對我而言，這門課除了帶來死亡和瀕死的學習外，也帶來更多關於思想和生命的學習，上這門課就像是在上一門哲學課。」另一位學生陳述了探索死亡為她所帶來的好處：「加深了我對於靈魂輪迴的信念。」在幾位學生描述了他們將怎麼面對瀕死後，Sandra Bertman 提出了如下的結論：「人類有著共通的人生路徑，所有的人類都會經歷相似的歷程，像

是：過去、現在、活著、死亡。」經過這門課的洗禮，逐漸有更多的人察覺到死亡、瀕死，以及喪親所代表的涵義，有些人選擇將這些相關的意義寫成一部青史（ethical will），使之成為心靈的遺產，就像是提供一份文件說明，傳承相關的個人價值、人生課題、信仰、祝福和鼓舞人心的忠告，即使是下一世代的人們，也將因此受益於這本書。

　　死亡和瀕死的學習涉及了資訊和資料來源的部分，除此之外，它也擁抱人類在死亡經歷上的智慧結晶。這方面的智慧結晶來自於我們與死亡的遭遇，包含了「不同類型的認識，是一種拒絕忽視人類真正處境的不確定性和終極死亡的整合方法」。可以肯定的說，死亡教育確實和個體及社會所遭遇的死亡觀點有關。而且，它提供了比上述更多面向的學習。當人們察覺到死亡和瀕死時，它也為人們帶來一幕幕短暫的人生經歷。它為我們帶來一份禮物，那就是透過生活中特殊的人生經歷，帶領我們回到現實世界，提醒我們生命的脆弱與珍貴，讓我們學會去憐憫萬物。

延伸閱讀

Daniel Callahan. *The Troubled Dream of Life: Living with Mortality*. New York: Simon & Schuster, 1993.

Lynne Ann DeSpelder and Albert Lee Strickland, eds. *The Path Ahead: Readings in Death and Dying*. Mountain View, Calif.: Mayfield, 1995.

J. Krishnamurti. *On Living and Dying*. San Francisco: HarperCollins, 1992.

Richard John Neuhaus. *As I Lay Dying: Meditations upon Returning*. New York: Basic Books, 2002.

Stephen Strack, ed. *Death and the Quest for Meaning*. Northvale, N.J.: Jason Aronson, 1997.

Studs Terkel. *Will the Circle Be Unbroken? Reflections on Death, Rebirth, and Hunger for a Faith*. New York: New Press, 2001.

Irvin D. Yalom. "Life, Death, and Anxiety." In *Existential Psychotherapy* (Chapter 2). New York: Basic Books, 1980.

落　幕

　　夜已深，我猜想死神是什麼模樣？流口水的怪獸？或是不眨眼的骷髏，像是我們熟知的那個拿著鐮刀的死神形象？披著薄紗的女人，展開雙臂，頻頻呼喚？這些都是標準的模式。也許死神是個穿戴整齊的年輕人，穿三件式西裝，滿臉微笑、真誠和信心。要是這樣的話，那有多令人失望呀。不要，我還是比較偏好鐮刀，沒有灰色地帶，沒有投降……沒有討價還價。那是什麼……？我聽到他了，他來了。

　　「我能進來嗎？」

　　我點頭，是那個年輕人，兩天前他從我這裡離開，去敲他鄰居的門。「嗯，結果怎樣？」我的呼吸比我想的還短促。

　　他笑了笑，朝下看了看他的手，再看著我。「嗯，我照你所說的做了，沒多久我就發現，我根本不可能找到任何一個沒接觸過死亡的家庭。」

　　「你敲了多少門？」

　　他用手蓋住他的嘴，有好一會兒，我猜，是想掩藏他的驕傲吧，「全部。」

　　「全部？」

　　「每一戶……我這個人很固執。」

　　我們兩個都笑了。我的氣喘更嚴重了，他也注意到了，他表示他的關切，我看得出來他明白正在發生什麼事。

　　「老先生，你快死了，是不是？」

　　我閉上眼睛當作回答。當我睜開雙眼時，他在我身旁。

　　「要不要我幫你找什麼人來？你的家人？」

　　「都不在了。」

　　「朋友呢？」

　　「都不在了……除了你之外。」這年輕人點頭，接著把他的椅子拉到我身旁，他握住我的手，我歇息了一會兒。「有件事你一定要幫我完成，」我氣喘吁吁地

說，「我走了以後，把這間房子還有裡面所有的東西都燒了，包括我。」

「什麼都不留？」

「這只是間老舊的破房子，我留下來的其實是人生在世唯一可以留下的東西……就是我為我所遇見的人所做的一切。」我盡全力抓緊他的手，他也回抓我的手。「喔……還有這個，」我試著想拿起我膝上的書，我的這本書，他見我掙扎的模樣，伸手幫我拿了起來。「你留著這個，它是你的了。」他的眼睛一亮。

「但我根本不值得──」

「現在沒時間說這個了！」他點頭，把書擺在他膝上。很好，這件事完成了。時間靜靜走過，四周變得越來越安靜……我必須閉上眼睛。我又再次見到那一萬個早晨、一萬個下午、一萬個夜晚的燦爛光彩……接著，這些也漸漸消逝而去。唯一留下的是我們的呼吸聲和風聲。時間的腳步變慢了，時間改變了。鐮刀到哪兒去了？那年輕人的手離開了我的手心，而我聽見他的腳步聲漸漸遠去……停住……回頭。他坐下，而我感覺到他的手正放在我的手上，他將我的手指打開，放了一個又冰涼又輕巧的東西在我掌心，滿綴蕾絲、四肢俱全……那芭蕾舞孃。

現在我可以走了。

David Gordon

Note

國家圖書館出版品預行編目資料

死亡教育 / Lynne Ann DeSpelder, Albert Lee Strickland 著 ; 黃雅文等譯.
-- 初版. -- 臺北市 ： 麥格羅希爾出版 ： 五南發行, 2006[民 95]
面； 公分
譯自：The last dance: encountering death and dying, 7th ed.
ISBN 978-986-157-266-6 (平裝)

1. 死亡 – 教育 　2. 死亡 – 心理方面

191.9   95007155

死亡教育

作　　者　Lynne Ann DeSpelder and Albert Lee Strickland

譯　　者　黃雅文　詹淑媚　賴貞嬌　鍾美慧　許薰文　林泰石　洪申發　林郇珍

主　　編　陳念祖

編　　輯　王兆仙　謝麗恩

合作出版　美商麥格羅希爾國際股份有限公司 台灣分公司
暨發行所　台北市中正區博愛路 53 號 7 樓
　　　　　TEL: (02) 2383-6000　　FAX: (02) 2388-8822

　　　　　五南圖書出版股份有限公司
　　　　　台北市和平東路二段 339 號 4 樓
　　　　　TEL: (02) 2705-5066　　FAX: (02) 2706-6100
　　　　　http://www.wunan.com.tw

總 代 理　五南圖書出版股份有限公司

出版日期　西元 2015 年 10 月 初版三刷

定　　價　新台幣 350 元

ISBN：978-986-157-266-6